주식투자,
이기려면
즐겨라

주식투자, 이기려면 즐겨라

80만의 재테크 멘토 정철진의 필승 주식투자법

:: 정철진 지음

한스미디어

강의를 시작하며

주식을 즐기는 자만이 생존한다

"우리 강사님은 주식으로 얼마나 벌어봤수?"

주식 관련 재테크 강의를 막 시작하려는 순간 맨 앞자리에 앉은 50대 초반의 중년남자가 큰 목소리로 이런 질문을 던졌다.

순간 난 멈칫했다. 누구보다도 이런 류의 질문이 무엇을 의미하는지 잘 알고 있기 때문이다. 그렇다. 난 주식으로 100억 원은 고사하고 10억 원도 벌지 못했다. 하지만 그럼에도 불구하고 난 주식 관련 전문가랍시고 강의도 하고, 책도 쓰고, 투자 컨설팅도 한다. 정말이지 과연 난 이런 자격이 있는 걸까.

"전 주식투자로 대단한 돈은 벌지 못했지만 평균 은행정기예금금리 대비 3~4배 정도 수익은 냈습니다. 요즘 전셋값이 많이 올라 난리인데, 제 경험을 말해보면 전 신혼 초부터 주식투자로 2년마다 찾아오는 전셋값 인상분은 항상 채웠던 것 같아요…."

아까의 질문에 이렇게 대답을 하고서 이야기를 더 이어가려는데 갑자기 이 중년남자가 벌떡 자리에서 일어난다. 그러고는 "아니, 주식으로 10억도 못 벌어봤으면서 누구한테 무슨 강의를 한다고?"라는 독설과 함께 저벅저벅 뒷문으로 걸어 나가버렸다.

　얼굴이 후끈 달아올랐다. 지금부터 과연 뭘 어떻게 해야 할지, 자리에 남아 있는 청중들에겐 또 어떤 이야기를 전해야 할지 머리를 쇠망치에 맞은 듯 아무런 생각이 나지 않았다. 막막했다. 솔직히 말해 그날 2시간여 동안 어떤 말을 했는지 거의 기억에 남아 있지 않다. 알 수 없는 부끄러움과 자격지심에 말 한마디를 꺼낼 때마다 입이 마르고 속이 타들어 갔던 느낌만이 생생할 뿐이었다.

　그날 집으로 돌아오는 길에 난 한참을 고민하고, 또 고민해봤다. 그렇다. 부인할 수 없는 사실이다. 난 주식으로 100억 원의 수익도 낸 적이 없고, 아무리 생각해봐도 앞으로도 이런 대박은 내게 터질 것 같지 않다. 그렇지만 난 떳떳한 주식 전문가이다. 주식을 사랑한다고 하면 좀 낯 뜨겁지만 누구보다도 주식시장의 생리를 알기 위해 모든 것을 바쳐 탐구하고, 분석하고, 통찰하려고 노력한다. 그렇지만 이런 것만으로, 이 정도 수준만으로 수많은 개인 주식투자자들에게 "내 말 좀 들어보소" 하고 나서기는 참으로 부끄러운 일이 아닐 수 없다.

내 고민은 바로 여기서 출발했다. 뭘까. 도대체 뭘까. 주식과 관련해 내가 가장 잘하는 것, 해봤더니 좋았던 것, 그래서 세상 사람들에게 한 번쯤 따라 해보라고 말할 수 있는 메시지는 도대체 무엇일까.

'즐기는 주식투자'는 바로 이런 치열한 고민 속에 얻어진 결론이었다. 주식을 즐긴다는 것, 바꿔 말해 즐겁게 주식투자를 한다는 것, 이게 바로 내가 가장 자신 있는 분야이고 수백만 명의 주식투자자들에게 조심스럽게나마 말을 꺼내볼 수 있는 핵심 포인트라는 결론에 도달한 것이다.

엄밀히 말해 주식을 즐긴다는 건 주식투자로 큰 수익을 올린다는 사실의 필요충분조건은 아니다. 즐기며 주식투자를 하다 대박이 터질 수는 있겠지만 반대로 손실을 볼 수도 있기 때문이다. 그러나 수많은 사람들은 바로 이 대목에서 고개를 갸우뚱거릴 것임에 틀림없다. 돈을 잃고도 즐거울 수 있다는 말 자체가 쉽게 인정할 수 없는 심각한 모순이기에 그렇다.

특히 이 말은 역설적으로 엄청난 수익을 올리고도 주식투자를 하는 내내 괴로울 수 있다는 뜻도 된다. 수백억 원을 벌고도 즐겁지 않다니 어린애 말장난 같기도 하다. 하지만 이건 엄연한 사실이고 현실이다. 200만 원의 수익만 내도 이걸 팔아야 할지, 아니면 추가매수해야 할지 전전긍긍인데 2000만 원, 아니 2억 원의 수익을 내면 어떨지를 한번 상상해보면 된다.

딱 2억만 벌면 깔끔하게 차익실현하고 빠지겠다고? 절대 그렇지 않다. 물론 다행히 본인이 팔아치우고 나온 후부터 주가가 폭락하면 모르겠지만 그 뒤로 주가가 더 오르기라도 했다면 백이면 백 안타까움에 치를 떨며 다시 자금을 들고 판으로 뛰어들고야 만다. 그러다 수익이 줄어들고 본전(원금)이 조금이라도 까지면 이제 본격적인 주식투자의 괴로운 여정이 시작되는 것이다. 그리고 이후부터는 손익과 무관한 주식게임에 빠져들면서 자신의 인생을 갉아먹는 '무간지옥(無間地獄)'의 생활을 할 수밖에 없다.

난 지금부터 즐겁게 주식투자를 하는 법에 대해 이야기하려고 한다. 물론 속으론 정말 엄청난 수익을 남기는 비법을 전해주고 싶은 맘이 간절하다. 하지만 솔직히 난 그런 비법을 모르고 그럴 능력도 못된다. 하지만 나도 그렇고, 여러분도 그렇고 우린 모두 조금만 신경 쓰면 즐기면서 주식투자를 해나갈 수 있다. 몇 가지 원칙만 정하고, 몇 가지 사안들만 체크하고, 자신의 생활 속의 몇 시간 정도만 투자하면 된다. 무엇보다 지금 막 주식을 시작하는 초보자들 혹은 20년 이상 주식투자를 했지만 남은 것은 '영광의 상처' 뿐이라고 자책하는 베테랑 투자자 모두에게 이 '즐기는 주식투자'는 주식을 풀어가는 데 괜찮은 하나의 해법이 될 수 있을 것이라 확신한다.

특히 난 앞으로 다가올 2011~2013년까지의 구간에서는 '생존'을 최우선 가치로 삼는 자세로 매매에 임해야 한다고 주장한다. 2008년 말 마치 '검은 백조(블랙 스완)'처럼 찾아온 세계 금융위기, 이후 세계 각국 정부가 뭔가에 홀린 듯 시장에 쏟아부은 천문학적 유동성, 연이은 유동성장세, 그리고 앞으로 찾아올 울트라 버블(Ultra Bubble) 시기에 주식투자의 난이도는 훨씬 더 높아질 것이기 때문이다. 심지어 코스피가 2500, 3000을 돌파해도 개인투자자들은 여전히 손실을 기록하고 있을지도 모른다.

  난 '즐기는 주식투자'가 이런 장세에 대응하는 훌륭한 대처법이라고도 생각한다. 우리가 즐기면 영혼을 팔지 않아도 되고, 영혼만 지켜내면 그 어떤 시장의 모습 속에서도 행복하게 생존할 수 있기 때문이다. 그렇다. 지금부터는 주식을 즐기는 자만이 생존할 수 있다. 이걸 꼭 말해주고 싶다.

2011년 1월 중순
홍대에서 정철진

 차례

강의를 시작하며 주식을 즐기는 자만이 생존한다 • 004

Chapter 01
주식, 걱정한다고 달라지는 건 없다

01 지금 주식이 영혼을 갉아먹고 있지 않나요? • 019

02 무엇이 주식투자를 괴롭게 하는가 1 • 023
주식, 정말 공정한 게임인가 • 025 | 수많은 규칙, 수많은 결과, 수많은 해석 • 027

03 무엇이 주식투자를 괴롭게 하는가 2 • 032
적정주가란 없다 • 034 | 제로섬도, 윈-윈도 아니다 • 038

04 "주식 안 하면 되잖아?" 또는 "더 공부하랬지!" • 042
인플레이션과 디플레이션의 무한반복 • 043 | 포기할 순 없고, 잘하는 방법은 모르겠고 • 045

05 즐거우면 선, 괴로우면 악 • 049
과연 주식을 즐길 순 있을까 • 050

Chapter 02
다시 시작해보자

01 포맷과 리셋 • 061
위험도 결국 원칙이다 • 063 | 의인은 악인의 근처에 절대 가지 않는다 • 065

02 주식투자 규모는 얼마로 할 것인가 • 068
손실감내액=1년간 절약으로 커버 가능 금액 • 070 | 스스로의 운용 실력을 시험해보라 • 073

03 행복을 부르는 주식 고르기 1 • 079
기술적 분석과 기본적 분석 • 080 | 차트를 읽고 내재가치만 구하면 될까 • 085 | 행복을 부르는 종목의 4가지 특징 • 088

04 행복을 부르는 주식 고르기 2 • 095
① 1단계: 시장 추종력 • 096 | ② 2단계: 수급과 지분구조 • 105 | ③ 3단계: 기업 영속성과 실적 • 123 | ④ 4단계: 사업의 명확성과 경기주기 • 133

05 행복해지는 주식 팔기 그리고 보유하기 • 144
일반적인 4가지 매매전략 • 145 | 초심이 깨지면 무조건 매도하라 • 148 | 장기투자 vs 목표수익률(손절매) • 151

Chapter 03
즐기는 투자 실전매매 테크닉

01 목표수익률과 스톱로스 · 162
월 3%의 목표수익률, -10% 스톱로스 · 164 | 추세를 믿는다면 겁낼 필요 없다 · 166

02 즐기는 투자 실전매매 워밍업 · 171
차트매매 워밍업 · 172 | 오르는 종목 매수, 내리는 종목 매도 · 176

03 즐기는 투자 실전매매 1: 피라미딩 전략 · 180
피라미딩과 물타기 · 181 | 포트폴리오를 짠 후 척후병을 보내라 · 186 | 추세를 믿는다면 피라미딩하라 · 190

04 즐기는 투자 실전매매 2: ELW 합성매매 전략 · 194
ELW, 정말 개미들의 무덤인가 · 196 | 내가 만들어내는 차익거래 · 201 | 일정 시점 이후 피라미딩으로 전환 · 207

05 즐기는 투자 실전매매 3: 손실/이익 확정전략 · 210
공모주 투자 · 212 | 배당주 투자 · 215 | 우선주 투자 · 220 | CB 투자 · 224

Chapter 04
주식, 떠나기 그리고 돌아오기

01 내가 끝내지 않는 한 절대 끝나지 않는 게임 · 233
① 수업료와 대박 환상 · 234 | ② 왝더독 · 236 | ③ 수익(손실)률로 판단하라 · 238 | ④ 고금리, 저환율에 빠져나오라 · 239

02 ETF에 관심 가져보는 건 어때요? · 242
주도주의 사이클 vs 시장의 사이클 · 243 | 더도 덜도 말고 딱 시장수익률만큼 · 247 | 손맛+저렴한 비용+자산배분 효과 · 251 | ETF 기본 개념을 숙지하라 · 254

03 ETF 투자 실전매매 가이드 · 259
피라미딩에서 애버리징으로 · 261 | 목돈 만들기 적립식 투자가 최고다 · 263 | 내가 만드는 자산배분 펀드 · 267

04 잠깐 황금에 맘을 빼앗겨도 좋다 · 272
금이 도대체 뭐기에 · 273 | 금에 투자하는 3가지 방법 · 276 | 금투자도 즐겨야 한다 · 279

05 즐기는 법을 알았을 때 돌아오라 · 281

강의를 마치며 즐기면서 버텨내면 결국 승리한다 · 286

Chapter 1

주식, 걱정한다고 달라지는 건 없다

"주식이 즐겁나요?"

주위의 개인투자자들에게 이런 질문을 던져보세요. 10명 중 10명은 "NO!"라고 답할 겁니다. 아마도 한 20명 정도는 만나야 "난 너무 재미있는데요"라고 답하는 1명을 만날 수 있을 것 같습니다.

"주식으로 한몫 챙겼나요?"

이번엔 이런 질문을 던져보세요. 회사 동료, 고등학교 동창, 대학 동기, 동네 친한 아줌마, 심지어 증권사 직원 등 대상이 누구든 10명 중 10명, 아니 20명 중 20명은 "원금만 찾아도 소원이 없겠네"라고 말할 겁니다. 그나마 30명 정도 훑어 내려가면 그제야 "주식으로 차 한 대 뽑았어요"라는 1명을 만날 수 있죠.

그런데 놀라운 건 주식으로 꽤나 높은 수익을 남긴 이 1명에게 "주식 하면서 즐거웠나요?"라고 물었을 때입니다. 과연 대답은 어떨까요? 대부분 이런 식입니다.

"즐거웠냐고요? 그나마 돈 좀 벌었으니까 다행이지 하루하루가 긴장의 연속입니다. 매일 애태운 거 생각하면 끔찍해요."

이쯤에서 우리는 한번 심각하게 고민을 해볼 필요가 있을 것 같습니다. 주식이라는 투자행위가 즐겁지도 않고, 이 괴로운 행위를 하면서 돈까지 날리는데 왜 그렇게 주식에 목을 매는지에 대해서 말입니다. 주식이 대체 뭐기에 몸 버리고, 시간 버리고, 돈까지 버리면서 전전긍긍하는 걸까요. 심지어 수익을 내도 괴롭다면 정말 주식을 하긴 해야 하는 걸까요.

1. 지금 주식이 영혼을 갉아먹고 있지 않나요?

토요일 아침, 주식 좀 한다는 아빠들은 눈뜨자마자 인터넷을 켜고 지난밤 미국 증시 결과를 확인합니다. 미 증시가 올랐으면 맘 한구석에서부터 알 수 없는 안도감이 몰려오고, 비로소 아이 방으로 달려가 환한 미소를 짓죠.

그런데 반대로 증시가 하락했다면 이번엔 불안감이 엄습합니다. 다음 주 국내 증시에 악영향을 미치지 않을까 하는 걱정 때문이죠. -2% 이상의 제법 큰 폭의 하락이라도 나타났다면 온몸의 기운이 쭉 빠집니다. 놀아달라며 다가오는 아이도 꼴 보기 싫고, 오랜만에 외출 한번 하려고 들뜬 와이프에게는 "돈도 없는데 무슨 외출이야!" 하며 짜증을 내죠. 그러고는 침대에 머리를 박고 긴 잠에 빠집니다. 행복해야 할 가족과의 주말이 나와는 별 관계도 없는 미국 증시 때문에 완전 쑥대밭이 돼버린 것이죠.

사무실에서의 주식거래가 원천적으로 차단된 회사는 모르겠지만 틈틈이 홈트레이딩시스템(HTS)을 통해 매매하는 샐러리맨도 상황은 다르지 않습니다. 10명 중 7명은 짧게는 5분, 길게는 20분 정도마다 HTS를 열었다 닫았다 하며 자신의 투자종목을 확인합니다. 그나마 급히 처리할 일이 있으면 몇 시간 시황에서 자유로울 수 있지만 그렇지 않다면 모니터만 쳐다보다 하루를 보내기가 일쑤죠. 그렇게 오후 3시가 지나 투자종목이 상승 마감했으면 안도의 한숨을 내쉬지만 자칫 -4~-5%대 하락하면 퇴근길 발걸음은 무거워집니다. 급등주를 따라잡았다가 사흘 연속 하한가를 맞기라도 하면 주말은 지옥보다 더 괴로운 악몽으로 바뀝니다.

여러분, 전 지금 주식투자로 인해 이혼을 하고, 노숙자가 됐거나, 자살을 했다는 안타까운 실패 사례에 대해 말하려는 게 아닙니다. 주식은 투자가 아닌 투기이니 어서 빨리 그만두라는 말을 하려는 것도 아닙니다. 전 지금 주식이 한순간 고통으로 변해 내 영혼을 잠식해버리는 안타까운 상황에 대해 말하려고 합니다. 물론 주식투자로 돈을 잃으면 괴롭고 슬픈 게 당연합니다. 하지만 상승과 하락이라는 두 가지 중 한 가지를 선택하는 게 주식 매매의 운명이라면 결과 역시 수익을 낼 때도 있고, 손실을 낼 때도 있는 것 아닐까요. 지금까지 3번의 매매는 마이너스를 기록했지만 그 다음 3번 정도 매매에서는 수익을 내고, 다시 또 손실을 기록하는 게 어떤 면에서는 주식투자의 순리인 것이죠.

그러나 지금 가장 큰 문제는 투자자 대부분이 손실을 보면 손실로 괴로워하고, 수익을 내도 더 들고 있을지, 더 살지, 아니면 팔지를 놓고 전전긍긍한다는 데 있습니다. **주식을 하는 내내 수익이나 손실과**

무관하게 쫓겨 다니는 겁니다. '주식=고통'이 된 셈이죠. 무엇보다 이 같은 고통은 영혼을 갉아먹는다는 점에서 치명적입니다.

이런저런 분석을 통해 삼성전자를 매수했는데 갑자기 외국계 자금의 투매로 주가가 2주 만에 -5% 넘게 하락했다고 합시다. 이건 개인투자자 자신이 어떻게 할 수가 없는 결과입니다. 삼성전자 사장이나 직원도 아니라 회사를 좋게 만들 수 없고, 외국계 펀드에게 "이렇게 좋은 회사를 왜 파냐"고 하소연할 수도 없습니다. 그냥 자신은 '주가'라는 가격 흐름에만 온몸을 맡기고 있을 뿐이죠. 주가의 흐름에 대해 스스로 뭘 어떻게 해볼 도리가 없다는 이야기입니다. 사형 집행을 기다리는 사형수처럼 오늘 주가가 오를지 내릴지만 바라보고 있을 뿐이죠. 그래서 주식투자로 겪게 되는 공포는 상상 이상이고 결국 영혼을 건드립니다. 게다가 자칫 손실이 -20%대로 커지면 이번엔 일상이 무너져 내립니다.

물론 이 괴로움에서 벗어나는 방법이 있습니다. 주식을 팔고 나오면 됩니다. 하지만 그러기엔 손해가 크다면요? 아니, 아무리 생각해도 이 주식이라는 수단만큼 효과적인 재테크 대안이 없다는 생각이 들면요?

'좀 더 기다려보자. 아냐, 자금을 더 투입해 추가매수를 해보자.'

이렇게 결정을 내렸는데 주가가 때마침 반등하면 투자자의 입가에는 조심스럽게 미소가 지어질 겁니다. '내 분석이 역시 정확했어'라는 자신감이죠. 그런데 이틀 후 이번엔 앞서 반등폭을 모두 밀어내고 큰 폭의 조정이 옵니다. 다시 사흘 후엔 반등, 그리고 바로 다음 날 또 하락이 옵니다. 그리고 다시 또⋯.

이건 절대 돈 문제가 아닙니다. 삶의 의미를 결정짓는 영혼의 자유로움에 대한 문제입니다.

2 무엇이 주식투자를 괴롭게 하는가 1

"**주식이 도대체 뭐기에** 내가 이렇게 괴로워야 합니까?"

그렇습니다. 대체 주식이 뭐기에 해도 안 해도, 돈을 벌어도 잃어도 결국엔 우리의 영혼을 야금야금 갉아먹는 것일까요.

주식에 대해 제가 즐겨 쓰는 말은 "400년 된 인류의 재테크 게임"이라는 표현입니다. 주식의 역사는 1602년 설립된 세계 최초의 주식회사인 네덜란드 동인도회사(East India Company)로 거슬러 올라갑니다. 당시 네덜란드 왕실과 상인은 인도, 중국, 동남아시아의 각종 향료, 차, 도자기 등을 수입해 유럽에 팔면 대박을 터뜨릴 수 있다는 걸 잘 알고 있었지만 대규모 선단을 꾸리기엔 재정이 턱없이 부족했죠. 그래서 생각해낸 아이디어가 당시 네덜란드 국민 중 부유층으로부터 돈을 조달하고 이에 대한 일종의 '확인증'을 써주는 것이었습니다. 그러고는 교역이 무사히 끝나면 이후 발생한 이익(손실)을 확인증에 적힌 투자비율만큼 나누는 방식이죠. 이것이 바로 현재 대한민국뿐 아니라 전 세계인의 영혼을 잠식하고 있는 주식의 시작이랍니다.

증권거래소의 역사도 시기가 비슷합니다. 동인도회사는 당시 몇 차례 꽤 짭짤한 수익을 올렸는데, 투자자들 중 급전이 필요한 사람은 '확인증'을 처분하려 했고 최초 투자에 참가하지 못했던 사람들은 미래의 수익을 위해 이를 사고 싶어 했죠. 이런 필요에 의해 네덜란드 암스테르담에는 곧 '확인증'의 매매공간이 생겨났고, 이것이 바로 지금 증권거래소의 시발점이 됐습니다. 이후부터 400여 년 동안 사람들은 주식이라는 '게임'을 지속하고 있습니다. 산업화가 진행되고 경제의 핵심 주체가 개인에서 기업으로 바뀌면서 주식시장은 빠른 속도로 성장했고, 1980년대 이후 일명 '세계화'가 확산되면서부터 세계증시는 마치 한 몸처럼 움직이기 시작했습니다.

국내 주식시장의 역사

국내 주식시장은 크게 유가증권시장과 코스닥시장으로 나뉜다. 최초 대한민국 주식시장(현 유가증권시장)은 1956년 12개 상장종목으로 시작됐고, 상장종목을 평가하는 종합주가지수는 2005년 11월부터 코스피(KOSPI: Korea Composite Stock Price Index)라는 명칭으로 불리고 있다. 한편 1996년 7월 1일에는 미국 나스닥시장을 모델 삼아 성장성과 기술력이 높은 기업들의 자금조달과 발전을 위해 코스닥(KSDAQ: Korea Securities Dealers Automated Quotation)시장이 개장됐다.

하지만 주식시장 자체의 성장과 달리 주식투자 방법에 대한 연구와 분석은 상대적으로 뒤처져 있었습니다. 거의 300년 동안은 '홀짝 게임' 같은 도박에 불과했다고 해도 과언이 아니죠. 그나마 찰스 다우(Charles H. Dow, 1851~1902)가 기술적 분석 이론을 만들고, 이후 벤자민 그레이엄(Benjamin Graham, 1894~1976)이 기본적 분석을 체계화시키면서 비로소 제대로 된 투자의 모습을 갖추게 됐다고 할 수 있습니다.

이 때문에 어떤 면에서 본격적인 주식의 역사는 채 100년도 되지 않는다고 할 수 있습니다. 실제로 1930년대까지만 해도 한 기업의 '적정주가'에 대해 분석이라는 자체가 없었으니까요. 1만 원이 맞는지 10만 원이 맞는지, 100만 원 정도로는 거래가 돼야 적정한 기업(주가)인지 파악하는 게 불가능했죠. 기업의 내재가치나 현금흐름 분석, 주가수익비율(PER: Price Earning Ratio) 등과 같은 분석법들이 나와 투자자들이 실전에 참조한 건 불과 80년 안쪽입니다.

주식, 정말 공정한 게임인가

"그러니까 인류가 400년이나 해왔고, 이제 체계적 분석 시스템도 갖췄으니 아무 문제가 없다는 뜻입니까? 괴로워하는 내가 문제란 건가요?"

아닙니다. 오히려 하고 싶은 말은 그 반대입니다. 사람들은 종종 주식시장에 대해 '절대선(絶對善)'이라는 표현을 씁니다. '시장은 항상 그 자체로 옳다'는 뜻이지요. 6개월 만에 50%가 오르든, 한 달 만에 30%가 떨어지든 그 움직임 자체에 대해 맞다, 틀리다 하면서 토를 달아서는 안 된다는 것입니다. 그래서 시장에 대해 예측하는 것을

'신의 영역'이라고 말하며, 실제 매매에 있어서는 "예측하지 말고 대응하라"는 격언을 금과옥조처럼 여기지요.

저 또한 이에 동의합니다. 저는 주식을 온갖 사회현상이 한데 집약된 결정체라고 생각하는데, 주식에는 금리, 환율, 실적, 경제성장률, 부동산, 자원, 기술, 인구구조, 날씨, 정치, 건강, 교육, 섹스 등 세상의 온갖 것들이 다 녹아 있습니다. 그리고 증시는 이 모든 것들을 받아들여 녹여낸 후 하나의 생물체처럼 자신의 문법대로 묵묵히 풀어간답니다. 따라서 시장은 그 자체에 대해 맞다, 틀리다 하고 평가할 수 없는 것입니다.

그런데 "시장이 항상 옳다"는 말은 "시장이 항상 공정하다" 혹은 "주가는 항상 공정하게 결정된다"는 말과 같은 뜻이 아닙니다. '옳다'라는 건 엄밀히 말해 '주가의 등락에 대해, 그 결과에 대해 토를 달지 말라'는 뜻이지 정의나 공의, 평등, 기회균등 이런 것들과는 전혀 관계가 없습니다.

오히려 주식시장은 절대 공정하지 않습니다. 마치 우리네 인생사가 공정하지 않은 것처럼 주식 역시 마찬가지입니다. 주식에는 인간사회의 모든 현상이 녹아들어 있기에 더욱 그렇습니다. 굳이 "돈 많은 외국계 자금이 시장을 쥐락펴락한다"는 음모론적 비판을 하고 싶지 않습니다. "미리 정보를 빼돌린 집단이 늘 성공한다"는 지적도 하지 않으렵니다.

전 오히려 '공정하지 않다'는 사실을 노력 대비 결과로 설명하고 싶습니다. 가령 주식을 수백, 수천 시간 공부하면 반드시 성공하나요? 10년간 도 닦듯 주식투자를 하면 도가 트입니까? 투자금을 100만 원에서 1000만 원, 1억, 10억 원으로 늘려가면 돌아오는 수익도 그에 비례해서 커질까요? 목숨 걸고 죽을 각오로 주식에 달려들면 행운의 여신이 "네 노력이 가상하다"라면서 '대박주'를 알려줄까요? 절대 그렇지 않습니다. 결과는 아주 '랜덤(random)' 합니다.

주식투자에 죽도록 노력해서 잘되는 사람도 있지만 반면 절반 정도는 노력의 강도를 높여갈수록 더 빨리, 더 크게 망해갑니다. 서울대를 졸업하고 주식을 잘하는 사람이 있는가 하면 하버드대를 졸업하고도 주식으로 쪽박 차는 사람도 많습니다. 똑똑하면 성공 확률은 높다고요? 글쎄, 분명 성공과 실패라는 결과에 대한 확률 분포는 있겠지만 결코 노력과 투자 성공에 관한 정규확률분포는 존재하지 않습니다. 온 몸과 마음, 영혼을 바쳐 주식을 했다고 해서 수익은 절대 보장되지 않는다는 뜻이죠.

그래서 전 "주식은 공정하지 않다"는 표현을 쓴 것입니다. 이런 성격 때문에 우리는 주식을 하면서 늘 전전긍긍할 수밖에 없습니다.

수많은 규칙, 수많은 결과, 수많은 해석

이뿐만이 아닙니다. 주식시장에는 하늘이 두 쪽 나도 반드시 맞아떨어지는 확실한 '규칙(rule)'이 없습니다. 80~90%의 확률로는 맞아떨어질 수 있어도 결코 100%짜리 법칙은 없죠.

앞서 주식을 400년 역사와 전통을 자랑하는 인류의 '재테크 게임'이라고 했습니다. 이처럼 오랜 역사를 자랑하다 보니 주식시장은 상당한 규칙을 갖고 있지요. 또한 사람들은 무의식중에 이 규칙들을 마음에 새기며 주식투자에 임하는 게 사실입니다.

아마도 대표적인 게임 규칙은 '실적이 좋아지면 주가는 상승한다' 같습니다. 한 기업의 '예상 실적'이 무척 좋을 것이라고 해보죠. 그러면 상당수 투자자들은 이 기업(주식)에 몰리게 됩니다. 그리고 수요가 높아지면서 가격은 올라가죠. 그래서 어린이 경제교실의 초등학생들도 이렇게 외칩니다.

"회사가 좋아지면 주가는 올라요. 반대는 내리고요."

그런데 왜 한 기업의 매출액과 순이익이 개선됐다고 해서 주가가 올라야 합니까. 그리고 우린 왜 그 주식을 사야 합니까. 현대차의 실적이 개선되면 주주에게 차 한 대씩 주는 것도 아닌데 말이죠.

혹시 여러분 중 일부는 '배당금!' 하고 떠올릴 것 같습니다. 그렇습니다. 주식회사는 배당제도(배당금)라는 것을 통해 순익의 일부를 주주들에게 나눠줍니다. 하지만 이건 정답이 될 수 없습니다. 엄청난 이익을 남겨도 회사에서 배당을 안 하겠다고 하면 그만이고, 또 이 배당금이라는 게 대단한 규모가 아니기 때문입니다. 일부 기업을 제외하면 평균적으로 은행 이자율보다 한참 못한 게 일반적이죠. 참고로 대한민국 최대 포털 사이트인 네이버를 소유하고 있는 NHN이란 기업은 엄청난 성장성과 짭짤한 경영실적에도 불구하고 2002년 상장 이후 지금까지 배당을 한 번도 하지 않았답니다. **따라서 '회사가 장사 잘하면 배당을 많이 줄 것이므로 주가는 오른다'는 논리는 절대적으로 옳다고 할 수 없습니다.**

이번엔 이런 질문을 던져보겠습니다. 정말 회사의 실적이 좋아지면 주가는 오릅니까? 반드시? 틀린 말은 아니지만 그렇다고 100%

맞지도 않습니다. 투자를 직접 해보면 알지만 주가상승 종목의 절반은 실적과 무관합니다. 실적이 좋은데 주가는 하락하는 경우도 많고, 실적이 나쁜데 주가는 상승하는 경우도 상당합니다.

그나마 이 실적과 주가의 관계에 대한 규칙이 높은 확률로 맞아떨어지는 건 그만큼 많은 투자자들이 이 규칙을 따르기 때문이라고 봐야 합니다. 마치 '파블로프의 개'처럼 한 기업의 다음 분기, 내년도 예상 실적이 좋다는 분석에 게임 규칙을 믿고 주저 없이 돈을 투자하는 사람이 많다는 것이죠. 그렇지만 이 '실적 규칙'보다 조금만이라도 영향력이 떨어지면 이제 그 결과는 더 많은 예외와 변수를 갖게 됩니다.

한 개인투자자가 실적분석지표의 대명사인 PER을 갖고 주가 저평가를 확신해 자금을 올인했다고 해보겠습니다. 결과는 어떨까요? 누구도 장담 못 합니다. 결국 3년간 기다려 100%대 수익률을 기록할 수도 있지만 3년간 들고 있다 기존 수익률을 다 까먹고 -20%의 역풍을 맞을 수도 있습니다. 이뿐만이 아닙니다. 유상증자를 하면 주가는 오를지 내릴지, M&A(기업 인수 및 합병) 재료가 뜨면 주가는 어떨지, 환율 수혜주는 정말 환율 움직임에 따라 수혜를 보는지 등 주식시장의 규칙은 굉장히 많지만 그 결과는 너무 다양합니다.

가령 언제는 M&A 재료가 붙었다면서 주가가 급등하다, 갑자기 '승자의 저주(Winner's Curse, 경쟁에서는 이겼지만 과도한 비용 부담으로 오히려 위험에 빠지는 상황)'라면서 급락해버리죠.

그런데 투자자를 더 당황스럽게, 그리고 더 괴롭게 만드는 건 이런 다양한 결과에 대한 해석이 너무나 다양하다는 것입니다. 이처럼 해

> **증자란?**
>
> 증자(增資)란 자본금을 늘리는 행위로 유상증자와 무상증자로 나뉜다. 자본금을 늘리면 주식수 또한 당연히 증가하게 되는데 유상증자는 신규 납입금을 받아 신주를 발행하는 것이고, 무상증자는 잉여금을 자본으로 전입해 무상으로 신주를 발행한다. 보통 유상증자는 설비투자 등 사업자금이 필요할 때 실시하고, 무상증자는 주주 보상 차원에서 행해진다. 증자와 주가의 관계는 상당히 다채롭다. 기본적으로 물량 증가에 따른 주가의 '희석효과'로 부정적 영향이 강하지만 성장성 등이 어필할 경우 호재로 평가되기도 한다.

석이 다양하다는 것은 역설적으로 그 어떤 것도 정확한 분석이 될 수 없다는 뜻이기도 하죠. 어쨌든 투자자들은 이런 해석 중 자신이 수긍할 만한 것을 골라 반응(대응)을 합니다. 물타기를 하고, 보유하는가 하면, 눈 질끈 감고 손절매를 합니다. 중요한 건 어떤 행동을 하든 이것은 영혼을 건드리는 괴로움이 수반된다는 사실입니다. 규칙도 모호하고, 그 결과는 뜬금없고, 해석은 천차만별이니까 말이죠.

'규칙'이 맞아떨어져 수익을 낸 사람도 다르지 않습니다. 손실 본 투자자와 비슷한 강도의 스트레스를 받습니다. 2주 만에 한 20% 수익을 냈으면 행복할 것 같다고요? 그럼 깔끔하게 차익실현하고 빠져나올 것이라고요? 글쎄, 고민은 그 순간부터 더 커질지도 모릅니다.

주식을 한 3년 정도 하다 보면 예외 없이 일종의 '배신감' 같은 것을 느끼게 되지요. 특히 자신이 배웠던 게임의 규칙이라는 게 매우 모순적이란 사실을 깨닫게 됐을 때입니다. 언제는 "달리는 말에 올라타라"고 했다가 또 어떨 때는 "대중이 팔 때 사고 대중이 살 때 팔아라" "다른 사람이 가지 않는 곳에 살아 있는 꽃이 있다"라며 끝없는 순환논리를 펼칠 때면 가슴 한 편이 꽉 막혀옵니다.

　이처럼 통용되는 규칙도 엄청 많고, 이에 따른 결과도 천차만별이며, 사후에 이를 분석하는 말들도 각양각색인 게 주식시장입니다. 상황이 이렇다 보니 이곳에 한 번 뛰어들면 결국 일정 시점 이후 하루하루가 스트레스의 연속이고 영혼이 잠식당하는 게 당연한 것도 같습니다.

3 무엇이 주식투자를 괴롭게 하는가 2

매일 등락을 반복하는 증시 움직임에 대해 우리가 취할 수 있는 합리적 행동은 무엇일까요? 일단 '걱정'은 아닙니다. 죽어라 밤새도록 걱정하고 신께 간절히 기도를 한다고 해도 다음 날 주가는 절대 오르지 않습니다. '기대'나 '믿음'도 아닙니다. 내가 투자한 기업이 전기자동차 배터리 관련 핵심기술을 발명할 것이라고 기대해봤자 결과는 미지수입니다. M&A 재료를 확신하면서 투자했다 해도 그건 단순히 내 희망사항일 뿐이죠. M&A가 이뤄질지, 게다가 그 재료 때문에 주가가 오를지는 내 믿음의 굳건함과는 별개 사안입니다.

한 명의 주식투자자가 증시에 대응하는 방법은 다음의 4가지뿐입니다. 주식을 사거나, 팔거나, 계속 들고 있거나, 아예 판을 떠나거나입니다. 간단히 말하면 매수, 매도, 보유, 이탈(관전)이라고 할 수 있습니다. 정말이지 딱 이것밖에 없습니다. (여러분은 앞으로 이 4가지 대응법을 반드시 기억해둬야 합니다. "주식을 하면서 내가 할 수 있는 건 이 4가지뿐이다"라고 중얼거려 보는 것도 효과적입니다.)

하지만 현실에서 우린 전혀 다른 대응을 하고 있을 때가 많습니다. 대표적인 것이 바로 걱정과 전전긍긍입니다. 생각해보세요. 왜 걱정합니까? 왜 쓸데없는 기대로 전전긍긍하는 것이죠? 아무리 우리가 애를 태워도 시장은 자기 맘대로 움직이는데 말이죠. 성경을 보면 "너희가 걱정한다 해서 그 걱정이 너희 생명을 한순간이라도 연장시킬 수 있겠느냐"라는 구절이 있습니다. 마찬가지입니다. 우리가 밤새 걱정한다고 주식시장이 달라지는 건 아무것도 없습니다.

하지만 다짜고짜 사람들에게 "걱정하지 말라"고만 해선 안 됩니다. 마치 도가 튼 것처럼 말하는 전문가들은 "과욕을 부리니까 괴로운 것"이라고도 하는데 그렇다면 우린 왜 과욕을 부릴 수밖에 없는지 짚고 넘어가야 한다는 뜻이죠. 왜냐하면 이런 주식의 악마적 마력을 알고 있어야 제대로 된 대응을 할 수 있기 때문입니다. 분명 주식에 대한 대응법은 매수, 매도, 보유, 이탈밖에 없는데도 불구하고 우리를 자꾸 '희망고문' 하는 건 분명 주식 자체의 결함(?)이 있다는 방증이니까요.

전 앞서 말한 공정하지 않다는 점, 너무 많은 규칙과 결과와 해석이 존재한다는 점 외에 2가지를 더 생각해봤습니다. 첫째는 적정가격이 없다는 점, 둘째는 제로섬과 윈-윈 게임의 두 얼굴을 갖고 있다는 점입니다.

적정주가란 없다

일반적으로 투자자산의 가격은 매수자와 매도자가 각각 제시하는 이 호가들이 맞아떨어지는 체결가로 정해집니다. 서울 강남의 30평형대 아파트가 9억 원이라는 건 그 가격에 팔리는 사람과 사고 싶은 사람이 만나 거래가 성립됐다는 뜻이죠. 주식 역시 마찬가지입니다. 기아차의 현재 주가가 5만 원이라고 한다면 이것은 이 가격에 매수자와 매도자가 동의했다는 뜻이죠.

그런데 혹시 이런 의문은 들지 않으십니까? '그렇다면 기아차의 적정가격은 얼마지?' 라든가 '기아차 주가의 원가는 도대체 얼마야?' 와 같은 생각 말입니다.

9억 원 하는 강남 아파트의 경우 '원가' 를 계산할 수 있습니다(여기서 말하는 원가는 '과거 얼마에 샀다' 고 할 때 '얼마' 와는 다른 것입니다). 현재 땅값은 얼마이고, 공사비는 얼마이고, 용적률은 어느 수준이고, 또 감가상각비는 얼마인지 등 실질적인 가격을 도출할 수가 있죠. 그리고 이 가격과 현재 가격인 9억 원을 비교해 프리미엄은 얼마나 붙었는지, 반대로 얼마만큼 할인돼 거래되는지 알 수 있습니다. 물론 '원가는 4억 원도 안 되는 성냥갑 같은 집이 9억 원? 터무니없는 가격!' 이라는 발상은 아무 의미가 없습니다. 현재 이 가격대에 매수자와 매도자가 계속해서 만나고 있다면, 이 가격을 놓고 거래가 성립되고 있다면 여기에 대해 옳다, 그르다고 말할 수가 없는 것이죠. 하지만 원가를 알고 있기에 '프리미엄이 상당히 많이 붙었구나' 라는 평가는 내릴 수 있습니다.

그러나 주식은 다릅니다. 주식은 원가계산이 원천적으로 불가능합니다. 기업의 가치라는 게 유형의 자산과 무형의 자산이 결합돼 있기 때문에 그렇습니다. 쉽게 말해 기업이 보유한 건물가격은 알 수 있지만 보유한 기술이나 인력은 가격 측정은 말할 것도 없고 원가라는 개념 자체가 없기에 그렇습니다. 따라서 주식투자자는 한 기업 주식의 원가를 전혀 모르는 채 거래를 하게 됩니다.

> **액면가(face value)란?**
>
> 주권에 표시돼 있는 1주당 금액. 액면가의 종류는 500원, 1000원, 5000원 등 다양하다. 주식은 해당 기업의 자본금만큼 발행되는 것이므로 액면가에 발행주식총수를 곱하면 이는 발행주식총액이 되고 곧 기업의 자본금과 일치한다.
>
> 액면가 × 발행주식수 = 발행주식총액 = 해당 주식회사의 자본금
>
> 하지만 액면가는 주식의 시장가치를 표시하지 못하고, 주주지분의 장부가치와도 무관하기 때문에 실제적 의미는 없다고 할 수 있다. 다만 2개 이상 기업의 주가 수준을 비교할 때는 액면가가 얼마인지 확인하는 습관은 필요하다. 또한 시가총액의 경우 액면가와는 무관하다는 사실도 염두에 둬야 한다.
>
> 현재가(당일종가) × 발행주식수 = 시가총액

이뿐만이 아닙니다. 이처럼 주식은 원가란 개념이 없기 때문에 적정가격을 말하는 것도 무의미합니다. 기아차의 적정주가는 5만 원입니까? 아니면 2만 원쯤일까요? 혹은 10만 원은 돼야 합니까? 이런 발상 자체가 아무 소용없습니다.

혹시 주가수익비율(PER) 같은 분석지표를 갖고 적정주가(주가적정성)를 설명하려고 할지도 모르겠습니다. 하지만 PER에는 허점이 많

습니다. 요즘에 많이 통용되는 '예상 PER'은 예상 실적을 바탕으로 도출되는데 이건 말 그대로 '예상'입니다. 해당 회사 사장도 자기 기업의 다음 분기 실적을 맞히지 못하는데 외부인이 어떻게 예상 실적 수치를 믿을 수 있겠습니까?

> **주가수익비율(PER: Price Earnings Ratio, 현 주가/주당순이익)**
>
> 기업의 이익에 대해 현 주가 수준을 나타내는 지표. 주가를 주당순이익(EPS: Earning Per Share)으로 나눈 값을 말한다. 다만 **PER은 크게 두 가지 한계를 갖고 있는데, 첫째는 과거의 실적을 참조한다는 점, 둘째는 상대적인 비교라는 점이다.** 즉 PER이 낮다고 그 기업(주식)이 좋은 것도 아니고 PER이 높다고 반드시 나쁜 주식이라고 결론지을 수 없다. 이 때문에 최근에는 과거 이익이 아닌 예상 주당순이익(예상 EPS)을 활용하는 '예상 PER'이 널리 쓰인다. 다만 예상 EPS는 개인투자자가 직접 구하기는 어렵고 시중 증권사 추정치를 참고해야 한다.

아니, 정확한 예상 실적을 알고 있다고 해도 문제는 남습니다. 여러분은 '내년 예상 실적을 바탕으로 현재 주가의 PER은 10배 정도에 불과해 아직 저평가됐다' 같은 형식의 분석을 자주 접했을 것입니다. 하지만 솔직히 말해 10배는 '저평가', 13배는 '고평가'라는 기준을 어떻게 세울 수 있습니까? 물론 '시장 대비 PER 수준'이라든지 '과거 역사상 PER 흐름' 등 가격적정성 비교 대상이 있지만 이 또한 조금 애매합니다.

이처럼 현재 주식가격은 원가도 알 수 없고, 적정주가란 것도 그 누구도 모릅니다. 사는 사람이 계속 몰리면 200배에도 주가는 오르는 것이고, 매수세가 형성되지 않으면 2배라는 저평가에도 주가는 오히려 떨어지는 것이니까요. 그래서 주식은 오로지 사려는 사람들과 팔려는 사람들이 만나 체결되는 가격만 의미를 가질 뿐입니다.

이 때문에 한 개인이 주식을 시작하면 태생적으로 괴로움을 짊어지게 됩니다. 하루에 1조 원 정도는 넣고 뺄 수 있는 투자금을 보유한 추세형성 세력이나 가격 주도자가 아닌 이상 아무것도 모른 채 가격 흐름에 몸을 맡겨야 하기 때문입니다. 오늘 내가 10만 원에 주식을 매수했지만 내일 누군가 이 가격에 내 주식을 되사줄지, 더 높은 가격에 사줄지, 아니면 5만 원에도 받아주지 않을지 모니터만 바라보면서 기다릴 뿐이죠.

> **작전주 세력의 주가 형성**
>
> 적정가격 개념이 배제된 주가 형성의 극단적 사례는 작전주에서 나타난다. 가령 A, B, C, D 4명의 투자자 중 A, B, C 3명이 D를 '함정(?)'에 빠뜨리는 과정을 살펴보자. A가 한 회사 주식을 1000원에 사고, 이어 B가 A가 매수한 주식을 1100원에 산다. 이후엔 C가 B가 받은 주식을 1200원에 매수하면 1000원 하던 주가는 단박에 20%가 오른다. 이후 같은 방식으로 A, B, C 등 자기끼리 상승률을 조작한다. 이때 D라는 새로운 투자자가 꼬임(?)에 속아 이 주식을 C로부터 3만 원에 매수했다고 해보자. 이 순간 C는 주식을 넘기고 A, B, C 세 명은 분배작업을 시작한다. 1000원에 산 주식을 3만 원에 팔았으니 2만 9000원의 이익이 남았고, 자기들끼리 매매를 했기 때문에 손실은 없다. D가 부담한 2만 9000원을 3명이 1인당 9670원씩 고루 나눠 갖는 것이다.

만약 우리가 어떤 상황에 대해 아주 잘 알고 있다거나, 한발 더 나아가 자신이 통제할 수 있다면 실은 걱정의 크기는 확연하게 줄어듭니다. 그러나 주식은 원가도, 적정가격도 알 수 없을뿐더러 통제한다는 것도 불가능합니다. 그래서 항상 괴로운 것이지요.

제로섬도, 윈-윈도 아니다

일반적으로 주식은 '제로섬(Zero Sum)' 게임이라고 합니다. 잃는 사람의 손실액과 따는 사람의 이익금액을 합쳐보면 항상 '0'이 된다는 뜻이죠. 심지어 '마이너스섬(Minus Sum)' 게임이라고도 합니다. 주식을 할 때마다 수수료(최하 0.015% 수준)와 증권거래세(매도 시 0.3% 부과)가 빠져나가기 때문에 전체적으로는 항상 마이너스 상태로 끝나기 때문입니다.

> **국내 주식시장은 세금천국?**
>
> 현재 국내 주식거래에는 매도 시 0.3%의 세금이 붙는다. 이는 세계에서 손꼽힐 정도로 적은 규모다. 미국의 경우만 해도 10~35% 수준의 세금을 내야 한다. 특히 매매를 통한 자본차익은 종합금융소득과세 대상에서도 제외된다. 국내 주식형펀드 투자자의 경우 연간 수익이 4000만 원을 훨씬 넘어도 금융종합소득세 대상이 되지 않는 것은 바로 이 때문이다. 다만 대주주 및 특수관계인, 장외거래, 비상장주식 거래 등 몇 가지 거래에 대해서는 그 양도차익에 대해 주식 양도소득세가 부과된다.

눈치를 챘겠지만, 이런 성질은 도박과 아주 비슷합니다. 쉽게 말해 고스톱판의 참가자들과 이 도박판을 제공한 사람이 떼어가는 고리와 유사해 전형적인 '마이너스섬' 게임이라고 할 수 있습니다. 그래서 주식을 아예 거들떠보지 않고 오직 부동산만으로 투자를 하는 임대 사업자들은 이렇게 말합니다.

"주식? 그런 도박을 왜 해? 상가 몇 개만 장만해둬. 이거면 재테크 끝이야. 난 임대료 받아서 좋고, 임대인은 내 상가에서 장사하면서 돈 벌어 좋고. 이게 바로 원-윈 게임이야."

얼핏 맞는 이야기인 것도 같습니다. 그렇습니다. 정말 주식이 제로섬 게임이라면, 아니 마이너스섬 게임이라면 우린 그 수많은 괴로움과 위험을 감수하면서까지 주식을 할 필요가 없습니다. 포커게임을 통해 재테크를 할 수 없는 것과 같은 이치죠. 따라서 당장에 주식을 깔끔하게 포기하고 열심히 절약하고 저축해 종자돈을 모은 후 부동산투자를 통해 인플레를 이겨내면서 살아가면 됩니다.

그런데 문제는 그리 간단하지 않습니다. 왜냐하면 주식이 꼭 제로섬 게임만으로 정의되지 않기 때문입니다. 일반적으로 제로섬 게임이란 것은 기간이 정해져 있고, 전체 판돈의 규모가 자연 증가할 수 없다는 전제를 갖고 있습니다. 그러나 주식시장은 결코 그렇지가 않거든요. 먼저 기간이 영속적입니다. 이미 400년 동안이나 이어져 왔고 별 문제가 없는 한 향후 100년 이상은 존재할 것이라고 볼 수가 있으니까요. 그 누구도 10년 후, 30년 후, 50년 후 인류는 더 이상 주식투자를 하지 않는다고 상상할 수 없습니다.

게다가 이 과정에서 신규 투자자가 지속적으로 유입되고, 주식가격도 함께 오르면서 일명 '판돈(시가총액)' 규모가 커지기도 합니다. 만약 극단적으로 자자손손 더 많은 투자자들이 주식시장으로 진입해 현재 주식을 계속 받아간다면 제로섬이라는 계산 자체가 불가능해지기도 하지요. 또한 주식을 통해 자금을 조달한 기업이 고용을 늘려 새로운 부가가치를 창조할 경우 상황은 또 다른 차원으로 나아가버립니다.

삼성전자의 최근 15년 정도를 생각하면 이해하기 쉬울 것 같습니다. 정말 이 기간만을 잘라서 보면 주식은 제로섬이나 마이너스섬 게임이 아니라 투자자의 수익 총합이 손실의 총합보다 월등히 큰 '윈-윈' 게임이 돼버렸으니까요.

그런데 문제는 이런 주식의 모호함이 우리에게 일명 '희망고문'을 가한다는 사실입니다. 확실한 제로섬이라면 아예 포기하거나 승패의 결과에 대해 단념할 테지만 심지어 윈-윈 게임의 성격도 갖고 있기에 '혹시나…' 하는 여지를 갖게 만듭니다. 그리고 이 희망고문은 시간이 흐를수록 우리의 삶을 엉망으로 만들어버립니다. 앞에서는 우리의 허리띠를 풀게 만들어놓고는 어느 순간 호되게 뒤통수를 내려치는 식이죠.

게다가 주식을 한다고 했을 때 매번 투자자들이 당하기만 하는 것은 아닙니다. 다시 실탄을 채워 몸과 마음을 가다듬고 재도전할 경우 몇 번 좋은 성과도 내고 수익도 올리게 됩니다. 하지만 그것도 잠시뿐입니다. 이번엔 아예 정면에서 어퍼컷을 날려버리니까요. 이렇게 몇 번 반복하면 우린 시종일관 벌벌 떨면서 하루하루를 보낼 수밖에 없습니다. 하지만 쉽게 포기도 할 수 없습니다. 어느 순간부터 이런 악순환의 고리에 완전히 중독돼버리기 때문입니다. 마치 알코올중독이나 도박중독, 야동중독처럼 말이죠.

이처럼 주식은 태생적으로 우리 영혼의 종속을 요구하는 존재입니다. 원가도, 적정가격도 모른 채 누군가 만들어놓은 가격을 받아들여야 하며, 또한 제로섬과 윈-윈 게임이라는 이중잣대 속에 말도 안 되는 '희망고문'을 받아가면서 하루하루를 보내야 합니다. 오죽했으면 음모론자들이 주식을 '악마의 작품'이라고까지 비난했겠습니까.

무엇이 주식투자를 괴롭게 만드는가

1. 주식은 공정하지는 않다. 안타깝게도 노력(정성)과 결과의 인과관계는 성립하지 않는다.
2. 수많은 규칙이 존재하고, 수많은 결과에 따른 수많은 해석이 통용된다. 귀에 걸면 귀걸이, 코에 걸면 코걸이가 된다.
3. 적정주가란 없다. 심지어 적정주가를 구했다 해도 현 주가가 적정주가를 찾아갈지는 아무도 모른다.
4. 제로섬 게임도, 윈-윈 게임도 아니다. 그런데 더 큰 문제는 어떨 때는 제로섬 게임도, 윈-윈 게임도 될 수 있다는 것이다.

4. "주식 안 하면 되잖아?" 또는 "더 공부하랬지!"

물론 주식투자와 관련된 마음의 고통을 해결하는 간단한 방법이 있습니다. 주식을 안 하면 됩니다. 친구에게, 부모님에게, 부인에게 주식 때문에 못 살겠다고 해보세요. 그럼 대부분 그럽니다.

"주식 안 하면 되잖아. 왜 괜히 돈 버리고 몸 버리냐?"

맞습니다. 주식 안 하면 됩니다. 그러나 주식을 하지 않으려면, 주식을 하지 않고도 영혼의 자유로움을 유지할 수 있으려면 한 가지 전제조건이 필요합니다. 바로 '인플레이션'을 극복할 또 다른 무기를 갖고 있어야 한다는 것입니다. 내 지갑 속 종이돈의 가치절하를 막아내고, 은행 통장 속 정기예금의 실질금리가 플러스를 유지할 수 있는 대안이 있어야 하는 것이죠. 실제로 수입이 엄청나 인플레이션으로 인한 화폐가치 절하 속도와 폭을 훌쩍 뛰어넘는다면 속 썩어가면서 주식이란 걸 할 필요가 없습니다. 가령 연봉이 수억 원대에 달하는 운동선수나 회당 출연료가 600~900만 원 하는 초특급 연예인들은 주식을 해서는 안 됩니다. 미래의 현금흐름이 불확실하다는 점을 감안하면 더욱 그렇죠.

그러나 만약 인플레를 이겨낼 별다른 방법이 없다면 우린 결국 절약과 저축 외에 투자를 해야 하고, 결국 상대적으로 소액투자가 가능한 주식을 시작할 수밖에 없습니다.

인플레이션과 디플레이션의 무한반복

이야기를 좀 더 넓혀보겠습니다. 여러분, 우리는 왜 골치 아프게 '미치도록' 재테크를 해야 합니까? 그리고 투자를 해야 합니까? 왜 주식투자를 하고, 부동산투자에 몰두하고, 금을 사나요?

바로 인플레이션 때문입니다. 실질 화폐가치가 뚝뚝 떨어져 아무 잘못도 안 했는데 손에 쥐고 있는 현금(종이돈) 가치가 매년 하락하는 현상 때문이죠.

혹시 "똥 빼고는 모든 자산가치는 오른다"라는 말을 들어보셨나요? 바로 인플레 때문에 그렇습니다. 종이돈 가치가 떨어지면서 상대적으로 주식이, 석유가, 금이, 그리고 아파트 가격이 오르는 것입니다. 평생 직장에서 열심히 일하고, 좋은 부모가 되도록 노력하고, 나아가 훌륭한 인간이 되려고 노력해도 이 '인플레이션'이란 녀석 때문에 내 진정성이 송두리째 유린되는 것입니다. 10년 전 변변한 아파트나 괜찮은 상가 하나 구입하지 않았다는 죄(?)로 '가난한 아빠'로 평가받게 되는 것이죠.

혹시 "주식도 결국 종이 쪼가리 아니냐?"라고 반문할 수 있습니다. 맞습니다. 주식증서는 종이로 돼 있죠. 하지만 인플레에 맞서 싸우는 무기라는 측면에서 보면 주식은 단순한 종이가 아닙니다. **왜냐하면 주식은 기업이라는 실물적 개념과 동일시되기 때문입니다.** 극단적 하이퍼인플레이션(hyper-inflation) 상황에서 모든 종이돈이 휴지조각이 돼버렸을 때 기업의 지분을 조금이라도 갖고 있으면 결국 기업이 보유한 유형·무형의 자산을 그 지분만큼 소유할 수 있다는 것이죠. 쉽게 말해 농심 주식을 갖고 있으면 파국의 순간 창고 속 농심 라면을 챙길 수 있다는 논리입니다. 그래서 '종이 쪼가리'인 주식은 인플레이션에 대해 확실한 힘을 발휘합니다. 인플레이션 헤지(hedge) 기능이 있는 것이죠.

내가 매수한 주식은 어디에

내가 주식을 매수한다고 해서 주권(주식증서)이 직접 집으로 배달되지 않는다. 주식시장 초기에는 이런 직접거래를 했지만 시장 파이가 커지고 주식 수량과 거래량이 폭증하면서 모든 주권은 '한국예탁결제원'에서 총괄해 보관한다. 투자자들은 온라인으로 하루에도 수많은 거래를 하며 예탁원은 이 거래 기록을 보고 현재 주권 소유자가 누구인지 기록해둘 뿐이다.

이처럼 우린 인플레이션 때문에 인생 전반에 걸쳐 재테크를 해야 하고 재테크의 3가지 축인 '절약-저축-투자' 중 '투자'를 해야 하는 것입니다. 그리고 주식은 이 투자의 중요한 부분을 차지하기에 "주식? 안 하면 되잖아!"라고 끝낼 문제가 아닌 것이죠.

그런데 실은 문제가 좀 더 복잡합니다. 가령 인플레이션만 존재한다면 투자는, 그리고 주식투자는 어렵지 않을 것입니다. 돈 벌어 그때그때 뭐라도 사놓기만 하면 가격은 쭉쭉 오를 테니까요. 하지만 현실은 그렇지 않습니다. 장기적 관점에서는 결국 인플레이션이 적용된다고 하더라도 5년마다, 10년마다, 혹은 30년마다 한 번씩 세상을 공포에 떨게 하는 디플레이션이 등장하니까요. 무엇보다 이런 경제위기나 공황상태가 닥치면 언제 그랬냐는 듯 이번엔 화폐(종이돈)가 힘을 발휘합니다. 그 어떤 실물보다 '캐시(현금)'가 생존을 위한 최선의 수단이 되는 것입니다.

이처럼 투자의 대상이 되는 우리네 경제는 **인플레와 디플레가 반복되고 호황과 불황이 꼬리에 꼬리를 무는 '사이클'이 존재합니다. 망원경으로 보면 장기적 상승이 확실하더라도 현미경으로 보면 상승과 하락의 무한반복이 나타난다는 뜻이죠.** 이 때문에 주식투자는 하면 할수록 더 어려워지고, 힘들어지고, 괴로워져만 갑니다. 분명 끝까지 버티면 인플레이션을 이긴다고 해도 시시때때로 터지는 경제불황(또는 공황)에 모든 실물자산가격이 떨어지고 주식 역시 한순간 폭락해 투자자들을 공포로 몰아가니까요. 금전적으로나 심리적 측면 모두에서 우리를 아예 버틸 수 없게 만들어버리는 것이죠. 그러고 보면 어떤 면에서 주식은 태생적으로 괴로운 것인지 모르겠습니다.

포기할 순 없고, 잘하는 방법은 모르겠고

답답합니다. 주식을 포기하자니 상황이 여의치 않고, 맘을 바꿔 주식을 잘하려고 죽도록 노력을 해도 잘 되지가 않습니다. 사이클에 맞춰 올라타고, 내려오는 건 그야말로 어려운 일입니다. 지식이나 이론만 가지고는 절대로 성공할 수 없죠. 인플레와 디플레, 호황과 불황의 경기주기(cycle)를 넘나들고, 주가의 천장과 바닥을 알아채 '무릎에 사서 어깨에 파는' 매매 능력은 정말 신이 내린 사람만이 소유할 수 있다는 생각이 들 정도입니다.

아, 혹시 오해할 소지가 있어서 그러는데, 전 주식공부를 하지 말라는 게 아닙니다. 투자에 대한 공부와 노력을 해봤자 결과는 하늘의 뜻에 달려 있으니 운에 맡기자는 게 절대로 아닙니다. 제가 하고 싶은 말은 "공부를 이만큼 했으니 주식에 문리가 트였다"라는 오해나 자신감을 가져서는 안 된다는 뜻입니다. 공부와 노력은 지속적으로 해야 하지만 단 한순간도 "이 정도 했으니까 수익을 올릴 거야"라며 안심해선 안 된다는 이야기입니다.

내재가치, 순자산가치, 청산가치, 장부가치

- **내재가치**: 기업의 영업활동을 통한 수익창출 능력을 나타내는 가치. 좁은 의미로는 기업(주식)의 미래수익을 요구수익률(위험도를 반영한 할인율)로 할인해 얻어진 현재가치를 가리킨다.
- **순자산가치**: 재무제표상의 총자산-부채. 주주지분과 같은 의미로 자기자본가치로도 파악된다.
- **청산가치**: 회사를 청산할 경우 파악되는 가치. 다만 청산가치는 한 회사의 개별 자산 매각가치를 합산한 것으로 경영권 프리미엄, 기업문화, 영업 노하우 등 정성적 측면은 고려되지 않는다.
- **장부가치**: 기업회계 기준에 따라 작성된 재무제표에 기록된 가치. 시가로 평가된 가치와 다를 수도 있다.

가령 기업의 내재가치를 파악하는 기본적 분석을 끝내고, 기술적 분석 기법을 총동원해 모든 차트분석을 마치고 거래량과의 연관성도 뽑아내고, 해당 기업이 속한 업종의 대내외적 환경과 국내 경제 및 정치 상황까지 고려해 완벽한 1개의 종목을 골랐다고 합시다. 아무리 그렇더라도 100% 확신을 갖고 올인해서는 안 됩니다. "이젠 됐다"라면서 모든 것을 걸면 그때부터 피비린내 나는 불행이 시작될 확률이 매우 높기 때문입니다. 주식으로 인한 괴로움이 본격화되는 시발점이라고 할 수 있겠습니다.

제가 주식초보 시절 선배들에게 들었던 가장 화나는 말이 무엇인지 아십니까. 바로 "그러게 더 공부하랬지!"입니다. 속이 턱턱 막혔죠. 누구보다 열심히 했고, 분석할 만큼 분석했는데도 주가는 정반대로 움직여 안 그래도 속상해 죽겠는데 여기다 대고 "더 공부하라"고 하니 안 그렇겠습니까. 이뿐만이 아닙니다. 누군가는 또 이런 말을 합니다. "그러게 욕심을 버리랬지?" 아니, 그럼 귀한 시간 들여가며, 또 스트레스 받아가며 주식을 하는데 속세를 초월한 수도승처럼 담담히 모든 상황을 객관화시켜야 합니까.

시중의 주식 관련 투자서, 투자 관련 마인드 구축을 제시하는 책들도 비슷한 이야기를 합니다. 주식을 잘하는 방법은 지식을 늘리거나 탐욕을 버리고, 공포를 극복하는 것이랍니다. 지금 막 주식투자를 시작한 사람이 있다면 이 사람 역시 10년 후엔 후배에게 그럴 것입니다. "공부 많이 하고, 분산투자하고, 탐욕과 공포를 피하세요." 물론 이건 절대 틀린 말이 아닙니다. 분명 주식시장이라는 살아서 움직이는 유기체를 상대하는 '최선의 대응법'이라는 점을 부인할 수 없습니다.

그렇지만 전 지금부터 좀 다르게 접근해보려고 합니다. 기왕 하는 거 한번 즐기면서 해보자고 말입니다. 꼭 주식투자란 것을 해야 한다면 괴롭지 않고, 내 인생의 소중한 부분을 훼손시키지 않고, 무엇보다 내 영혼만큼은 지켜내면서 해보자는 이야기입니다. 1년치 연봉을 3개월 만에 주식투자로 날린 후 잠들어 있는 7살짜리 아들의 얼굴을 쳐다본 적이 있습니까. 남들은 20~30% 수익을 올렸다고 하고, 코스피는 10% 넘게 급등을 하는데 내가 들고 있는 종목은 -10%대 하락을 기록하고 있을 때 그 심정이 어떤지 아십니까. 아이와 부인에게 엄청난 대죄를 저지른 것 같은 죄인의 심정, 나라는 인간의 존재가 한없이 작아지는 그 느낌 말입니다.

6개월 후에 해당 종목이 반등할 수 있으니 기다리라고요? 물론 그럴 수도 있죠. 대신 내 인생의 그 6개월은 좌절의 연속입니다. 그 무엇과도 바꿀 수 없는 내 인생의 소중한 하루가, 한 달이, 일 년이 주식이라는 미물로 인해 완전히 망가지는 것이죠.

그렇다면 우린 이쯤에서 뭔가를 깨달아야 합니다. 지금부터는 전혀 다른 방식으로 주식에 접근해야 한다는 것입니다. 먼저 '주식에 대해 아무리 걱정한다고 해서 변하는 건 하나도 없다'는 점을 되새기고, 그리고 한 걸음 더 나가야 합니다. 바로 **"그렇다면 주식을 한번 즐겨보는 건 어때?"** 라는 자세입니다. 어쩌면 시장을 상대하는 **'최후의 대응법'** 이 될 수 있을 것 같습니다.

5. 즐거우면 선, 괴로우면 악

그래서 전 지금부터 주식과 관련된 행위의 최종 기준을 '즐거움'으로 삼고자 합니다. 즐거운가, 그렇지 않은가를 놓고 주식 매매와 관련된 모든 대응의 최종 잣대를 삼는 것입니다. 단적으로 말해 수익을 내도 즐겁지 않다면 '즐기는 주식투자' 관점에서 보면 틀린 것이고, 현재까지 손실을 냈지만 그래도 즐겁다면 이건 올바른 대응법이 되는 것입니다. 즐거우면 선, 괴로우면 악이 된다는 뜻이죠.

이런 논리가 뜬금없다고 느껴지거나 "동의할 수 없다"고 할 수도 있습니다. "넌 돈 잃고도 즐겁니?"라고 비웃을 수도 있겠지요. 그러나 최소한 한 번만이라도 이 '즐기는 주식투자'에 대해 생각해보는 시간을 갖기를 바랍니다.

혹시 '영화'를 좋아하거나 즐기는 편인가요? 매달 영화 관람을 위한 제반 비용으로 10만 원 정도는 사용하는 마니아인가요? 이런 경우라면 분명 영화 관람에 들어가는 돈이 아깝지 않을 것입니다. 혹시 '커피'를 즐기나요? 마찬가지입니다. 커피 맛 자체를 즐기고, 커피를 통해 하루를 살아가는 힘을 얻는다면 주위에서 '된장녀'라고 비웃어도 하루에 2잔씩 캐러멜 마키아토를 마시는 데 지출하는 1만 원 정도는 전혀 아깝지 않을 테니까요.

주식을 즐기게 되면, 주식을 즐길 수 있다면 비슷한 상황이 될 것입니다. 영화와 커피에 지출하는 돈이 아깝지 않은 것처럼 주식에 투자하는 비용도 본인에게는 영화 티켓이나 커피값 정도의 부담으로 다가올 테니까요. 문제는 '제대로 즐겼냐' 하는 것이지 결코 '얼마 벌었냐' '얼마나 날렸냐'가 아니라는 뜻입니다.

과연 주식을 즐길 순 있을까

"그런데 말이죠. 주식이라는 것이 과연 즐길 수 있는 대상이 됩니까?"

분명 여러분 중 상당수는 이런 질문을 던질 것입니다. 그렇습니다. 웬만해선 아무리 생각해봐도 주식이 유희의 대상이 될 수 있다는 사실에 쉽게 동의할 수 없습니다. 앞서 저는 주식은 공정하지도 않고, 잘하려 노력해도 결과는 멋대로이고, 적정가격도 없고, 도박 같은 면도 갖고 있다고 했습니다. 그렇지만 경제생활을 하는 이상 포기할 수 없기에 어쩔 수 없이 도전하게 되는데 막상 시작하는 바로 그 순간부터 필연적으로 괴로움이 수반된다고도 했습니다. 그런데 이런 '악마의 작품'이라고까지 불리는 주식이란 존재를 과연 어떻게 우리가 즐길 수 있다는 말입니까.

전 이에 대해 "그러니까 즐겨야만 한다"는 말로 이야기를 시작하려고 합니다. 바꿔 말해 "즐기는 것 말고는 다른 방법은 없다"는 뜻이기도 합니다. 주식이라는 것이 우리의 영혼을 잠식하는 존재(Sein)이고, 이 때문에 우린 어쩔 수 없이 '주식의 노예'로 전락하는 게 필연(Müssen)이라면 '즐기는 주식투자'는 이를 극복할 수 있는 유일한 해법이자 당위(Sollen)가 된다는 것이죠.

요즘 "피할 수 없다면 즐겨라"라는 문구가 이곳저곳에서 자주 등장합니다. 주식도 마찬가지입니다. 피할 수 있으면 피하면 되고, 통제할 수 있으면 통제하면 그만입니다. 그러나 그럴 수 없는 상황이라면 결국 우리에게 남은 대응법은 '즐기기' 밖에 없습니다. 물론 이런 대응이 최선인지는 장담할 수 없습니다. 하지만 '최후의 대응법'이라는 건 자신 있게 주장할 수 있습니다.

다만 즐기는 주식투자를 자칫 '정신수양' 따위로 오해해서는 절대 안 됩니다. 이솝우화에 나오는 '신포도'로 활용해서도 절대 안 됩니다. 예를 들어 주식을 매매하면서 '난 즐겁다, 난 즐겁다'라고 지속적으로 마인드컨트롤해보세요. 그렇다고 즐거워집니까? 작전주 투자로 4000만 원을 잃고 난 후 '좋은 경험했으니 다행이다'라고 자위한다고 갑자기 맘이 즐거워집니까? 그래서 지금부터 이어갈 '즐기는 주식투자'는 체계적이고 뚜렷하고 엄격한 원칙하에 이뤄질 것입니다. '~을 해도 좋다'는 것보다 '~을 반드시 하라'는 식의 코멘트가 더 많을 것입니다. 실전매매 테크닉에 들어가서는 ELW(주식워런트 증권) 같은 일부 파생상품을 활용할 것이며 경우에 따라 공부할 내용이 급증할 수도 있습니다.

이처럼 상당한 제약조건과 원칙을 세워 투자행동을 제한하는 건 영혼을 지키기 위해서입니다. 원칙에 얽매이는 건 또 다른 괴로움 아니냐고요? 절대 그렇지 않습니다. 주식 매매를 자유롭게 한다고 해서 맘이 자유로워지는 게 아니듯, 매매에 원칙을 정하고 신중을 기한다고 해서 걱정 근심이 커지는 게 아니기 때문입니다. 오히려 이런 원칙적 대응으로 인해 더 편한 하루하루를 보낼 수 있고, 나의 현업(직업)에 매진할 수 있는 계기를 마련할 수 있을 것입니다.

무엇보다 즐기는 건 노력과 연습으로 가능하다는 점에서 한번 도전해볼 만합니다. 앞서 말했듯이 주식시장은 열심히 노력했다고 해서 노력한 순서대로 수익을 안겨주지 않습니다. 그러나 '즐기는 주식투자'는 다릅니다. 즐기려고 노력하고 연습한 투자자는 그 대가로 마음의 평안함을 얻을 수 있습니다. '돈 버는 주식투자'는 몰라도 '즐기는 주식투자'는 결코 우리의 땀과 노력을 배신하지 않을 것입니다. 주식시장은 자신을 이기려고 하는 자에게는 더할 나위 없이 혹독하지만 자신을 통해 삶을 즐기려는 자에게는 반드시 한없이 따뜻한 미소를 선사할 것입니다.

이제 시작입니다. 지금부터 여러분은 주식과 관련된 모든 행동의 최종 기준을 '즐거움'으로 정한다고 선택한 겁니다. 자신감과 확신을 가져도 좋습니다. 실은 이렇게 마음만 확실하게 먹어도 즐기는 주식투자는 이미 절반쯤 완성된 거나 다름없습니다. 자, 그럼 본격적으로 들어가보도록 하도록 하겠습니다.

Chapter 2

다시 시작해보자

요즘 주식투자를 시작하는 건 정말 쉬워졌습니다. 그 유명한 '디지털 혁명' 때문이죠. 사실 불과 1990년대 말까지만 해도 주식을 한다는 건 어떻게 보면 하나의 '특권'이었습니다. 이것저것 할 것도 많고 번거로운 일도 많았죠. 하지만 이젠 맘만 먹으면 누구나 할 수 있는 게 주식투자입니다. 동네 근처 맘에 드는 증권사를 찾아가 계좌 개설하고 컴퓨터에 홈트레이딩시스템(HTS)을 다운받고 계좌에 돈 좀 넣어두면 모든 게 오케이입니다. 붉게, 때론 푸르게 펼쳐져 있는 주가 등락을 보면서 맘에 드는 주식을 골라 '매수주문'을 넣으면 바로 시작이죠. 딱 클릭 몇 번만으로 모든 게 해결되는 세상이 됐습니다.

'정보'에 있어서 그간 일반인들이 갖는 상대적 열세도 많이 보완됐습니다. 특히 2002년 11월부터 시작된 '공정공시제도'는 정보 취득에 있어 법적 공정성을 보장해주는 계기가 됐죠. 가령 요즘 기업이 중요 정보를 발표하려면 반드시 공식적인 공시를 통해서만 가능합니다. 물론 이것이 100% 지켜진다고 장담은 못 하지만 법을 통한 확고한 규칙은 마련된 셈이죠.

공정공시제도란?

공정공시란 상장기업이 자사 관련 중요 정보를 모든 시장참가자들이 공정하게 파악할 수 있도록 증권시장을 통해 공식적으로 공시하는 제도이다. 공정공시는 불공정거래 예방, 수시공시제도의 보완, 합리적 기업분석을 유도하는 증시환경 조성 등의 기능을 담당한다. 공정공시제도는 발행시장 공시와 유통시장 공시로 나뉜다.

1. 발행시장 공시: 유가증권 및 유가증권 발행인에 관한 정보에 대한 공시. 유가증권신고서, 사업설명서, 유가증권발행실적보고서 등이 있다.
2. 유통시장 공시: 유가증권의 투자자 간 거래와 관련해 기업의 경영활동 내역을 공시. 정기공시, 수시공시, 특수공시로 나뉜다.
   ① 정기공시: 사업보고서/반기보고서/분기보고서, 연결재무제표/결합재무제표
   ② 수시공시: 기업경영에 중요한 영향을 미치는 주요 경영정보의 공시
      – 주요경영사항의 신고·공시 – 당일공시/익일공시
      – 공정공시, 최대주주등과의 거래공시, 조회공시
      – 예측정보공시, 장래계획공시, 기타 주요경영사항의 자진공시
   ③ 특수공시: 공개매수신고서(설명서)/안정조작·시장조성신고서 합병·영업양수도신고서/자기주식취득·처분신고서 주식매입선택권제도/상장주식 등 대량보유상황보고서 위임장 설명서 등

cf. 공시 의무사항 및 제출시기
   – 정기공시
   – 수시공시

정기공시사항	제출시기	제출자	제출처
사업보고서	– 사업연도 경과 후 90일 내	주권상장법인, 코스닥상장법인, 45일 내	– 금감위 – 유가증권시장 (주권상장법인) – 코스닥시장 (코스닥상장법인)
반기보고서	– 사업연도 6개월 경과 후 45일 내		
분기보고서	– 사업연도 1/4분기, 3/4분기 종료 후 45일 내		
기업집단 결합 재무제표	– 사업연도 경과 후 6월 내	사업보고서 제출법 인중 기업집단의 소속회사	
연결 재무제표	– 사업보고서와 동시 제출 다만, 공인회계사 의견 첨부가 어려운 경우 제출시한을 30일 연장	사업보고서 제출법인 중 종속회사가 있는 법인	

수시공시사항		제출시기	제출자	제출처
주요 경영 사항공시	당일공시	사유발생일의 당일까지	주권상장법인, 코스닥상장법인	- 금감위 - 유가증권시장 (주권상장법인) - 코스닥시장 (코스닥상장법인)
	익일공시	사유발생일의 익일까지		
최대주주 등과의 거래공시		〃		
장래계획공시		〃		
기타 자진공시		〃		
조회공시		시황급변에 대한 답변 - 1일 이내		- 유가증권시장 (주권상장법인) - 코스닥시장 (코스닥상장법인)
		풍문에 대한 답변 - 조회공시요구시점이 오전인 경우 당일 오후까지 - 오후 또는 토요일인 경우 익일 오전까지		

실제로 금융감독원 공시사이트인 '다트(http://dart.fss.or.kr)'에 들어가보면 누구나 안방에 앉아서도 기업의 기본 사항을 한눈에 알 수 있습니다. 이 사이트에 들어가 기업명만 입력하면 투자기업의 스폿 정보는 물론 사업내용이나 재무상황, 영업실적, 지분현황 및 변동사항 등이 한눈에 들어오죠. 이뿐만이 아닙니다. 요즘엔 전문가들의 분석도 손쉽게 접할 수 있습니다. 가령 '애널리스트 리포트'라 불리는 증권사 종목보고서도 인터넷 검색을 통해 손쉽게 구할 수 있습니다. 굳이 비싼 돈 내지 않고도 말이죠.

이처럼 주식투자 환경은 시간이 갈수록 좋아지고 있지만 이에 비례해 투자자들의 걱정과 근심은 더 커지고 있습니다. 금전적인 손실은 말할 것도 없지요. 대체 왜 그럴까요? 사전에 제대로 된 마음의 준비가 없어 그렇습니다. 또한 원칙이란 것에 대해 소홀하기 때문입니다. 투자 과정이 너무 쉬워지면서 마치 그 결과도 쉬울 것이라 오해하는 것 때문이기도 합니다.

만약 주식투자의 진입장벽이 높다면 상대적으로 준비 시간도 길고, 준비 과정의 강도도 높을 것입니다. 하지만 누구나 손쉽게 주식투자를 할 수 있고, 인프라도 좋아지면서 역설적으로 주식투자에 있어 가장 중요한 사전학습이나 준비 과정이 부실하게 된 것이죠. 무엇보다 '마음가짐'이나 '투자원칙'에 대해서는 그 누구도 관심조차 두지 않습니다.

제가 주식강의를 할 때도 이 점은 명확하게 나타나곤 합니다. 주식을 어떻게 받아들여야 할지에 대해 이야기를 꺼내려고 하면 대부분의 사람들은 "됐어요. 그냥 종목이나 찍어줘요"라면서 화를 낼 정도니까요. 그러나 사전에 이런 기본을 확실히 닦아놓지 않으면 절대로 주식을 즐길 수가 없습니다. 이건 마치 20대가 처음 술버릇이 드는 과정과 유사합니다. 소주를 3병 이상 마실 정도로 주량이 세다고 해도 즐기지 못하면 무슨 소용이 있겠습니까. 3잔만 마셔도 술자리를 통해 삶의 스트레스를 풀 수 있으면 그게 최고 아니겠습니까.

무엇보다 주식투자는 처음 몸에 익히는 술버릇처럼 시작할 때 한 번 잘못 습관화되면 평생 고치기 어렵습니다. 혹시 주위에 술만 마시면 개번 울거나, 자거나, 집에 안 들어가거나, 옆 사람과 싸우거나, 도로로 뛰어드는 친구를 두고 있나요? 처음 시작할 때 다잡아두지 않으면 여러분 주식투자의 마지막도 이렇게 될 겁니다.

1 포맷과 리셋

주식을 즐기려면 먼저 마음가짐을 바로잡아야 합니다. 이제 막 시작하려는 사람은 '포맷(format)'을 제대로 해야 하고, 주식을 오랜 기간 해왔지만 늘 괴로움의 연속이었다면 '리셋(reset)'의 과정을 거쳐야 합니다.

상당히 많은 주식의 고수들은 예외 없이 "주식은 심리전"이라고 전합니다. 아예 주식투자와 관련된 심리학을 가르치는 책들도 많죠. 그런데 여기서 말하는 심리전과 제가 말하려는 주식을 즐기는 심리 상태에는 차이가 있습니다. 전자는 상대방과 시장을 이기기 위한 마음의 처신을 주장하지만, 후자는 상대방이나 시장과는 무관하게 투자자 본인 스스로 즐거움을 추구하는 마음가짐을 말하기 때문입니다. 제가 말하는 '즐기는 주식투자'는 후자입니다. 따라서 "모든 사람이 '예'라고 할 때 나는 '아니오'라고 해야 한다" 같은 식의 마인드 정립은 주식투자 심리전에서는 쓸 만한 마음가짐이 되겠지만 이번 '포맷'과 '리셋'의 과정에선 필요하지 않답니다.

그러나 앞서도 말했듯이 "난 즐겁다, 즐거워 죽겠다"고 수천 번 주문을 외워봤자 주식은 결코 즐거워지지 않습니다. '지금부터 난 달라질 거야'라고 다짐하면 물론 다짐도 하지 않는 것보다야 좋겠지만 결코 쉽게 달라지지는 않는 것과 마찬가지입니다.

그렇다면 즐기기 위한 마음가짐을 잡아놓으려면 무엇이 필요할까요? 그것은 바로 '원칙'입니다. 일종의 '행동강령' 같은 것이기도 한데, 주식을 즐기는 마인드를 정립하려면 먼저 실제 주식을 즐기기 위한 중요한 원칙들을 세워놓고 이를 실천해야 하는 것입니다.

혹시 "원칙대로 투자해도 즐겁지 않으면 어떡해요?"라고 반문할 수 있습니다. 그렇기 때문에 처음 원칙을 정할 때 심사숙고할 필요가 있습니다. '이것만 지킨다면 주식을 하면서 항상 행복할 수 있다'고 스스로 동의할 수 있는 원칙을 세우는 게 선행돼야 한다는 것이죠. 전 앞서 주식에 대해 아무리 노력한다고 해서 반드시 수익을 올릴 수는 없지만 열심히 노력하면 주식을 즐길 수는 있다고 했습니다. 이때 노력은 바로 원칙을 지키려는 노력입니다.

결국 주식을 즐긴다는 건 나를 행복하게 만들 수 있는 원칙을 정하고 이 원칙을 지키려고 노력하는 과정이라고 요약할 수 있겠습니다. 어떻습니까. 별로 모호하거나 힘들어 보이지 않죠? 그렇습니다. 주식으로 돈 버는 건 어려워도 이처럼 즐기는 건 쉬운 겁니다. '원칙 정하기'에 대해 좀 더 이야기를 나눠보도록 하겠습니다.

위험도 결국 원칙이다

우리가 주식에 대해 할 수 있는 대응법은 얼핏 많게 느껴지지만 크게 나눠보면 딱 4가지로 구분됩니다. 매수, 매도, 보유, 이탈(관전)입니다. 따라서 우리의 즐기는 투자원칙 역시 이 4가지 분야에 맞춰서 세워야 하고, 또 지켜져야 할 것입니다.

가령 '매수'와 관련해서는 얼마만큼의 자금 규모로 살지, 어떤 종목을 살지 등과 관련해 파악해야 하며 '매도'와 '보유'에 대해서는 해당 종목이 어느 상황에 처하면 매도할지 또는 보유할지, 내 투자금이 어떤 수익(또는 손실) 규모에 이르렀을 때 매도할지 혹은 보유할지 등과 관련해 원칙을 정해야만 할 것입니다. '이탈'도 마찬가지입니다. 어떤 상황에서, 어느 신호가 나타나면 난 두말없이 주식시장을 빠져나와 한 2달 정도 쉬고 언제 다시 복귀할 것인가에 대한 원칙을 정할 것이고, 우린 이렇게 정해진 원칙을 따를 것입니다. 그리고 이 원칙을 열심히 지켜가는 과정에서 우린 결국 주식을 즐기게 되는 것이지요.

하지만 이럴 경우 한 가지 문제가 발생합니다. 바로 수만, 수십만, 수백만, 수천만, 수억 명의 주식투자자들의 성격과 취향은 가지각색인데 어떻게 이들 모두를 만족시키는 '원칙'을 정할 수 있는가 하는 것이죠. 가령 어떤 사람은 100만 원 정도 손실에는 담담하지만 또 다른 사람은 10만 원만 까져도 밤잠을 설칠 수 있으니까요. 또한 어떤 투자자는 1년에 10% 수익률만 기록해도 행복하겠다고 말하지만 또 다른 사람은 100% 밑으로는 절대 만족할 수 없다고 하면 '원칙'이란 것이 더 이상 무의미해집니다.

그럼 어떡해야 할까요? 이에 대해 전 투자자들의 성향을 일부분 재단하려고 합니다. 투자원칙을 정하는 데 있어 투자자들의 감정을 일반화시키려고 한다는 뜻입니다. 왜냐하면 전 사람들이 다른 건 몰라도 돈에 대해 느끼는 즐거움과 행복감, 괴로움과 고통은 유사하고 평균적이라고 생각했기 때문입니다. 바로 '돈' 입니다. 돈 때문에 그렇습니다. 사랑에 대해, 스포츠에 대해, 음식에 대해 느끼는 감정과 달리 일단 돈이 걸리면 사람들의 감정은 유사한 방향으로 움직이니까요. 가령 자녀의 1년치 학원비를 주식으로 날리고는 기뻐할 부모는 없겠지요. 주식을 한 번 매수하면 대부분 3개월 이상 진득하게 보유하지 못합니다. 돈을 잃으면 잃어서, 벌면 벌어서, 좀이 쑤셔 어떻게든 대응을 하죠. 그래서 즐기는 주식투자의 원칙이나 목표는 이런 돈에 대한 평균적인 감정에 기반을 두고 설정할 것입니다. **특히 대부분의 원칙은 모호한 발생 가능성의 수익보다 통제 가능한 손실이 우리를 즐겁게 한다는 가정하에 정해지는데요. 만약 '난 손실과 무관하게 끝까지 대박을 기다리겠다' 는 입장이라면 이 책을 읽는 이유는 없다고 할 수 있습니다.**

위험에 대한 원칙도 마찬가지입니다. 투자론에서는 투자자의 투자성향을 크게 위험 회피형-위험 중립형-위험 선호형 등 3가지로 분류합니다. 하지만 현실에선 어떨까요? 위험을 싫어하는 사람, 때로는 위험을 무릅쓰는 사람, 아예 위험 자체를 즐기는 사람이 골고루 분포돼 있을까요? 아니면 거의 99%가 '위험 회피형' 일까요? 정말 모를 일입니다.

하지만 원칙을 정하면 이런 '위험 수준' 에 대해서도 명확해집니다. 태생적으로 위험을 싫어하거나 사랑한다고 판단하는 게 아니라 자신이 어떤 원칙을 정했느냐에 따라 위험감내 수준이 정해진다고 말이죠. 내가 위험을 사랑하고 회피하는 게 아니라 내 목표수익률이나 로스컷 기준, 손실감내 수준 등의 원칙에 따라 위험 선호형 혹은 위험 회피형으로 분류된다는 뜻입니다.

의인은 악인의 근처에 절대 가지 않는다

이처럼 앞으로 소개하는 원칙과 행동강령, 그리고 실전 테크닉은 모두 돈을 바라보는 일반적 감정에 기반을 두고 있습니다. 따라서 '이건 너무 쫀쫀하지 않나?'라는 생각이 들어도 이런 원칙들을 인정하고, 받아들였으면 하는 바람입니다. 그리고 이 원칙대로 실전에 임하면서 하루하루를 행복하게 보내면 더욱 좋겠지요. 또한 세부적인 사안이나 수치에는 융통성을 둬도 상관없지만 큰 틀만큼은 훼손시키지 않았으면 하는 소망도 있습니다.

옛 선비들은 "군자대로행(君子大路行)"이라고 했습니다. 성경에는 "의인은 악인의 길을 쫓지 않는다"라는 구절이 있습니다. 왜 그렇습니까? 의인이나 군자라면 악인의 길도 가고, 음침한 숨겨진 길로 가서 그들을 올바른 길로 인도하고, 또 밝고 넓은 길로 바꿔주는 게 훨씬 좋은 일인데 말입니다.

그것은 바로 그런 개선이 지극히 어려울뿐더러 그 과정에서 본인이 느끼는 고통이 매우 크기 때문입니다. 또한 멀쩡한 의인이 자칫 악인으로 물들거나, 군자가 도리어 소인배 취급을 받게 될 확률 또한 매우 크기 때문이지요. '즐기는 주식투자'의 원칙도 마찬가지입니다. 기본적인 정석투자와 투자원칙에 만족하며 기쁨을 느낄 줄 알아야 합니다. 괜히 건방 떨며 험난한 길로 나가서는 안 되는 것이죠. 가령 매일 상한가와 하한가를 넘나드는 종목은 애당초 쳐다보지도 않아야 하고 근처에도 가서는 안 됩니다. 혹시 누군가는 "난 상한가 15%를 맞아야만 즐거운데?"라며 비아냥거릴 수도 있겠지만 이 사람 역시 5거래일 연속 하한가를 맞고는 벌벌 떨면서 "원금만, 아니 -15%만 손실 봐도 소원이 없겠다"며 울 것입니다. 대신 이런 모험과 도전은 자신의 직업(생업)과 자신의 활동 분야에서 활발하게 해나가면 됩니다. 즐기는 주식투자에선 결코 필요하지 않습니다.

상한가 10일이면 수익률은 얼마?

국내 주식시장에는 하루 동안의 상승폭과 하락폭을 제한하는 일일 가격제한폭(±15%)을 두고 있다. 시장변동성을 줄인다는 장점도 있는 반면 인위적 가격제한을 통한 수급통제로 주가를 왜곡시킨다는 비난도 받고 있다. 이때 염두에 둬야 할 점은 주가란 기본적으로 상승(또는 하락)이 연속적으로 이어질 경우 '복리' 개념이 적용된다는 사실이다. 가령 5일 연속 상한가를 기록한 종목의 수익률은 75%가 아니라 100%가 되고, 10일 연속 상한가 행진이 이어지면 약 400%의 수익이 발생한다. 국내에선 2000년 1월 당시 '동특'이라는 코스닥 종목이 39일 연속 상한가를 기록했던 적이 있다.

여기에 즐기는 주식투자의 마음가짐과 관련된 7계명이 있습니다. 이 마음가짐은 앞으로 모든 세부적인 행동강령과 실전 테크닉의 근간이 될 것입니다. 주식을 하면서 밤마다, 주말마다, 몇 년 동안 두려움과 고통과 트라우마에 휩싸이지 않으려면 여러분도 이 원칙들을 인정해야 하고 동의해야 합니다. 그래야 즐거움이 온전히 내 것이 될 수 있으니까요.

즐기는 주식투자 마음가짐 7계명

1. 난 주식으로 대박을 꿈꾸지 않는다. 나의 목표는 돈의 주인으로 살아가는 것이다.
2. 주식투자는 돈을 버는 게 아니다. 효과적으로 모으는 수단이다.
3. 난 주식시장을 이길 수도 없고, 예측할 수도 없다.
4. 내가 매수한 주식은 오를 수도 내릴 수도 있다. 다만 그 차익으로 행복하게 생존할 뿐이다.
5. 난 주식(기업)을 믿지 않는다. 내게 의미 있는 건 해당 주식에 대한 투자자들의 믿음이다.
6. 난 내가 정한 원칙대로 움직이며 지키려고 노력한다. 이 과정이 바로 나의 즐거움이다.
7. 주식투자는 단거리 경주가 아닌, 평생 달려야 할 마라톤이다. 또한 대부분 마라톤이 그렇듯 승부는 마지막에 판가름 난다.

2 주식투자 규모는 얼마로 할 것인가

주식투자를 막 시작할 때에는 준비할 게 좀 됩니다. 먼저 기본적인 이론 공부입니다. 주식이란 무엇인지에서부터 매수/매도 주문 단위는 1주인지 10주인지 등과 같은 실전 규칙, 기본적 분석이나 기술적 분석 등과 같은 분석 이론을 공부하는 것이죠.

주식거래 단위

유가증권시장에 상장된 주식을 사거나 팔 때는 10주씩 한 묶음으로 주문해야 한다. 10주, 20주, 100주 등과 같은 식이다. 1주, 5주, 13주처럼 10주 단위로 끊어지지 않으면 주식을 매매할 수 없다. 반면 코스닥시장에서 거래되는 주식은 1주씩 매매가 가능하다. 1주, 13주, 106주도 문제없다는 이야기다. 그러나 유가증권시장에서도 주식가격이 5만 원(전일 종가 기준)이 넘으면 1주씩 거래가 가능하다. 이를 '단주거래'라고 부른다. 특히 국내증시의 ETF 또한 단주거래가 가능하다.

크게 어렵지 않습니다. 책을 몇 권 읽어도 좋고, 인터넷을 활용해도 무난하고, 귀찮으면 주위의 일명 '주식의 달인' 친구나 선배에게 한 1주일 정도 하루에 3~4시간씩 집중 강의를 들어도 됩니다. 옆에 딱 붙어 앉아 이들이 펼치는 실전매매를 옆에서 지켜보는 것도 괜찮은 방법입니다.

이렇게 주식에 대해 어느 정도 익숙해졌다는 자신감이 들면 스스로의 투자를 시작하게 됩니다. 이때 가장 먼저 결정할 사안이 바로 '투자금은 얼마로 할 것인가'라는 부분입니다. 무엇보다 이 투자금 규모 설정은 즐기는 주식투자를 위한 기본이 됩니다. 흔히 '첫 단추를 잘 꿰야 한다'고 하죠? 투자규모 설정은 바로 이 첫 단추와 같습니다. 이 부분에서부터 잘못된 원칙을 세우거나, 제대로 된 원칙을 세워놓고도 지키지 않으면 그야말로 불행의 시작이 되는 것이죠. 가슴 저 밑바닥에서부터 끓어오르는 그 고통, 뒷목이 써늘해지는 느낌, 심지어는 그대로 창밖으로 뛰어내리고 싶은 충동을 들게 하는 바로 그 비극의 씨앗이 되는 겁니다.

투자금에 대한 규모 설정 원칙은 크게 2가지 부분으로 접근해야 합니다. 첫째는 난 얼마만큼의 손실을 '즐겁게(?)' 감내할 수 있는가, 둘째는 난 어느 정도 규모의 투자금을 운용할 능력을 보유하고 있는가입니다. 지금 주식투자를 시작하려고 하는 분들, 그리고 주식으로 인해 모든 것이 엉망이 된 채 '리셋'하려고 도전하는 분들은 이 2가지 사안을 반드시 점검해야 합니다.

손실감내액 = 1년간 절약으로 커버 가능 금액

어느 정도 규모의 자금을 주식에 할애할지에 대한 문제는 일반적으로 '자산배분'을 통해 해결됩니다. 자신의 전체 자산 중 저축자산과 투자자산을 나누고, 투자자산은 다시 부동산, 주식, 채권, 실물 등의 부분으로 나눠 일정한 비율(%)에 맞춰 자금을 분배하는 방식입니다. 나쁘지 않습니다. 현재까지 실전에서 가장 많이 활용되는 방식이죠. 그러나 전 조금 다르게 접근해보려고 합니다. 저는 즐기는 주식투자를 위한 투자금 설정을 하려면 먼저 손실에 대한 본인의 심리적 고통 임계치에 대해 명확한 설정을 해야 한다고 주장합니다.

물은 99도까지 가열해도 끓지 않습니다. 99.8도에서부터 탄력을 받은 후 100도가 돼야 본격적으로 펄펄 끓게 되죠. 손실금액에 대해서도 비슷합니다. 가령 100만 원 손실까지는 영혼을 주식에 빼앗기지 않고 버틸 수 있다고 해도 150만 원을 넘고부터는 애간장이 녹습니다. 300만 원대 손실에 대해서는 "역시 주식은 안 돼, 주식형펀드나 해야겠어"라며 깔끔하게 이탈할 수 있지만 400만 원 정도로 손실이 커지면 1000만 원짜리 은행정기예금을 깨서 들고 와 "어디 누가 이기나 해보자"면서 눈이 뒤집히게 되는 것이죠.

한번 눈을 감고 스스로에게 물어보세요. "과연 나는 어느 정도 손실을 볼 때까지 영혼의 자유로움을 유지할 수 있는가?"라고 말입니다. 쉽지가 않죠? 30만 원 정도까지는 괜찮다는 생각이 들다가도 이 금액으로 아버님께 따뜻한 겨울 코트를 선물할 수 있다는 생각을 하면 맘이 다시 흔들립니다. 혹자는 500만 원 정도는 '날릴' 각오가 돼 있다지만 수개월치 월급이 단박에 사라진다고 생각해보면 맘이 또 바뀌게 마련이죠.

그래서 전 기계적인 설정 방법을 권해봅니다. 먼저 할 일은 내가 맘먹고 1년간 절약해서 메울 수 있는 금액을 본인의 손실허용금액으로 보는 것입니다. 이때 포인트는 바로 '절약'입니다. 커피를 안 마시고, 택시를 안 타고, 술을 안 마시고, 외식비를 아끼고, 옷값을 줄이는 등 절약만으로 커버할 수 있는 금액이죠. 누구에겐 50만 원 정도일 수 있고, 또 누구에겐 1000만 원도 될 수가 있습니다.

그렇다면 왜 여기서 뜬금없이 '절약'이 등장한 것일까요?

바로 절약의 효과성과 다른 재테크를 방해하지 않는 독립성 때문입니다. 잘 알겠지만 재테크의 3가지 축은 '절약-저축-투자'로 이뤄집니다. 3가지를 동시다발적으로 진행할 수도 있고, 순차적으로 돌려가며 실행할 수도 있죠. 그런데 이 절약, 저축, 투자 중에서 '효과성'이 가장 높은 재테크 수단은 무엇일까요. 그것은 바로 '절약'입니다.

예를 들어 100만 원의 월급을 받는 사람이 있는데 한 달 생활비로 60만 원을 쓴다고 해봅시다. 이때 절약으로 생활비를 30만 원으로 줄이면 이는 곧 30만 원의 여윳돈이 생긴 것인데 이 자체로만 보면 수입 100만 원 중 30만 원의 새로운 수익을 남긴 것이므로 30%의 수익률을 발생시킨 셈이 됩니다. 월 30%의 수익률. 전 세계 그 어떤 잘나가는 펀드매니저도 달성하기 힘든 수익이죠. 바로 이런 게 절약의 힘이고, 절약만이 가질 수 있는 매력입니다.

물론 쉽지 않은 과정입니다. 무조건적으로 극단적이어야 하고, 비타협적이고, 몰상식적이고, 탈 자존심, 무한 이기주의에다 상상 초월이어야만 성공할 수 있는 게 바로 '절약 재테크'이기 때문입니다. 역설적으로 그래야만 성공할 수 있고요.

무엇보다 절약은 기존에 본인이 실천하고 있는 다른 재테크를 무너뜨리지 않아도 된다는 장점이 있습니다. 기존 소비(지출)의 파이를 줄여나가는 것이기 때문에 현금흐름(cash flow)은 그대로 유지할 수 있다는 것이죠. 이처럼 효과성과 독립성 그리고 주식에 비해 노력과 성과의 연관성이 높다는 점 등을 이유로 손실감내액 설정 기준에 '절약'이 뽑힌 것입니다.

따라서 이제부터 여러분은 "나는 얼마만큼의 손실에 맘 졸이지 않을까?"라는 물음에 대한 답변으로 "1년간 죽어라 절약하면 얼마만큼 아낄 수 있을까"를 떠올리면 됩니다. 1년간 허투루 쓰는 돈만 막으면 200만 원은 족히 되겠다고 자신한다면 이제 200만 원을 본인의 손실허용액(손실감내 수준)으로 설정하는 것입니다. 하지만 이때 200만 원이 곧 투자금액이 된다는 이야기는 아닙니다.

이처럼 손실감내액을 설정했으면 한 가지 과정을 더 거치는데, 본인의 손실감내액은 총투자금에서 -20% 손실을 기록했을 때로 맞추는 것입니다. 바꿔 말해 손실감내액을 20%로 나눴을 때 나오는 금액을 나의 주식 총투자금으로 설정하는 것이죠.

> 주식투자금 = 나의 손실감내 수준 / 0.2
> = 1년간 절약으로 만회할 수 있는 금액 / 0.2

가령 앞서 200만 원이 손실감내금액이라고 하면 주식 총투자금은 1000만 원을 책정하는 것입니다. 반면 본인은 아무리 해도 절약을 통해 연간 20만 원 정도밖에 메울 수 없다면 이 경우 주식투자금은 100만 원으로 정해야 하는 것이지요.

그런데 '-20%'라는 수치는 어디서 나온 것이냐고요? -30%로 하면 안 되냐고요? 됩니다. 확실하게 지킬 원칙이라면 말입니다. 이 부분에 대해서는 3장 '즐기는 투자 실전매매 테크닉' 편에서 자세히 설명하겠습니다.

스스로의 운용 실력을 시험해보라

이번엔 투자금 규모 설정의 둘째 기준 '난 어느 정도 규모의 투자금을 운용할 능력을 보유하고 있는가'에 대한 설명입니다.

가령 소득도 엄청 많고, 소비지출 규모도 커 주식투자를 하다가 1년에 1000만 원 정도는 손실을 봐도 충분히 인생을 즐기며 살아갈 수 있다고 자신하는 투자자가 있다고 해봅시다. 그러면 앞서 계산식에 따라 주식 총투자금은 5000만 원으로 설정할 수 있습니다. 그렇다면 이 사람은 바로 5000만 원을 증권계좌에 투입하고는 HTS를 열어 주식을 사면 되는 것일까요?

그렇지 않습니다. **왜냐하면 '즐기는 주식투자'를 위해서는 투자금 규모를 설정함에 있어 본인의 운용 실력이라는 두 번째 변수를 함께 고려해야 하기 때문입니다.** 쉽게 말해 난 100만 원 정도를 매매할 수 있는 기본을 갖췄는지, 아니면 1억 원 정도는 굴릴 수 있는지 살펴봐야 한다는 뜻입니다.

이런 질문을 한번 던져보겠습니다. 주식투자에 있어 100만 원을 갖고 10만 원 수익을 올리기가 쉬울까요, 아니면 1억 원으로 1000만 원 수익을 올리는 게 더 쉬울까요?

정답은 없습니다. 그야말로 개인차가 존재하죠. 하지만 일반적인 난이도 측면에서는 후자가 훨씬 더 어렵습니다. 같은 10% 수익률이지만 투자원금 규모가 커질수록 실제 운용에서는 더 많은 기술과 경험을 요구하기 때문이죠. 따라서 지금 막 주식을 시작하는 초보자라면 여유가 아무리 많아도 당장 수억 원을 책정하면 안 됩니다. 손실감내액이 2000만 원은 된다고 하더라도 당장 1억 원을 증권계좌에 넣고 주식을 매매하면 안 된다는 뜻입니다.

초보자라면 100만~500만 원 규모에서 최소 6개월 정도 매매를 지속해야 합니다. 또 초보자는 아니지만 500만 원 밑에서 충분한 경험을 거치지 않고 투자금을 올렸던 투자자는 500만 원 이하로 투자금 규모를 낮춰 '리셋' 해야 합니다. 그래서 500만 원대의 자금을 이용한 매매가 완전히 손에 익어야 합니다. 이런 연후에 다시 500만~2000만 원으로 투자금을 올려야 합니다. 이렇게 또 최소한 반년 정도는 매매를 한 후 3000만 원 이상의 금액에 도전해야 하는 것이지요.

이때 유의해야 할 점은 매매를 함에 있어 추가금액 투입, 즉 '자금 물타기'를 해선 안 된다는 것입니다. 죽이 되든 밥이 되든 반드시 최초 설정 투자금으로 지속적인 경험을 축적해야 합니다. 또한 정해놓은 기간에 정해놓은 성과를 올리지 못했다면 투자금 규모를 올려서는 안 됩니다. 500만 원 운용에서 실패한 투자자가 5000만 원의 투자금이 주어질 때 더 잘 대응할 것이란 생각은 헛된 꿈에 불과하다고 할 수 있겠습니다.

그런데 우린 왜 이런 투자금의 단계별 구간을 둬야만 하는 것일까요?

첫째, 제대로 된 투자습관의 기본기를 익히기 위해서입니다. 혹시 지금 주식투자를 하고 있다면 보유종목의 손익단가와 보유수량, 보유기간을 외우고 있습니까? 거의 대부분 투자자들은 이런 질문에 즉답을 못 합니다. 심지어 "그 주식을 왜 매수했습니까?"라는 질문에 대해서도 뜬구름 잡거나 이미 사라져버린 재료를 말하는 투자자도 많습니다. 이래 가지고는 감히 주식을 하겠다고 말할 수 없습니다. 즐기겠다는 건 꿈도 못 꿀 일이지요. 여러분도 이런 경우라면 300만~500만 원에서부터 다시 시작해야 합니다. 이 금액 수준에서 자신

매매노트를 쓰자

수능시험 준비를 하는 고3 수험생이 '오답노트'를 만들 듯이 주식 매매를 하는 개인투자자들은 '매매노트'를 작성하는 습관이 필요하다. 어렵게 생각할 필요가 없다. 매매와 관련된 몇 가지 사안만을 메모해놓는다는 목표로 접근하자. 다만 다음의 4가지 사안은 반드시 기록해놓는 것이 좋다.

첫째는 투자종목 개요, 매수/매도 금액, 투자기간, 기간손익(률), 포트폴리오 변동내역이다. 가장 기본이라고 할 수 있다. 둘째는 해당 매매에 대한 이유이다. 왜 매수/매도했는지에 대한 대응 결정에 대해 자신의 생각을 특별한 형식에 구애받지 않고 적는 것이다. 셋째는 자신의 투자종목과 관련된 뉴스 스크랩이다. 특히 다양한 뉴스들과 이 뉴스에 대한 주가의 반응(움직임)을 연결시키고, 일정한 규칙을 찾아낸다면 증권사 애널리스트 리포트 못지않은 훌륭한 분석 리포트가 될 것이다. 넷째는 경기 관련 지표에 대한 메모이다. 환율과 금리, 필라델피아 반도체 지수와 벌크선 운임지수(BDI: Baltic Dry Index), 국제 원유가격과 국제 금값 추이 등을 적어놓는 것이다. 이런 지표들과 자신의 투자종목 간의 연관성을 찾아낼 수 있다면 금상첨화라고 할 수 있겠다.

의 포트폴리오를 정확히 기억하는 것부터 시작하세요. 이걸 할 수 있어야 훗날 3억 원대 포트폴리오와 각 수익과 손실을 '자연스럽게' 기억할 수 있습니다. 무엇보다 매 순간 나의 투자현황에 대해 훤히 숙지하고 있으면 시장 등락으로 인한 두려움이 크게 경감되는 보너스도 얻을 수 있지요.

둘째, 온라인상의 돈에 대해 구체화된 느낌을 갖게 해줍니다. HTS를 통한 매매에 집중하다 보면 어느 순간부터 모니터에 찍힌 100만 원, 500만 원, 1000만 원, 3000만 원, 1억 원 등과 같은 금액의 가치에 대해 무감각해지는 시기가 반드시 찾아옵니다. 수익과 손실에 대한 희로애락의 강도가 크게 떨어지는 순간인데 종종 이런 시기에 '대형사고'가 많이 터집니다. 투자 규모를 단계별로 늘리는 연습을 하면 이런 '불감증'을 막아낼 수 있습니다. 지금 300만 원을 지킬 줄 알아야 나중에 3000만 원의 소중함도 알 수 있는 것입니다.

셋째, 손절매 습관을 기를 수 있습니다. 앞서 투자규모 설정의 핵심은 쉽사리 '자금 물타기'를 하지 않는 데 있다고 했습니다. 그렇습니다. 300만 원으로 시작하다, 좀 잘된다 싶어 2주일도 안 되어 또 300만 원을 투입하면 불행의 지름길로 가는 것입니다. 반면 손실이 커졌다고 해서 1개월도 안 됐는데 300만 원을 추가투입하는 것도 마찬가지이고요. 이처럼 최소 6개월 이상 300만 원을 지키고 불려가는 연습을 하면 '놀랍게도' 매매 테크닉에 있어 주식 물타기와 손절매 매에 대해 제대로 된 기본을 익힐 수가 있습니다.

넷째, 매매 실력 향상에도 도움을 줍니다. 일정한 금액으로 6개월에서 1년간의 시간을 보내게 되면 빅 사이클은 아니지만 경우에 따라 제법 큰 주기를 알게 됩니다. 지금 주식을 팔지 않아도, 지금 호들갑 떨며 주식을 사지 않아도 기회는 또다시 찾아온다는 '평범한(?)' 진리를 배우게 되죠. 이런 능력은 수천 권의 주식투자서를 읽었다고 해서 알 수 있는 게 아닙니다. 그냥 몸으로 체득하는 것이기 때문이죠. 전 주식투자의 최고 실력은 '주기를 읽는 것'이라고 생각하는데요, 이런 기초가 바로 투자금 설정에서 시작된다는 게 놀랍지 않습니까.

다섯째, 주식을 즐기는 내성을 갖게 해줍니다. 간단한 논리입니다. 태어날 때부터 100평짜리 저택에, 통장에 40억 원 규모의 주식이 찍혀 있는 사람이 200평으로 이사를 할 때 느끼는 기쁨과 산동네 월세 단칸방에서 그럴듯한 전셋집으로 이사 가는 사람의 기쁨을 비교해보세요. '즐기는 주식투자'는 엄밀히 말해 '수익'과 '재미'를 동시에 얻는 것인데, 500만 원을 운용하면서 맛보는 자신감과 좌절감을 알고 있어야 5000만 원, 1억 원을 운용할 때 겁내지 않게 되는 것입니다. 나아가 수익이나 손실과 무관하게 매매 자체를 통해 '재미'를 느낄 수 있다는 것이죠. 한번 해보세요. 500만 원에서 1000만 원으로, 3000만 원으로, 6000만 원으로 차근차근 늘려가는 과정이 얼마나 재미있는지 말입니다.

한편 앞서도 잠깐 언급했지만 이렇게 단계별 투자금액을 설정할 경우 투자 규모는 그럼 언제, 어떤 기준으로 늘려야 하는지가 문제로 남게 됩니다. 스스로 '이제는 됐다'고 판단해 무턱대고 규모를 늘리면 안 되니까요. 이때도 원칙을 정해야 합니다. **일반적으로 기간과 목표수익률을 사전에 정해놓고 이 기준이 충족될 때 다음 단계로 넘어가는 방식이 효과적입니다.** 예를 들어 '난 최초 500만 원을 가지고

6개월간 운용하면서 10% 수익을 내겠다'고 원칙을 정해놓는 것입니다. 그리고 이걸 달성하면 100만 원씩 자금을 늘려간다든지, 아니면 500만 원을 더 투입한다든지, 혹은 6개월간 한 번 더 연습한다든지 스스로 원칙을 세워놓고 대응하는 것이죠. 다시 한 번 말하지만 원칙을 세우고, 이를 지키려는 노력을 했다면 손실을 봐도 최소한 떳떳할 수는 있습니다. 이런 당당함이 즐기는 주식투자의 기본 중 기본이 된다는 점은 결코 무시할 수 없답니다.

3 행복을 부르는 주식 고르기 1

본인의 주식투자금을 설정했다면 다음 과정으로 넘어가야 합니다. 일단 증권사에서 받은 은행연결계좌에 투자금을 집어넣으면 과정상 기본적인 준비가 끝난 셈입니다. 지금부터는 본인이 마음에 드는 주식을 골라 투자금 한도 내에서 매수주문 버튼만 클릭하면 본격적인 주식 매매가 시작되는 것이죠. 참 간단하죠?

하지만 즐기는 주식투자의 달성 여부는 바로 지금부터가 관건이 됩니다. 결론부터 말하면 '어떤 주식을 매수하느냐'에 따라 주식투자를 통해 즐거움을 느낄지, 아니면 매일 저녁 잠 못 이루고 끙끙 앓게 되는지가 절반 정도 판가름 난다고 볼 수 있습니다.

그런데 정말 어떤 주식을 골라 투자해야 합니까? 국내 주식시장만 해도 거래소와 코스닥시장에 1800개 이상(거래소 841개, 코스닥 1030개, 2011년 1월 20일 기준) 종목이 존재하는데 이 중 어느 주식을 선택해야 한다는 말입니까? 많이 들어본 대기업 중 하나를 고를까요? 친구가 추천해준 코스닥 대박주를 노려볼까요? 아니면 그냥 눈 감고 종목 하나를 찍어야 하는 걸까요?

기술적 분석과 기본적 분석

투자할 종목을 고르는 데는 일반적으로 널리 통용되는 분석 방법이 있습니다. 일명 '기본적 분석'과 '기술적 분석'이란 2가지 분석틀(수단)인데, 이를 기반으로 투자할 종목을 선택하는 것입니다.

앞으로 설명할 '즐기는 주식투자'를 위한 종목선택 방법은 이들 기본적 분석이나 기술적 분석을 그대로 받아들이지는 않지만 이런 분석법을 근간으로 하고 있습니다. 따라서 여러분은 이들 2가지 방법에 대해 어느 정도 식견은 가지고 있어야 합니다. 시험공부를 하듯 노력할 필요는 없지만 그 원리에 대해 이해는 할 수 있어야 이를 바탕으로 즐기는 투자로 나갈 수 있는 것도 사실입니다. 어렵지 않습니다. 수학공식을 달달 외우거나 자 대고 차트를 그릴 필요가 없습니다. 기본과 핵심만 알고 있으면 됩니다.

먼저 기술적 분석이란 과거 및 현재의 가격변동 추이를 분석해 특징을 뽑아내고 이를 통해 미래의 주가가 어떻게 움직일 것인가를 예측하는 것입니다. 일명 '차트분석'이라고 부르죠. 해당 종목(기업) 자체를 분석하기보다 이 종목을 놓고 펼쳐진 거래 흐름에 초점을 맞추기 때문에 '수급분석'이라고도 할 수 있습니다.

우리가 기술적 분석을 통해 종목을 고른다고 하면 한 기업의 주가 흐름과 거래량 추이를 각종 차트로 구성한 후 이를 놓고 여기에 각종 통계적 기법과 과거 추세 등을 적용해 매매 타이밍을 예측해 따라잡는 형식을 취합니다.

혹시 영화 〈살인의 추억〉을 보셨나요? 영화를 보면 배우 김상경이 "서류는 절대로 거짓말을 안 해요"라고 말하는 장면이 나오는데, 기술적 분석도 비슷한 성격을 갖고 있습니다. 차트는 절대 거짓말을 하지 않기 때문입니다. 차트분석의 기본 틀은 '가격'과 '거래량'으로 구성되는데, 이 가격과 거래량에는 해당 주식(종목)에 투자했던 사람들의 스토리가 고스란히 담겨 있습니다. 이를 통해 미래 주가를 정확히 맞힐 수 있다고는 확신할 수 없지만 '과거'에 대한 정보만큼은 아주 정확히 남아 있는 것이죠.

특히 차트분석은 심리분석과 밀접한 관계를 갖고 있다는 평가도 받습니다. 예를 들어 한 종목의 주가가 5만 원일 때 엄청나게 많은 거래가 발생했다고 해봅시다. 그럼 이때 5만 원은 매우 의미 있는 주가가 됩니다. 왜냐하면 주식을 매수한 사람은 적어도 5만 원은 넘어야 매도하려고 하기 때문에 5만 원은 튼튼한 '지지선'이 되기 때문입니다.

반면 일정 시간 이후 갑자기 초대형 악재가 터져 이 5만 원선이 붕괴돼버리면 5만 원은 이제 뚫기 힘든 '저항선'이 돼버립니다. 그간 속을 앓던 매수자들이 5만 원 근처로 올라오면 원금이라도 찾으려고 앞다투어 매물을 내놓기 때문이죠. 그래서 가격은 이 가격대에서 다시 밀릴 것입니다. 이처럼 차트분석은 투자자들의 일반적 매매습성을 전제로 하고 있다고도 할 수 있습니다.

기술적 분석 간단 요약정리

기술적 분석은 단적으로 '도구(tool)'와 '해석(view)'으로 구성된다. 다양한 차트 분석 '도구'를 갖고 현재 주가 움직임을 꿰맞추고 이를 통해 자신만의 '해석'을 내리는 방식이다. 따라서 동일한 분석기법을 활용해도 사람에 따라 주가 흐름에 대한 해석과 예측은 전혀 달라질 수 있다는 점을 염두에 둬야 한다. 일반적으로 통용되는 분석도구는 크게 3가지로 ① 전통적 기술적 분석, ② 엘리어트 파동 이론, ③ 일목 균형표 이론 등이다.

① **전통적 기술적 분석**: 찰스 다우, 그랜빌(J. E. Granville), 존 머피(John J. Murphy) 등 다양한 학자들의 이론을 바탕으로 실전의 다양한 사례 검증을 통해 완성된 분석도구. 수많은 사람들과 수많은 상황, 그리고 수많은 검증이 결합돼 도출됐다는 점에서 가장 널리 사용되고 있다.
② **엘리어트 파동 이론**: 1930년대 철도노동자였던 R. N. 엘리어트(R. N. Elliot)가 70여 년간 과거 미 증시의 흐름을 바탕으로 도출한 이론. 주가는 대자연의 법칙(피보나치 수열)에 의거해 일정한 규칙을 갖고 반복된다는 전제 아래 주가변동은 상승 5파와 하락 3파로 움직이며 끝없이 순환한다고 설명한다.
③ **일목 균형표 이론**: 1935년 '일목산인(一目山人)'이라는 필명을 사용하는 일본인 호소다 코이치가 신문에 연재했던 칼럼을 정리해 완성된 이론. '한눈에 알아볼 수 있다'는 취지로 시간론과 가격론 그리고 파동론의 이론적 토대에서 도출된 기준선/전환선/선행스팬1/선행스팬2/후행스팬 등 5개의 선으로 구성된 일목 균형표를 해석하는 법이 핵심 이론이다.

이 중 즐기는 주식투자를 위해서는 최소한 ① 전통적 기술적 분석도구에 대해 충분히 숙지하고, 한 걸음 더 나아가 자신만의 해석을 내릴 수 있어야 한다. 전통적 기술적 분석도구는 추세선 분석, 거래량 분석, 이동평균선 분석, 캔들 분석, 패턴 분석 등으로 세분화되는데 이 중 이동평균선 분석과 캔들 분석은 가장 보편화돼 있는 도구라고 할 수 있다.

반면 워렌 버핏에 의해 웬만한 주식투자자라면 모두 웬만큼 알고 있는 기본적 분석은 해당 종목의 내재가치(intrinsic value)를 결정하고 측정하는 방법입니다. 그래서 흔히들 '가치분석'이라고 합니다.

만약 가치분석을 통해 투자할 종목을 고른다고 하면 먼저 내재가치를 측정한 후 이 가치와 현재 주가를 비교해 '저평가' 돼 있는지 확인하면 됩니다. 이때 종목(기업)의 내재가치를 측정하는 방법으로는 이익가치 측정법, 자산가치 측정법, 성장가치 측정법 등이 활용되는데, 내재가치를 현재 주가 수준과 비교할 때는 주가수익비율(PER), 주가순자산비율(PBR: Price on Book value Ratio), 주가현금흐름비율(PCR: Price Cash flow Ratio), 주가매출액비율(PSR: Price Selling Ratio), 배당수익률 등이 측정지표로 사용됩니다.

가치분석의 의도는 아주 명확합니다. 어떤 주식(기업)이든 본질적인 가치가 존재하고, 주가는 자기 멋대로 움직이는 것 같지만 결국 이 본질가치에 수렴하고야 만다는 '믿음'을 바탕으로 하고 있습니다. 그래서 가치분석은 차트분석과 달리 해당 종목에 집중합니다. 따라서 기업의 매출액증가율, 순이익증가율, 예상수익, 자기자본이익률(ROE: Return On Equity) 등 기업 내 재무상태를 파악하는 것은 기본 중 기본이죠. 혹자는 "'재무제표' 분석이 가치분석의 전부다"라고도 하는데 매우 타당한 설명이라고 할 수 있습니다.

기본적 분석, 이것만은 알고 넘어가자

기본적 분석의 핵심은 재무제표 분석이라고 할 수 있다. 대차대조표와 손익계산서에 나타난 각종 수치를 토대로 해당 기업의 '내재가치'를 측정하는 작업이다. 그리고 이 내재가치를 토대로 현 주가와 비교해 저평가 혹은 고평가 등 '주가적정성' 분석을 더하면 모든 과정이 일단락된다. 다만 재무제표 분석은 일정 수준 이상 학습을 필요로 하기 때문에 상당수 개인투자자들이 어려워하는 경향이 있다. 다음 몇 가지 사안은 반드시 익히고 넘어가자.

① 안정성 분석
- 자기자본비율(%) = 자기자본(총자본−총부채) / 총자산(총자본) × 100: 높을수록 건전하다고 파악. 적어도 20~30% 이상이어야 함.
- 부채비율(%) = 타인자본(부채총계) / 자기자본 × 100: 통상 100% 기준을 적용하나 업종별 차이가 존재함. 비율 자체의 높고 낮음과 함께 과거 대비 증감에도 주목해야 함. 높을수록, 증가할수록 부정적임.
- 유동비율(%) = 유동자산(1년 내 현금화 가능한 자산) / 유동부채(1년 내 상환이 도래하는 부채) × 100: 기업의 지불 능력을 나타내는 지표. 높을수록 좋음.

② 성장성 분석
- 매출액증가율: 분기마다, 해마다 꾸준히 성장세를 기록하는 것이 관건.
- 영업이익증가율: 분기마다, 해마다 꾸준히 성장세를 기록하는 것이 관건.

③ 수익성 분석
- 영업이익률(%) = 영업이익 / 매출액 × 100: 순수하게 영업활동만으로 벌어들인 수익을 파악.
- 매출액 순이익률(%) = 당기순이익 / 매출액 × 100: 회사 본업 이외의 수익현황을 파악하는 데 활용.
- 자기자본이익률(%) = 순이익 / 자기자본(순자산) × 100: 주주지분인 자기자본(순자산)을 얼마만큼 효율적으로 이용해 이익을 올렸는가를 나타내는 지표. ROE가 높을수록 주주지분 운용효율이 높다는 의미. 일반적으로 ROE는 은행금리보다 높으면 양호하다고 판단.
- 매출원가와 당기순이익: 매출원가는 그 규모가 꾸준히 감소하고, 당기순이익은 꾸준히 증가하는 것이 관건.

④ 주가적정성 분석
- 주당순이익 = 순이익(당기순이익) / 발행주식총수: 1주당 얼마의 이익을 올리는가를 나타내는 지표. 주당순이익(EPS)이 높을수록 실적이 양호하다는 의미.
- 주당순자산 = 순자산(자기자본) / 발행주식총수: 1주가 보유하고 있는 실질적 자산가치. 주당순자산(BPS: Book value Per Share)이 높을수록 재무안전성이 높다는 의미.
- 주가수익비율(배) = 현 주가 / EPS: 현 주가가 해당 기업 1주당 순이익(EPS)의 몇 배인가를 나타내는 지표. 주가수익비율(PER)이 높다는 것은 EPS 대비 비싸다(고평가)는 의미, 낮다는 것은 EPS 대비 싸다(저평가)는 뜻으로 파악됨.

- 주가순자산비율(배) = 현 주가 / BPS: 현 주가가 1주당 순자산가치의 몇 배인가를 나타내는 지표. 주가순자산비율(PRB)이 1배일 경우 현 주가가 장부상 기업가치와 같다는 뜻이고, 1배 이하면 장부 가치보다 낮아 당장 청산해도 주주에겐 이익이 될 만큼 저평가돼 있다고 파악.
- 주가현금흐름비율(배) = 현 주가 / 주당현금흐름: 주가를 1주당 현금흐름으로 나눈 것으로 배당금 지급, 부채 상환, 설비 확장 등을 위한 회사의 자금력을 나타내는 지표. 위기상황 대처능력지표로도 활용된다. 주가현금흐름비율(PCR)이 낮을수록 자금력 대비 저평가돼 있다고 파악. 단, 주당현금흐름은 당기순이익에 실질적인 현금 유출입을 수반하지 않는 감가상각비, 외환 및 유가증권평가차익(손) 등을 모두 포함시켜 구한다.
- EV/EBITDA(배) = 기업 시장가치 / 세금, 이자지급, 감가상각 전 수익: 기업 시장가치(EV: Enterprise Value)를 세금과 이자를 내지 않고 감가상각도 하지 않은 상태의 이익(EBITDA: Earnings Before Interest, Tax, Depreciation and Amortization)으로 나눈 값. 한 종목(기업)의 EV/EBITDA가 3배라고 한다면 해당 기업을 인수할 경우 3년간 벌어들인 이익의 합이 인수비용(투자원금)과 같게 된다는 뜻으로 투자원금 회수 기간을 의미하기도 한다. 결과가 낮을수록 현 주가 대비 영업 현금흐름이 좋다는 뜻으로 저평가 상태라고 파악할 수 있다. 다만 EV는 기업 인수비용 개념으로 시가총액에 순부채를 합산해 산출한다.

차트를 읽고 내재가치만 구하면 될까

이야기가 좀 복잡해지려고 합니다. 요약해보면 이렇습니다. 기술적 분석이란 차트를 살핀 후 사람들이 많이 꼬일 것 같은, 일명 '수급'이 좋을 것 같은 종목을 고르는 것입니다. 반면 기본적 분석이란 해당 기업의 면면을 살핀 후 '실적'이 꾸준하거나 '자산'도 많고 '현금흐름'도 좋은데 현재 주가가 낮은 종목을 고르는 것입니다. **더 간단히 말하면 수급 좋은 녀석을 고르거나(기술적 분석), 실적 좋은 녀석을 고르는 방식(기본적 분석)이라고 할 수 있겠습니다**(조금 논리의 비약은 있습니다).

나쁘지 않습니다. 아니, 좋습니다. 이 2가지 분석을 통해 확고한 원칙을 세우고 여기에 맞춰 매수할 주식을 고르면 이 역시 즐기는 주식투자의 한 방편이 될 수도 있을 것 같습니다.

여러분, 혹시 앞서 주식에 대해 "적정가격은 없다"라든가 "인류의 재테크 게임"이라고 설명했던 것을 기억하십니까. 기술적 분석과 기본적 분석은 바로 우리를 괴롭게 만드는 이런 주식의 2가지 특징에 대응하는 적절한 해법이라고도 할 수 있습니다.

가령 먼저 기술적 분석을 살펴보겠습니다. 기술적 분석을 통해 주식을 고르면 더 이상 주식에 대해 원가가 얼마이고, 적정가격은 얼마라든지 하는 말이 필요가 없습니다. 사려는 사람과 팔려는 사람이 만나 정해진 현 주가를 적정가격으로 담담히 받아들이자는 게 결국 기술적 분석에 숨겨진 속내이기 때문입니다.

극단적으로 보면 기술적 분석을 통해 매수할 종목을 정할 때는 해당 종목이 어떤 업종에 속해 있는지조차 알 필요가 없습니다. 과거에 펼쳐졌던 매수자와 매도자의 움직임만 쫓아 '앞으로 더 사려고 할까?' 혹은 '더 팔려고 할까?' 라는 사안을 놓고 예측하고, 이에 따라 매매결정을 내리는 것이니까요.

전통적 기술적 분석도구 중 이동평균선 분석에 따르면 이동평균 5일선이 20일선 위로 올라가는 '단기 골든크로스'를 주식 매수신호로 파악합니다. 그런데 왜 5일선이 20일선 위로 올라가면 주식을 사야 합니까? 바로 우리네 투자자들이 대부분 1주일 단위 단기투자에 집중하기 때문입니다. 따라서 단기 골든크로스가 나타났다는 건 최근 5일

(1주일) 동안 해당 종목을 매수한 사람들이 최근 20일(한 달) 동안 주식을 보유한 사람들의 물량을 다 받아가면서 더 높은 가격에 주식을 사려 한다는 것이고 일명 '수급이 터졌다'는 해석을 할 수 있게 됩니다. 당연히 추가상승 여력은 충분하다고 추론할 수도 있지요.

반면 기본적 분석은 재테크 게임의 '규칙(rule)'과 관련이 있습니다. 주식이라는 게임에 존재하는 수많은 규칙 중 '내재가치가 좋으면 언젠가는 제값을 받는다'라는 규칙을 신봉한다고 할 수 있죠. 다시 말해 수많은 시장참가자들은 자신이 좋아하는 규칙에 따라 게임을 펼치지만 결국에는 이 '내재가치'라는 규칙으로 회귀할 것이라는 믿음에 기반을 둔다는 이야기입니다. 그런데 주목해야 할 점은 실제로도 다수의 투자자들은 '내재가치'에 큰 의미를 부여하고 있다는 사실입니다. 그래서 "실적이 좋아지면 주가는 오른다"라는 말이 100%는 맞지 않지만 한 70~80% 정도의 확률로는 맞아떨어지는 것이죠.

현재 기본적 분석은 주식투자 이론에 있어 가장 확고한 입지를 구축하고 있습니다. 만약 이 기본적 분석이 없었다면 골드만삭스나 JP모건 같은 대형 투자은행(IB)은 물론이고 증권사라는 자체가 대중에게 어필하지 못했을 정도이죠. 증권사 애널리스트라는 직업도 결국 기본적 분석이라는 이론을 통해 지금의 입지를 구축했다고 해도 과언이 아닙니다. 왜냐하면 이들은 기본적 분석을 통해 '신의 영역'이라는 주식 예측에 마치 뭔가 있는 것 같은 체계적인 해석을 제공할 수 있었기 때문입니다. 실제로 대부분 증권사들의 '매수 추천주'를 보면 쉽게 알 수 있습니다. 추천주 대부분은 실적이 꾸준하거나, 개선되거나, 놀라운 폭으로 개선되는 종목들이 많거든요.

자, 그렇다면 이제 우리는 즐기는 주식투자를 위해 이 기본적 분석 또는 기술적 분석만을 갖고 투자종목을 고르면 될까요? 그렇지 않습니다. 분명 이 2가지 분석법은 많은 장점을 갖고 있지만 여기에는 '즐거움'의 미학이 존재하지 않기 때문입니다. 역설적으로 우리가 기존의 분석법에만 집착한다면 그간 겪었던 주식으로 인한 괴로움도 지속될 것입니다.

그래서 지금부터는 우리만의 행복한 주식 고르기를 시작해야 합니다. 이미 체계화되고 대중화를 이뤄내 수많은 투자자들이 자의건 타의건 따르고 있는 기존 분석법에 '즐거움'이라는 변수를 첨가해 우리만의 매수원칙을 세워야 합니다.

행복을 부르는 종목의 4가지 특징

나를 즐겁게, 행복하게 만드는 주식을 고르는 방법은 간단합니다. 먼저 '행복을 부르는 주식'이 갖는 특징을 파악한 후에 이런 특징을 갖고 있는 주식을 매수하면 됩니다. 물론 이에 앞서 **'난 주식으로 대박을 꿈꾸지 않는다. 나의 목표는 돈의 주인으로 살아가는 것이다'** 라는 즐기는 주식투자의 마음가짐에 스스로 동의해야 함은 필수입니다.

하지만 막상 "어떤 종목이 나를 행복하게 만들 수 있을까?"라는 질문에 대한 답은 막연합니다. 차라리 '수익을 내는 종목'이라고 하면 명확할 텐데 '행복을 주는 종목'이라고 하니 상당히 애매모호해지네요.

실제로 앞서 기본적 분석과 기술적 분석을 곱씹어봐도 행복이나 즐거움이라는 정성적 측면에 대해서는 설명할 수 없습니다. 정말이지 어떤 종목을 매수해두면 내 맘은 주가 등락에도, 심지어 손실을 보면서도 맘이 평안할 수 있을까요? 어떤 특징을 갖고 있는 종목을 사면 남들이 3일 연속 상한가를 맞았다고 좋아하는 것을 보면서도 배가 전혀 아프지 않을까요?

전 크게 4가지 측면을 통해 '행복을 주는 주식'을 골라보려고 합니다. 첫째는 시장 추종력, 둘째는 수급과 지분구조, 셋째는 기업 영속성과 실적, 넷째는 사업의 명확성과 경기주기입니다. 즐기는 주식투자를 위해서는 반드시 이 4가지 기준을 통해 걸러낸 주식을 매수해야 합니다. 물론 이런 기준을 바탕으로 선택한 종목의 주가가 반드시 오르지 않을 수도 있습니다. 하지만 즐기는 투자로 보면 어쩔 수가 없는 것입니다. '최선을 다했다면 후회는 없다'는 이치와 비슷합니다. 이렇게 매수원칙을 정해놓고, 최선을 다해 이 원칙을 지켰다면 손실을 보더라도 괴로워할 필요가 없다는 것이죠. 다시 한 번 말하지만 이걸 인정하지 않으면 주식투자를 통한 즐거움은 없습니다. 비단 주식만이 아니라 인생 역시 마찬가지입니다.

① 시장 추종력

주식 직접투자를 20년 넘게 한 분들을 만나보면 종종 이런 말씀을 전합니다.

"그냥 펀드나 해. 그게 속도 편하고, 또 남는 길이야."

여기에는 참 많은 뜻이 담겨 있지요. 그 핵심은 '시장만큼만 수익을 내고, 손실을 보면 맘이 편하다'는 것이고, 다른 말로 하면 '시장 등락률만큼 수익을 내고, 손실을 보는 종목을 고르기가 매우 어렵다' 는 뜻이라 할 수 있습니다.

주식을 하면 누구나 자신의 매수종목이 최소한 시장이 오르면 그것보다 더 많이 오르고, 시장이 내리면 그 하락폭보다는 적게 내리길 희망합니다. 코스피가 1% 상승했으면 보유종목은 3% 오르길 바라고, 코스피가 -3% 폭락해도 난 -1% 하락으로 선방하길 원하죠.

하지만 현실에선 정반대인 경우가 많습니다. 아예 시장이 올라도 내리고, 내리면 더 많이 하락하는 경우가 허다합니다. **따라서 즐기는 주식투자를 위해서는 자신의 투자종목이 주식시장과 따로 놀아서는 안 됩니다.** 적어도 방향성은 일치하는 종목을 매수해야 합니다. 상당수 전문가들이 대형주 투자를 선호하고, 업종대표주에 집중하라고 조언하는 것도 이것과 관계가 깊습니다.

② 수급과 지분구조

거의 1주일에 3~4일 정도는 각종 증권방송이나 뉴스에 등장하는 증시격언이 있습니다. 바로 "수급은 재료에 우선한다"는 것입니다. 그 어떤 깜짝 실적이 발표되고, 대단한 기술 특허권을 취득하고, 대형 M&A 재료가 터져도 사람들이 그 주식을 사려 하지 않는다면 아무 소용이 없다는 뜻이죠.

저와 친분이 있던 유명한 증권 전문가의 경우 지난 2004년 당시 불투명한 국내 기업실적과 부진한 내수경기, 불안한 거시경제 환경 변수를 바탕으로 부정적인 증시 전망을 내놓았었는데, 이 전문가의 모든 분석은 틀리지 않았지만 아이러니하게도 증시는 큰 폭으로 올랐습니다. 외국인투자자들이 한국 증시로 몰려들어 물불 가리지 않고 주식을 쓸어 담았기 때문입니다. 상황이 이렇게 흐르자 이 전문가는 엄청 욕을 얻어먹었죠. 이렇게 되면 정말 할 말이 없습니다. 외국인투자자들이 '내가 사고 싶어서 산다'며 달려들어 주가를 올려버리는데 무슨 토를 달 수가 있겠습니까?

따라서 주식을 고를 때는 최소한 최근 3개월간 주가 흐름과 거래량을 분석해야 합니다. 또한 이 과정에서 해당 종목의 지분구조도 함께 살펴야 합니다. 최대주주는 누구이며 비중은 어느 정도인지, 외국인투자자/기관투자자/개인투자자의 지분 비중은 각각 어느 정도인지 체크하는 것이죠. 그리고 이 수급과 지분구조에 얽힌 숨은 의미를 찬찬히 음미해보는 과정을 거쳐야 합니다.

③ 기업 영속성과 실적

우리에게 행복을 주는 종목은 망하지 않고, 퇴보하지 않고, 한 걸음 더 나아가 발전하고 개선하는 기업(시장)입니다. 너무 간단하죠? 하지만 막상 이런 종목을 찾으려면 쉽지가 않습니다. 코스닥의 '잡주'만 피하면 된다고요? 그렇지 않습니다. 국내 굴지의 회사들도 채 30년을 버티지 못하고 사라지는가 하면 망하지는 않더라도 과거의 명성을 유지하거나 더 성장하는 경우는 매우 드물죠.

보통 주식투자를 이야기할 때 대부분 마치 정답처럼 외치는 말이 있는데, 그것은 바로 '장기투자'입니다. 그렇습니다. 세계경제가 지속적으로 성장하고 통화량(종이화폐)이 끊임없이 증가한다는 대전제를 생각하면 시간이 흐를수록 주가는 상승할 수밖에 없고, 따라서

국내 시가총액 상위 20위 종목 변동 현황 (단위: 원)

2000년 시가총액 상위 20개 종목			2011년 시가총액 상위 20개 종목		
순위	종목명	주가	순위	종목명	주가
1	한국전기통신공사	169,000	1	삼성전자	982,000
2	삼성전자	305,500	2	현대차	194,000
3	SK텔레콤	3,800,000	3	POSCO	475,500
4	한국전력공사	36,000	4	현대중공업	491,500
5	포항종합제철	142,000	5	현대모비스	294,000
6	데이콤	498,000	6	LG화학	403,500
7	현대전자산업	25,750	7	신한지주	51,400
8	삼성전기	81,000	8	기아차	57,900
9	LG전자	51,500	9	KB금융	58,900
10	국민은행	19,750	10	삼성생명	110,500
11	LG정보통신	175,500	11	한국전력	28,400
12	현대자동차	20,700	12	LG전자	120,500
13	신한은행	12,700	13	SK이노베이션	185,000
14	한국담배인삼공사	22,000	14	하이닉스	28,200
15	LG화학	40,100	15	LG	88,400
16	한국외환은행	4,620	16	SK텔레콤	168,500
17	한빛은행	4,150	17	LG디스플레이	37,950
18	한국주택은행	35,500	18	롯데쇼핑	432,500
19	기아자동차	7,350	19	우리금융	15,550
20	삼성증권	39,550	20	삼성물산	78,900

(2010년 12월 31일 현황)   (2011년 1월 20일 현황)

* SK텔레콤은 액면분할 이전 주가

'장기투자'를 하면 결국 웃을 수 있죠. 그러나 이건 시장에 투자하는 인덱스 상품일 때나 가능한 이야기입니다. 개별 종목으로 범위를 좁히면 기업 영속성이 보장되지 않기 때문에 장기투자의 성공 확률은 크게 떨어집니다.

따라서 즐기는 주식투자를 위해서는 향후 30년, 50년 동안은 지속적으로 성장할 회사를 골라야 하고, 그 종목의 과거, 현재, 미래(예상치)의 3~5년간 실적을 점검해야 합니다. 장기투자를 하더라도 '실적지표'를 통해 끊임없이 해당 종목에 대해 중간 체크를 해야 한다는 뜻입니다.

④ 사업의 명확성과 경기주기

"코카콜라를 마셔보니 너무 맛있어서 투자했다"는 워렌 버핏의 말은 유명하다 못해 이제 진부합니다. 하지만 여기엔 '본인이 잘 아는 곳에 투자한다'는 것과 '누가 봐도 명확한 주력사업을 갖고 있는 곳에 투자해야 한다'는 중요한 2가지 의미가 내포돼 있습니다.

즐기는 주식투자를 위해선 우리도 이 2가지 원칙에 따라 종목을 골라야 합니다. 내가 아주 잘 알든가, 누가 봐도 확실한 시장지배력을 보유하고 있는 기업을 매수해야 맘이 불안하지 않기 때문입니다. 그래야 향후 보유할 것인가, 매도할 것인가에 대한 판단도 명확할 수 있지요. 가령 '글로비스'란 종목을 매수하려 한다면 회사가 어떤 회사인지, 시장지배력을 갖고 있는지, 어떤 상황에서 유리(불리)한지는 줄줄이 꿰고 있어야 한다는 것입니다.

하지만 현실은 그렇지 않습니다. 잘 알지도 못하고, 주력사업도 없는 기업에도 쉽게 투자합니다. 가령 "LG가 어떤 종목입니까?"라고 물으면 가전제품이나 휴대폰을 만드는 회사쯤으로 알고 있습니다. 그 회사는 LG전자이고, LG는 지주회사입니다. SK텔레콤과 SK의 관계와 비슷하죠. 이 밖에 대우인터내셔널, LG이노텍, SK네트웍스, 한라공조, 태광산업, 휴켐스, 삼양사 등 코스피200에 속하는 종목들에 대해서도 어떤 사업을 통해 수익을 내는지 잘 모릅니다. 우린 투자할 기업의 사업구조에 대해 정확히 파악해야 합니다.

　무엇보다 이런 과정을 거쳐야 '경기주기'를 읽는 투자의 기초를 마련할 수 있습니다. 어떤 주식이든 경기를 탑니다. 쉽게 말해 경기변동과 밀접한 관련이 있다는 것이죠. 그런데 사업구조를 명확하게 인식하면 금리, 환율 및 기타 경기와 관련이 깊은 변수들에 대응할 수 있습니다. 일반적으로 금리가 추세적으로 인상될 것 같으면 보험주에 매수가 몰려 주가가 오르고, 환율에 따라 환율 수혜주 주가가 오르고, 심지어 신종플루가 극심하면 해당 백신회사 주가가 오르는데, 자신이 매수할 기업의 사업구조를 파악하고 있으면 이런 경기변수에 맞춰 적절한 매수 판단을 내릴 수 있습니다.

행복을 부르는 주식 고르기 2   4

우린 앞서 행복해지는 주식을 고르는 데 있어 기본적 분석과 기술적 분석의 기본 이론을 바탕으로 첫째 시장 추종력, 둘째 기업 영속성과 실적, 셋째 수급과 지분구조, 넷째 사업의 명확성과 경기주기 등 4가지 기준을 설정했습니다. 이 4가지 기준은 이것 또는 저것의 합집합 개념이 아니고, 이것도 되고 저것도 되는 교집합 개념입니다. 따라서 4가지 조건을 모두 충족시키는 종목을 골라야 하며, 최소한 3가지 기준에는 합당한 종목을 매수해야 합니다. 무엇보다 각각의 기준을 음미하다 보면 이것들이 전혀 동떨어진 개념이 아니라는 걸 알게 될 것입니다. 가령 시장 추종력이 우수하면 수급이 좋을 수밖에 없고, 또 이런 특징을 갖고 있는 종목 대부분은 해당 업종에서 독보적 사업 능력을 갖고 있어 꾸준히 안정적인 수익을 내고 있는 회사이기도 하죠. 자, 그럼 이제부터는 이 각각의 기준에 대해 좀 더 심도 있는 논의를 해보도록 하겠습니다.

① 1단계: 시장 추종력

국내 주식시장은 시가총액 방식을 통해 평가됩니다. '코스피' '코스닥'으로 불리는 국내증시움직임을 한눈에 알게 해주는 지수가 바로 시가총액을 근거로 산출된다는 뜻이죠. 국내 주식시장 설립 초기에는 다우존스식 주가평균을 통한 지수를 사용하기도 했지만 1983년 1월 4일부터 시가총액 방식을 통해 지수를 산출하고 있습니다.

시가총액은 상장된 주식을 시가로 평가한 액수입니다. 가령 한 기업의 주식수는 100만 주이고 현재 주가는 1만 원이라고 한다면 시가총액은 100억 원이 됩니다. 그런데 잘 보면 종합주가지수로 불리는 코스피는 얼마라는 액수가 아닌 '~포인트'로 나옵니다. 조금 이상하죠? 그것은 바로 기준점을 두고 이것과 대비해 현재의 시가총액이 얼마만큼 증가했는지, 또는 감소했는지를 비교하려는 것이 지수산출의 목적이기 때문입니다.

현재 코스피의 기준점은 1980년 1월 4일입니다. 이때 시가총액을 100으로 정해놓고 여기서부터 시가총액의 증감을 비교하고 있습니다. 가령 현재 코스피지수가 2000포인트라고 한다면, 이는 1980년 1월에 비해 국내 시가총액(=상장주식수×시가) 규모가 20배 증가했다는 뜻입니다. 시가총액 방식은 전체 시장의 규모를 한눈에 알 수 있다는 특징이 있어 세계 대부분의 국가가 이 방식을 통해 자국 증시를 평가하고 있습니다.

반면 우리가 잘 알고 있는 미국 다우존스공업평균지수(일명 다우존스지수)와 일본의 니케이225는 좀 다르게 산출됩니다. 이들은 **다우존스 방식 또는 가격평균지수 방식**으로 불리는데, 시가총액 방식은 가

구분	가격평균지수 방식	시가총액 방식
방법	가격만 중요	가격, 수량 모두 중요
지수산출	지수(포인트) = 비교 시점의 주가의 합 / 기준시점의 주가의 합 × 100	지수(포인트) = 비교 시점 시가총액 / 기준 시점 시가총액 × 100 cf. 시가총액 = 주가 × 상장주식수 (최근에는 상장주식수 대신 실질유통주식수 사용)
장점	* 개인투자자들의 시황체감 가능 * 개별 주가변동 파악 용이	* 전체 시황을 정확하게 반영 * 장기적 추세 변화 파악 용이
단점	높은 주가종목이 지수에 더 큰 영향	시가총액 상위종목 시황만 반영
기타	다우존스, NIKKEI225	대부분의 국가에서 채택

격과 수량 모두에 신경을 쓴다면 이 방식은 가격에만 집중합니다.

다우존스지수의 경우엔 미국 증시를 대표하는 30개 종목을 고른 후 이들의 가격을 산술평균해 지수를 발표하고 있습니다. 물론 이때도 '~달러'가 아닌 '~포인트'로 나오는데 이 역시 기준점 대비 현재 증시가 어떤 상태에 있는지 비교하기 위해서랍니다.

미 증시의 최초 기준점은 1928년 10월 1일 30개 종목을 골라 이들 가격 평균을 낸 것(100포인트로 설정)이고, 이때를 기준으로 현재 30개 종목의 주가평균과 비교해 주식시장의 성장과 후퇴를 파악한다고 생각하면 됩니다. 다만 시장 전체가 아닌 시장을 대표하는 30개의 종목이라는 점에 초점을 맞춰야 합니다. 예를 들어 다우존스지수가 1만 포인트를 넘었다고 하면 이는 현재 미 증시를 대표하는 30개 종목의 평균주가가 1928년 10월에 비해 100배 정도 올랐다는 뜻이죠. 이 대표 30개 종목은 특정 기준에 의해 수시로 교체됩니다. 한편 '니케이(NIKKEI)225'라는 일본 증시의 지수도 비슷합니다. 일본 주식시장을 대표하는 225개의 가격평균이라고 생각하면 되지요.

대형주라는 종목 구분에 담긴 속뜻

'행복을 부르는 주식'을 고른다면서 갑자기 시가총액 방식, 다우존스 방식 등을 말하는 게 뜬금없다고요? 하지만 투자자라면 이런 지수산출 방식에 대해 알고 있어야 합니다. 무엇보다 이는 '벤치마크(benchmark)'라는 개념과도 연계돼 있어 더욱 그렇습니다.

벤치마크라는 건 쉽게 말해 '비교평가 대상'을 가리킵니다. 예를 들어 국내 주식형펀드를 운용하는 펀드매니저가 얼마만큼 운용을 잘했나 평가받는 벤치마크는 무엇일까요? 당연히 코스피(엄밀히 말해 코스피200)입니다. 국내증시 시장수익률(코스피)을 놓고 해당 펀드가 얼마만큼 우월했나, 열등했나를 평가받죠. 언론도 마찬가지입니다. 각종 뉴스에서 대한민국의 시황과 투심을 측정하는 벤치마크는 코스피입니다. 이는 곧 주식에 관심 없는 사람들에게도 코스피가 엄청난 심리적 영향을 미치고 있다는 뜻입니다.

행복을 부르는 주식 고르기 첫 번째 기준인 시장 추종력을 설명하면서 뜬금없이 시가총액 방식과 가격평균지수 방식에 대해 이야기를 꺼낸 것은 나름의 이유가 있습니다. 현재 코스피는 '시가총액' 방식을 통해 산출되는데, 이 시가총액 방식에서는 가격평균지수 방식과 달리 시가총액이 큰, 일명 '대형주'들이 산출된 지수를 좌우하는 특징이 존재합니다.

혹자는 이를 시가총액 방식의 '왜곡'이라고 부르는데, 가령 1000개가 넘는 상장종목의 주가가 어떻게 움직이든 상관없이 대형주 10여

개 종목만 1~2% 오르면 코스피가 오르고, 하락하면 코스피가 하락하는 현상이 발생하는 것이죠. 그래서 중소형주에 투자하는 개인투자자들은 태생적으로 코스피의 움직임과 동떨어집니다. 코스피가 2500을 돌파해도 내가 들고 있는 종목은 꿈쩍하지 않는 경우가 비일비재합니다.

> **대형주란?**
>
> 흔히 말하는 대형주, 중형주, 소형주의 구분은 자본금에 따른 분류이다. 자본금이 750억 원 이상인 회사를 대형주, 750억~350억 원대를 중형주, 그리고 350억 미만인 회사를 소형주라고 나눈다. 하지만 2003년부터는 시가총액 순위로 상위 100위를 대형주, 101위부터 300위까지를 중형주, 그 이하를 소형주로 분류하고 있다.

전 즐기는 주식투자를 위해선 먼저 시가총액 상위종목에서부터 시작해야 한다고 주장합니다. 일명 '대형주'라 불리고, 시가총액만으로 보면 상위 100~130위 이내 종목으로 투자할 대상을 좁히는 것입니다. 이유는 아주 단순합니다. '맘이 편하다'는 것입니다. 나의 주식투자 성과의 비교 대상(벤치마크)인 코스피가 결국 대형주들의 움직임이기 때문입니다. 따라서 대형주를 쫓아가면 시장 움직임과 동떨어지지 않고, 벤치마크와 어긋나지 않게 됩니다.

혹시 여러분 중 누군가는 "나는 시장 움직임에 전혀 동요받지 않고 투자할 수 있다"고 말할 것입니다. 하지만 막상 실전에 돌입해보면 결국 시장수익률과 비교하게 됩니다. 그 누구도 코스피에서 자유로울 수 없다는 뜻이죠. 이뿐만이 아닙니다. 대형주 투자에는 다음과 같은 장점도 있습니다.

첫째, 주가의 결정 메커니즘이 효율적입니다. 개별 종목 주가의 추세는 자본력과 정보력에서 우월한 선도세력에 의해 형성됩니다. 안타깝게도 주가의 상승 또는 하락 흐름은 개인투자자들이 만들어낼 수가 없습니다. 막대한 자금을 가진 외국인투자자나 기관투자자에 의해 먼저 추세가 만들어지죠.

하지만 대형주는 중형주나 소형주에 비해 이런 선도세력의 영향력이 '상대적으로' 덜 미칩니다. 가령 한국전력 주가를 상한가로 끌어올리거나 하한가로 밀어버린다는 자체가 불가능합니다. 대형주는 기본적으로 주식수가 많고(유통주식수는 적을 수도 있습니다. 이 부분에 대해서는 '수급과 지분구조'에서 설명합니다) 주당 가격이 높기 때문입니다. 또한 대형주에는 다양한 선도세력, 다양한 후발세력, 장기투자자, 단기투자자, 차익거래 투자자 등 참가자의 종류도 넓게 퍼져 있습니다.

이처럼 참가자의 종류가 다양하면 '게임 규칙'에 순응할 수밖에 없습니다. 상대방 패를 볼 수 없기에 널리 알려진 패턴으로 매매를 하는 것이지요. '여름철 날씨가 더우면 아이스크림 회사 주가가 오른다'는 초등학교 주식교육이 먹힌다고 생각하면 됩니다. 그래서 대형주를 고르면 맘이 편합니다.

둘째, 수급 측면에서 유리합니다. 웬만한 펀드매니저들은 기본적으로 대형주를 매수할 수밖에 없습니다. 벤치마크 때문에 그렇습니다. 국내 주식형 펀드매니저뿐 아니라 외국의 주식형 펀드매니저도 일단 한국 증시에 투자할 경우 성과의 벤치마크는 코스피가 됩니다. 그런데 시가총액 방식인 코스피는 대형주 주가의 움직임에 결정적 영향을 받기 때문에 그 어떤 펀드매니저라도 일정 비중만큼 자신의 펀드에 대형주를 담아둡니다.

만약 국민연금 같은 기관들이 주식투자 비중을 늘린다는 결정이 내려지면 역시 상당수 금액은 대형주에 집중될 수밖에 없습니다. 특히 대형주는 환금성도 좋습니다. 급전이 필요해도 대형주를 들고 있으면 큰 가격변동 없이 현금을 마련할 수 있다는 뜻입니다.

셋째, 정보의 대칭성 차원에서도 신뢰할 수 있습니다. LG화학의 전기배터리 사업 분야에서 진척되는 업무 상황과 코스닥의 전기배터리 관련 회사에서 발표하는 업무 자료를 비교해보세요. 정보의 질과 신뢰도 등 모든 측면에서 대형주가 훨씬 신뢰도가 높습니다.

자신의 투자종목에 대해 정보 취득이 용이하고, 그 정보를 믿을 수 있으며, 거짓된 정보 발표에 대해 법적 책임까지 물을 수 있다면 우리 맘은 편해질 수밖에 없습니다. 불안은 무지에서 비롯됩니다. 회사 정보는 물론이고 회사 대표 아들이 몇 살이며 어느 학교에 다니는 것까지 알고 있을 정도라면 '몰라서 당했다'는 아픔은 많이 줄어들 것입니다.

대형주만으로도 충분하다

그러나 "대형주에만 투자하라"고 하면 많은 사람들이 반발을 제기합니다. 반발의 근거도 타당하다는 것을 알고 있습니다. 가령 자본금이 많다고 무조건 좋은 회사라고 말할 수 없습니다. 덩치만 큰 약골도 널려 있으니까요. 상승률을 봐도 그렇습니다. "대형주 상승률이 항상 좋다"는 주장은 완전히 틀린 것입니다. 구간별로 소형주, 중형주, 대형주가 각각 선방하는 시기가 존재하니까요.

'가치주'라는 개념을 들고 나오면 정말 할 말이 없습니다. 중형 가치주, 소형 가치주 등 좋은 내재가치를 갖고 있는 주식이란 시가총액과는 무관한 것이기 때문입니다.

특히 사람들은 대형주에만 투자하고 있으면 주식초보라고 폄하하는 경향이 많습니다. 대형주 3개 정도로 구성된 포트폴리오를 말하면 "주식 처음 하는구나"라면서 묘한 웃음을 짓죠. 게다가 대형주는 '대박 확률'로 보면 어디 가서 명함도 내밀지 못합니다.

그러나 즐기는 주식투자를 하고 싶다면, 주식투자로 내 삶이 휘둘리지 않으려면 투자종목을 코스피 기준으로 시가총액 상위 100위, 좀 더 넓게 잡아 130위까지로 한정해야 합니다. 코스닥 기준으로는 시가총액 상위 10~20개 정도면 족할 것 같습니다. 대형주라고 해서 삼성전자만 있는 게 아닙니다. 이 정도면 포트폴리오를 구성하기에 충분한 규모라고 할 수 있습니다. 그리고 이 150여 개 종목을 놓고 앞으로 설명할 3단계 체크 포인트를 더 점검하면서 자신의 '잇(it!) 주식'을 매수하면 됩니다.

그래도 소형 가치주가 탐난다고요? '제2의 새롬기술'을 노리고 싶다고요? 그런 종목은 미련 없이 전업투자자에게 넘기세요. 아니면 억대 연봉의 펀드매니저나 투자자문사 운용 역에게 토스하십시오. 이들은 그런 종목을 찾아 투자하는 게 자신의 직업이고, 돈벌이이기 때문입니다. 그러나 우린 다릅니다. 어엿한 다른 직업이 있는데 왜 모험을 하려고 합니까?

대부분 개인투자자들은 대형주로 시작해 중소형주를 거쳐 마지막

거래소 시가총액 상위 130개 종목 (단위: 원, 2011년 1월 10일 종가 기준)

순위	종목명	현재가	순위	종목명	현재가	순위	종목명	현재가
1	삼성전자	917,000	40	대한생명	8,390	93	KODEX 200	27,760
2	현대차	198,000	41	대우조선해양	36,700	94	CJ	80,400
3	POSCO	488,500	42	아모레퍼시픽	1,196,000	95	동국제강	35,400
4	현대중공업	455,000	43	SK	139,500	96	대한통운	95,700
5	현대모비스	305,500	44	LG생활건강	414,000	97	대구은행	16,500
6	LG화학	407,000	45	강원랜드	29,800	98	한라공조	20,400
7	신한지주	50,700	46	GS	67,400	99	삼성정밀화학	82,000
8	기아차	59,700	47	글로비스	164,500	100	현대하이스코	26,250
9	KB금융	58,100	48	GS건설	120,500	101	롯데제과	1,480,000
10	삼성생명	110,000	64	KCC	376,500	102	에스원	54,200
11	한국전력	29,100	65	한화	51,400	103	케이피케미칼	20,800
12	SK에너지	186,500	66	두산	153,000	104	STX조선해양	25,150
13	LG전자	115,000	67	LS	117,500	105	락앤락	36,300
14	LG	88,000	68	LG유플러스	7,210	106	유한양행	169,500
15	하이닉스	25,300	69	한국가스공사	47,100	107	금호산업	16,400
16	LG디스플레이	38,850	70	대우인터내셔널	35,850	108	아시아나항공	9,910
17	SK텔레콤	170,500	71	효성	102,500	109	코오롱인더	73,900
18	롯데쇼핑	462,000	72	한전기술	92,800	110	태평양	215,000
19	삼성물산	77,600	73	한진해운	41,450	111	한진중공업	35,850
20	우리금융	14,900	74	SK네트웍스	14,050	112	두산엔진	24,600
21	신세계	619,000	75	동부화재	45,500	113	제일기획	14,650
22	KT	44,150	76	현대백화점	136,000	114	맥쿼리인프라	4,850
23	현대제철	129,500	77	우리투자증권	22,750	115	영풍	870,000
24	삼성화재	227,000	78	웅진코웨이	38,400	116	태광산업	1,361,000
25	NHN	215,000	79	금호석유	113,500	117	LG상사	38,950
26	S-Oil	90,000	80	부산은행	15,050	118	SKC	41,400
27	기업은행	18,400	81	LS산전	90,200	119	LIG손해보험	24,100
28	호남석유	309,000	82	LG이노텍	133,500	120	세아베스틸	40,150
29	삼성전기	128,500	83	현대산업	35,200	121	금호타이어	15,400
30	하나금융지주	43,950	84	CJ제일제당	207,500	122	진로	35,300
31	삼성중공업	40,000	85	한국금융지주	47,500	123	STX	27,900
32	현대건설	82,100	86	만도	139,500	124	동아제약	124,500
33	두산중공업	84,400	87	현대증권	14,850	125	코리안리	11,900
34	KT&G	64,100	88	오리온	419,500	126	풍산	49,000
35	OCI	348,000	89	현대해상	27,700	127	녹십자	136,500
36	삼성SDI	174,000	90	미래에셋증권	56,500	128	동양생명	12,350
37	외환은행	11,400	91	한전KPS	52,500	129	농심	209,500
38	삼성엔지니어링	183,000	92	STX팬오션	11,400	130	GKL	20,500
39	삼성카드	59,400						

순위	종목명	현재가
1	셀트리온	34,200
2	서울반도체	42,550
3	SK브로드밴드	5,340
4	CJ오쇼핑	251,300
5	포스코 ICT	9,600
6	메가스터디	199,400
7	OCI머티리얼즈	111,600
8	동서	37,700
9	다음	79,300
10	에스에프에이	58,800
11	네오위즈게임즈	44,600
12	태웅	51,400
13	코코	16,100
14	포스코켐텍	140,800
15	GS홈쇼핑	123,000
16	SK컴즈	17,650
17	성광벤드	25,050
18	주성엔지니어링	20,050
19	성우하이텍	17,050
20	태광	27,300

코스닥 시가총액 상위 20개 종목 (단위: 원, 2011년 1월 10일 종가 기준)

은 코스닥시장에 집결합니다. 좀 더 나아가면 작전주에 탐닉하죠. 혹자는 작전주에 '당한다'고 하지만 10명 중 7~8명은 작전이 걸린 줄 알면서 뛰어드는 경우입니다. 주식이 완전히 투기와 도박으로 변질된 상황이라고 할 수 있죠.

즐기는 주식투자를 위해선 대형주로 시작해 대형주로 끝내야 합니다. 수익률 변동폭이 크지 않아 심심하다고요? 그건 3일, 5일 연속 하한가를 맞는 고통이 얼마나 무서운지 모르고 떠들어대는 말입니다. 2달 만에 -40% 손실을 본다는 게, 그런 상황에서 가족의 얼굴을 바라본다는 게 얼마만큼 가슴을 후벼 파는지 몰라서 하는 말이지요.

다만 "당할 땐 대형주가 더 크게 당한다"고 하는 지적에는 귀를 기울여야 합니다. 여기엔 2가지 의미가 있습니다. 우선, 대형주는 수급이 원활하기 때문에 급락장이나 대세하락 구간에서 시장보다 더 큰 폭으로 하락하는 상황이 연출됩니다. 위기의 순간이 닥치면 저마다 빨리 현금화하길 원하기 때문에 잘 팔리는 대형주를 던지기 때문이죠.

다른 하나는 쇠락해가는 대형주를 골랐을 때입니다. 사업성이 악화된다거나 사업력 자체에 치명적 결함이 발생했을 상황인데, 시장 추종력도 함께 떨어져 투자자의 맘을 답답하게 만듭니다. 특히 이런 경우 자금력이 큰 외국계 투자자나 기관투자자들은 가차 없이 해당 주식을 팔아버리곤 하죠. 이들은 개인보다 더 많은 돈이 묶여 있어 한 번 '셀(sell)'로 방향을 잡으면 손실폭과 상관없이 '탈출(exit)' 하는 데 초점을 두기 때문입니다.

반면 개인의 탈출 속도는 매우 느립니다. '어떻게 이런 대형주가 망할 수 있겠어?'라는 심정으로 메이저 수급 주체가 던진 물량을 받기도 합니다. 그래서 대형주 투자에도 불구하고 큰 타격을 받는 상황이 나타나는 것입니다.

하지만 여기에 대해서는 대응할 방법이 있습니다. 하나는 3장에 소개될 매매 테크닉을 통한 실전 대응이고, 다른 하나는 다음에 이어질 추가적인 행복을 부르는 주식 고르기 기준을 통해 일정 시점마다 점검하고 판단하는 대응 방식입니다.

그럼 이제 행복을 부르는 주식 고르기 2단계로 들어가보겠습니다.

② 2단계: 수급과 지분구조

우리가 즐기는 주식투자를 하려면 수급이 좋은 종목을 골라야 합니다. 대중이 외면하는 종목보다 만인이 사랑하는 주식을 매수한다는 건 아주 당연한 이야기인 것도 같네요. 앞서 1단계에서 대형주로 투자종목을 좁힌 것도 시장 추종력 외에 대형주는 최소한의 수급은 보장된다는 장점도 있었습니다.

그런데 도대체 수급이 좋다는 게 어떤 걸까요? 우린 어떤 방법으로 A라는 기업이, B라는 주식이 수급이 좋을 것이라고 판단할 수 있을까요? 가령 현재 거래는 활발할지라도 당장 내일 어떻게 될지는 아무도 모르는 거 아닌가요? 반대로 거래는 없어도 수요(매수세)가 공급(매도세)을 초과해 주가만 올라준다면 즐거운 일 아니겠습니까.

그렇습니다. "수급이 좋다"는 말은 거래가 활발하다는 것 외에 향후 거래가 증가할 잠재력을 갖고 있을 것, 매수세가 매도세를 압도하고 있을 것 등 다양한 뜻을 갖고 있습니다. 그래서 '수급이 좋은 종목'을 매수한다는 게 실전에서는 꽤 복잡한 작업이 돼버리죠. 목표는 명확한데 과정이 애매합니다.

게다가 수급이 향후 좋아질 것으로 판단되는 종목을 추려낸다는 게 무척 힘들고, 매수세가 매도세를 압도한다고 해도 주가가 꼭 오르지도 않습니다. 팔려는 사람은 더 낮은 호가에 물량을 내놓고 사려는 사람은 더 낮은 가격에 사려 해 거래량과 상관없이 주가는 오히려 하락하는 경우도 자주 나타나죠.

시작은 기술적 분석으로부터

행복을 부르는 주식 고르기의 2단계인 수급분석은 기술적 분석에서부터 시작됩니다. 베스트셀러 《현명한 투자자》의 저자이자 '기본적 분석의 창시자'인 벤자민 그레이엄이 미국 월스트리트의 주역으로 떠오르기 이전인 1930년대 중반까지만 해도 주식시장은 찰스 다우가 이끌었던 기술적 분석에 전적으로 의지하고 있었습니다. '차트 분석'이 대세였다는 이야기죠. 차트에는 가격과 거래량이 담겨 있어 해당 종목의 스토리, 즉 해당 종목을 매매한 투자자들의 행태를 파악하는 데 정말 유용합니다.

하지만 치명적 약점도 있습니다. 혹시 **"차트는 후행성이다"라는 말을 들어봤나요?** 이 말 속에는 차트분석을 통해 주가가 왜 상승(하락)했는지에 대한 해석은 가능해도, 미래 주가 흐름을 예측하는 건 힘들다는 뜻이 담겨 있습니다. 그래서 시중에는 수많은 차트분석 기법들이 난무하지만 마지막에는 이동평균선 분석 같은 전통적 분석으로 회귀하는 것이기도 합니다.

그럼 우리가 먼저 해야 할 일은 무엇일까요? 여러분은 최소한 이동평균선은 읽을 줄 알아야 합니다. 이 분석만 믿고 따르라는 게 아니라 이 분석을 통해 기본은 점검할 수 있어야 한다는 뜻입니다. **왜냐하면 주식은 인류의 대표 재테크 게임이고, 이 게임에는 다수의 규칙이 존재하는데, 다수의 투자자들은 이동평균선 분석 같은 전통적 규칙을 지키고 이에 따라 움직이고 있기 때문입니다.** 마치 기본적 분석의 '실적지표' 처럼 말이죠. 그래서 우리도 이런 전통적 기술적 분석을 결코 포기할 수 없는 것입니다.

HTS의 차트 창을 열어보면 매일의 봉(캔들)차트가 촘촘히 나타나 있고 형형색색의 선(이동평균선)들이 길게 늘어서 있는 것을 알 수 있습니다. 그리고 밑으로 눈을 돌리면 거래량과 거래대금 막대그래프가 있고 이를 연결하는 이동평균선이 또 나타날 것입니다.

여러분은 딱 이 차트의 모습만 이해할 수 있으면 됩니다. 조금 골치는 아프겠지만 지금부터 30분 정도만 투자하면 됩니다. 먼저 형형색색의 선에 대한 설명입니다. 이 선들은 바로 그 유명한 이동평균선

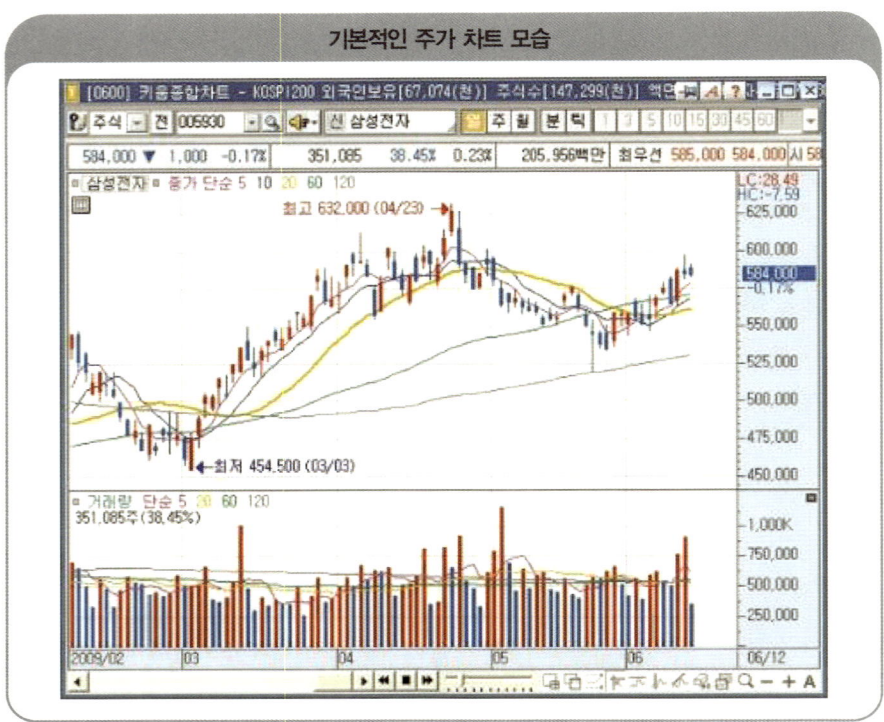

기본적인 주가 차트 모습

(moving average)이라고 하는데, 이동평균선은 쉽게 말해 일정 기간 동안의 주가(종가)를 산술평균한 값을 차례로 연결해 만든 선이라고 할 수 있습니다.

예를 들어 5일 이동평균은 그날 종가를 포함해 그 이전 최근 5일간의 종가의 합을 5로 나눈 값을 구하고 이를 선으로 연결한 것을 말합니다.

20일선, 120일선 등도 모두 마찬가지입니다. 실전에선 5일선(단기매매선), 20일선(생명선), 60일선(수급선), 120일선(경기선) 등 4개가 많이 활용됩니다. 1년간 흐름을 나타내는 240일선도 있지요. **읽는 법은 크게 3가지입니다. 첫째는 이들 이동평균선의 방향을 파악하는 법**,

5일 이동평균선 그리는 법

1월 3일 월요일 국내증시에 신규 상장된 기업이 있다고 하자. 주가는 다음과 같이 움직였다. (일일 가격제한폭 무시)

날짜	주가(종가)	이동평균선 기준점
1월 3일	1000원	
1월 4일	1100원	
1월 5일	2000원	
1월 6일	2500원	
1월 7일	2800원	1880원(=1000+1100+2000+2500+2800 / 5일)
1월 10일	3000원	2280원(=1100+2000+2500+2800+3000 / 5일)
1월 11일	3000원	2660원(=2000+2500+2800+3000+3000 / 5일)
1월 12일	2500원	2760원(=2500+2800+3000+3000+2500 / 5일)
1월 13일	2200원	2700원(=2800+3000+3000+2500+2200 / 5일)

이 경우 5일 이동평균선은 1월 7일 1880원을 시작으로 1월 10일 2280원, 1월 11일 2660원 등을 연결해 완성된다.

둘째는 현재 주가와 이들 이동평균선 간의 위치 비교법, 셋째는 각 이동평균선 간의 배열과 교차 여부를 통한 해석법입니다. 간단히 말해 첫째는 이동평균선이 위/아래로 향하는가, 둘째는 주가가 이동평균선 위/아래에 놓여 있는가, 셋째는 각 이동평균선끼리 어떻게 놓여 있고, 어떻게 교차되는가를 확인하는 것입니다. 우리가 "이동평균선을 읽는다"고 할 때는 이런 다각도의 관찰을 통해 해당 종목의 수급을 파악하고 향후 주가 흐름을 예측해 매수 또는 매도의 대응을 하는 것이죠.

대단한 것이 아닙니다. 차트란 엄밀히 말해 숫자가 아니라 심리를 해석하는 것이기에 한 번 읽는 법을 배우면 여러 가지로 응용할 수 있기 때문입니다. 가령 5일선이란 최근 1주일 동안의 평균매매가격이며, 20일, 60일, 120일 선은 각각 최근 1개월, 3개월, 6개월 간의 평균매매가격이라는 걸 머릿속에 넣어두세요.

가령 1개월간 투자자들의 평균매매가격을 나타내는 20일 이동평균선에 대해 한번 음미해보겠습니다. 20일선은 일명 '생명선'으로 불리는데, 종종 투자자들은 현재 주가가 20일 이동평균선 위에 형성돼 있고, 20일선의 방향도 위를 향하고 있다면 '죽기가 어렵다!'고 판단을 내리곤 하죠. 왜 그럴까요? 국내 기관투자자가 외국계 투자자 등 선도수급 주체들은 월 단위로 수익률 평가를 받는데 20일선이 지켜졌다는 건 해당 종목의 수급 주체가 아직 머무르고 있다고 해석할 수 있기 때문입니다.

이번엔 이동평균선 간 교차를 통해 수급을 파악하는 일명 '크로스 분석'을 살펴보겠습니다. 여러분은 '골든크로스'와 '데드크로스'라는 말을 정말 많이 들었봤을 겁니다. 이것을 단지 "단기 이동평균선이 장기 이동평균선을 밑에서 위로 상향 돌파하면 '골든크로스', 위에서 아래로 하향 돌파하면 '데드크로스'"라고 기계적으로 암기하면 안 됩니다. 왜냐하면 각 이동평균선의 방향도 함께 읽어야 하기 때문입니다.

만약 장기 이동평균선 자체가 하향하고 있는 상태에서 단기선이 이를 상향 돌파하는 경우라면 '골든크로스'라기보다는 오히려 주의를 기울여야 할 단계라고 볼 수 있습니다. 심지어 가짜 골든크로스라고도 불린답니다.

너무 복잡하다고요? **그렇다면 전 '즐기는 주식투자'를 위한 수급**

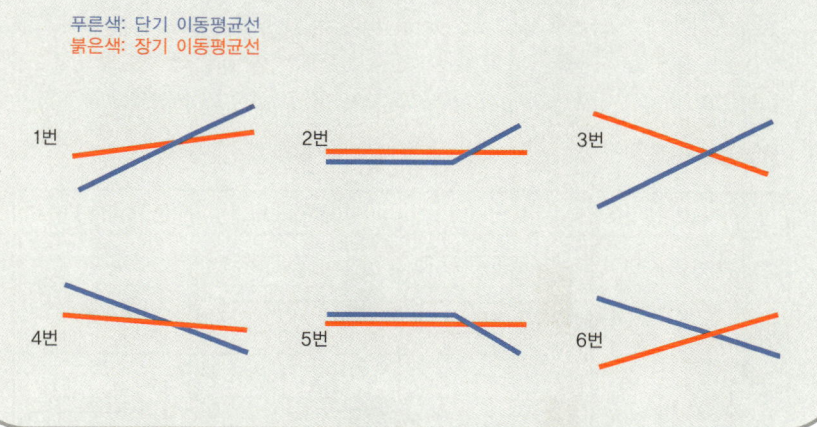

분석으로 대형주 중에서 최소한 3개월간의 가격 흐름을 보이는 60일 선은 반드시 확인하라고 권합니다. 이때 2가지를 확인해야 하는데, 먼저 60일선의 방향성이 지속적인 상승추세이거나 확실한 반등을 주고 있어야 하며, 다음으로는 현재 주가가 60일선 위에서 움직여야 합니다.

그런데 행복을 부르는 주식을 고르는 데 있어 수급을 파악하면서 왜 60일선이 등장한 것일까요? 먼저 60일선이 '수급선'으로 불린다는 점에 초점을 맞췄으면 좋겠습니다. 일반적으로 대형주의 경우 60일선을 상승추세로 돌리려면 외국계가 됐건, 국내 기관투자자가 됐건 제법 큰

캔들차트란?

국내에서는 '봉차트'라는 이름으로 익숙한 캔들차트는 1700년대 일본 오사카 지역에서 쌀거래를 하던 '혼마 무네히사'에 의해 창시됐다. 혼마는 당시 미래에 생산될 쌀을 거래함에 있어 보다 많은 수익을 올리고자 그날그날의 쌀가격 변동을 구체적으로 표기하려고 했는데 이 과정에서 양초(candle) 모양의 그림을 이용한 것이다. 이 때문에 캔들차트는 '일본식 캔들차트(Japanese Candle Chart)'라는 명칭으로 통용되고 있는데 이를 현대적 투자기법으로 발전시킨 데는 스티브 니슨(Stieve Nison)의 역할이 컸다. 캔들차트는 크게 시가, 고가, 저가, 종가 등 4개로 구성돼 있으며 종가가 상승 마감(종가＞시가)했으면 몸통을 양봉(붉은색), 하락 마감(종가＜시가)했으면 음봉(푸른색)으로 표시한다. 구체적 표기법은 다음과 같다.

캔들차트 작성법

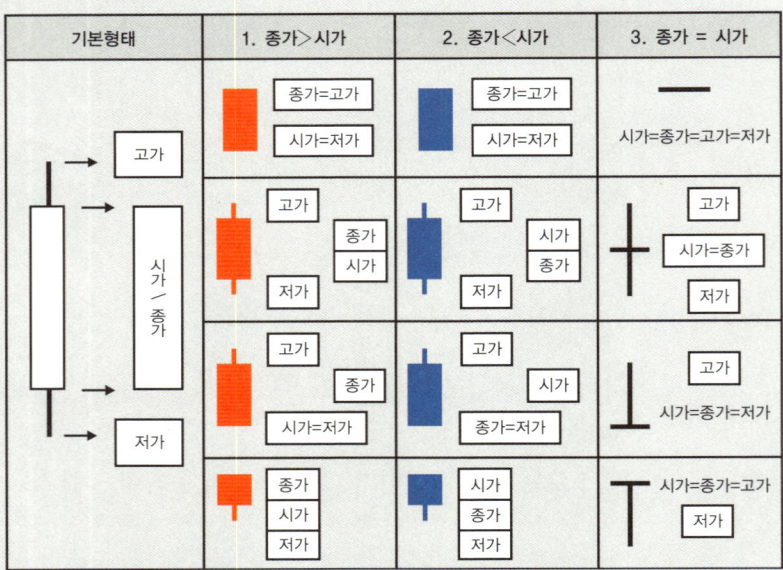

캔들 형태로 힘의 강약을 알아내는 법

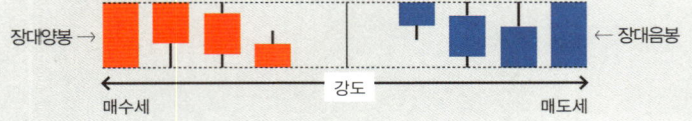

> 캔들차트의 장점은 가격 변화 흐름을 한눈에 파악할 수 있다는 것이다. 무엇보다 매수 강도 및 매도 강도에 대해 캔들의 모양만으로 이해가 가능하다. 다만 실전에서 캔들차트를 보고 종목을 고르거나 매매 타이밍을 잡는 것은 상당히 어려운데 기본 구조만 30여 개가 넘는 '캔들패턴'을 근거로 하고 있고 각 캔들 간의 역학관계나 추세 속 캔들의 모양 등을 하나씩 따져가야 하기 때문이다.

자금력을 가진 선도세력의 참여가 있어야 합니다. 이는 반대로 60일선이 하향추세를 지속하거나 현 주가 밑으로 이탈해버리면 웬만한 매수세로는 쉽게 회복시키기 힘들다는 뜻이고, 선도세력이 이탈했다는 이야기도 되죠. "수급이 완전히 꼬였다"는 표현이 딱 들어맞는 상황입니다.

또한 매 사사분기별 실적 발표가 주가 흐름에 상당한 영향을 미친다는 점도 60일선 관찰의 근거를 줍니다. 60일선이 지속적으로 상향하고 있다는 건 그만큼 해당 기업의 매 분기별 실적이 긍정적이라고 해석할 수 있기 때문입니다.

지분구조를 반드시 점검할 것

그런데 차트분석은 본래 가격 흐름뿐 아니라 거래량 흐름도 함께 분석해야 합니다. 따라서 60일선의 움직임을 본다면 3개월간의 거래량도 함께 살펴야 하죠. 일반적으로 가격과 거래량에 있어 "골든크로스에 거래가 터지면(거래량이 급증하면) 강력 매수신호!"라는 설명은 "너 자신을 알라" 정도로 유명한 문구랍니다.

그러나 실전에선 가격 움직임에 거래량 흐름까지 포함해 향후 주가 흐름을 예측한다는 것이 말처럼 쉽지 않습니다. 어떤 차트분석 책

지분구조 확인하는 법

기업의 지분구조 현황을 알기 위한 간편한 방법은 금감원 공시사이트를 이용하는 것이다. 먼저 다트 사이트(http://dart.fss.or.kr)에 접속한 후 '회사명' 검색창에 이름을 넣는다. 이후 바로 밑의 카테고리에서 정기공시를 클릭하고, 이어 반기보고서 항목을 클릭한 뒤 검색 버튼을 누른다.

이렇게 확인된 반기보고서 중 'Ⅶ. 주주에 관한 사항' 항목을 클릭하면 손쉽게 해당 기업의 자세한 지분 현황을 확인할 수 있다. 다만 이를 통해서는 외국인 지분은 확인되지 않는다. 이 경우에는 HTS 현재가 창에서 외인 보유 항목을 확인해 현재 외인 비중은 어느 정도인지 체크하면 된다. 이런 작업을 거치면 분기 말의 최대주주 및 특수관계인 지분 현황, 외국인 현황, 그리고 5% 이상 지분을 갖고 있는 주체를 종합적으로 확인할 수 있다.

에서는 경우의 수를 12가지, 24가지 등으로 나눠 기계적인 예측을 하기도 하지만 그야말로 맞을 확률은 50 대 50이지요. 그래서 전 조금 다른 접근법을 권합니다. **일단 60일 이동평균선을 통해 가격 흐름에 대해 분석했다면 다음으로는 해당 주식의 지분구조를 들여다보는 것입니다.** 해당 종목의 지분을 어떤 매수 주체들이 얼마만큼씩 보유하고 있는가를 파악하는 과정입니다.

먼저 다음 2개 기업의 지분현황을 살펴보도록 하겠습니다(116쪽 참조). 호텔신라와 롯데쇼핑인데, 이들 2개 종목의 사업구조와 수익모델, 실적 사이즈 등은 다르지만 '유통주'라는 카테고리에서 어떤 것을 매수할까 고민하고 있다고 해보겠습니다.

혹시 이 2개 종목의 지분구조가 뭔가 좀 다르다는 것을 눈치챘습니까? 그렇습니다. 롯데쇼핑의 경우엔 최대주주, 계열사 및 특수관계인 등 크게 보아 대주주 지분이 70%에 달합니다. 또한 같은 기간 외국계 투자자의 지분은 15% 정도가 됩니다. 여기에 국내 기관투자자들이 보유하고 있는 지분은 정확하게 집계되지 않지만 10% 수준이라고 보면, '개미(개인투자자)'들이 소유할 수 있는 지분은 5% 미만이라고 볼 수 있습니다.

반면 호텔신라를 보면 대주주 지분은 17% 정도에 불과합니다. 나머지 주식들은 시중에 널리 유통되고 있는 것이죠. 특히 지분이 5%가 넘어 금융감독원에 자신의 '정체(?)'를 밝힌 기관투자자, 외국계 펀드 및 국내 자산운용사도 국민연금공단(9.21%)을 필두로 5곳이 됩니다. 여기에 5%가 넘지 않아 신고는 하지 않았지만 기관투자자들까지

5% 공시 룰이란?

상장기업의 의결권 있는 주식을 5% 이상 신규로 보유하게 됐거나, 기존 5% 이상 보유한 자의 지분이 주식총수의 1% 이상 변동된 경우, 기 내용을 5일 이내에 금융감독원과 한국거래소 등에 보고하도록 의무화한 제도. 지난 2005년부터 실시되고 있으며 투기목적 자금유입 억제 및 지분구조 투명성 확보에 도움이 되고 있다.

호텔신라 / 롯데쇼핑 지분현황

* 호텔신라

(단위: 주, %, 2010.09.30. 현재)

주주명	소유주식수(1주)	주별	지분율(%)	대주주와의 관계	회사와의 관계
국민연금공단	3,684,157 – 3,684,157	보통주 우선주 합계	9.39 0.00 9.21		5% 이상
삼성생명보험(주)	2,865,158 – 2,865,158	보통주 우선주 합계	7.30 0.00 7.16	최대주주	계열회사
FIDELITY FUNDS	2,447,940 – 2,447,940	보통주 우선주 합계	6.24 0.00 6.12		5% 이상
미래에셋자산운용	2,300,870 – 2,300,870	보통주 우선주 합계	5.86 0.00 5.75		5% 이상
삼성전자	2,004,717 – 2,004,717	보통주 우선주 합계	5.11 0.00 5.01		계열회사
한국투자신탁운용(주)	1,992,443 – 1,992,443	보통주 우선주 합계	5.08 0.00 4.98		5% 이상
RCM Asia Pacific Limited	1,965,430 – 1,965,430	보통주 우선주 합계	5.01 0.00 4.91		5% 이상
삼성증권	1,200,000 9 1,200,009	보통주 우선주 합계	3.06 0.00 3.00		계열회사
삼성카드	524,863 – 524,863	보통주 우선주 합계	1.34 0.00 1.31		계열회사
삼성SDI	29,316 – 29,316	보통주 우선주 합계	0.07 0.00 0.07		계열회사

* 롯데쇼핑

순위	성명(명칭)	보통주		우선주		소계	
		주식수	지분율	주식수	지분율	주식수	지분율
1	신동빈	4,237,627	14.59	–	–	4,237,627	14.59
2	신동주	4,235,883	14.58	–	–	4,235,883	14.58
3	㈜호텔롯데	2,781,947	9.58	–	–	2,781,947	9.58
4	후지필름㈜	2,474,543	8.52	–	–	2,474,543	8.52
5	롯데제과㈜	2,474,543	8.52	–	–	2,474,543	8.52
6	롯데정보통신㈜	1,515,653	5.22	–	–	1,515,653	5.22
	합계	17,720,196	61.01	–	–	17,720,196	61.01

주: 5% 이상 현황임, 최대주주 및 특수관계인의 총 주식소유 현황은 69. 34%임

감안하면 국내 기관 비중은 30~35% 정도로 파악할 수 있습니다. 이 시기 HTS로 확인한 외국계 투자자들의 보유지분이 22%였던 점을 감안하면 개인투자자에게 할당된 호텔신라의 유통 물량은 25% 정도라고 파악할 수 있습니다.

자, 그렇다면 지분구조만을 놓고 봤을 때 롯데쇼핑과 호텔신라 중 어떤 종목이 여러분에게 즐거움을 가져다줄까요? **전 호텔신라처럼 대주주, 외국계 투자자, 국내 기관투자자, 개인투자자에게 지분이 골고루 나눠져 있는 종목을 권합니다. 이처럼 다양한 플레이어가 적당한 비중으로 골고루 지분을 나눠 갖고 있으면 '변수'는 급감하기 때문입니다.** 대주주가 함부로 장난치지 못하고, 특정 선도세력이 물량을 급하게 던진다 해도 이 물량을 받을 또 다른 주체가 존재한다는 뜻도 되지요. 무엇보다 매수 주체가 다양하다는 건 투자목적 및 투자기간, 기대수익률 등도 천차만별이라는 것을 의미합니다. 주식을 1주일만 보유하려는 주체도 있는 반면, 10년은 바라보고 입성하는 주체도 있죠. 1주일에 2%에 만족하는 주체도 있지만, 5년은 바라보고 40% 정도 수익을 내려는 주체도 존재하게 마련입니다. 그래서 참가자들은 결국 기본적인 '게임의 규칙'을 따를 확률이 매우 높아집니다. 따라서 현재 해당 주식을 보유하고 있는 주체가 다각화돼 있다는 건 '즐기는 투자'에 유리한 조건이 되죠.

혹시 개인투자자 비중이 높은 종목에 투자해보셨나요? 그야말로 혼돈의 연속입니다. 왜 사는지, 파는지 그 의도를 파악하기가 쉽지 않죠. 지분의 다각화라는 조건이 얼마만큼 맘을 편하게 하는지 깨닫게 될 것입니다.

하지만 이런 주장에 의아해할 분들도 있을 것 같습니다. 다수의 투자서에서는 "대형우량주 중에서 최대주주 지분이 많고 유통주식수가 적은 종목에 투자하라"고 전하기 때문입니다. 유통주식수가 적으면 수급이 빡빡해져 작은 호재에도 급등할 가능성이 높고, 기업 내 대주주 지분이 크면 소신 경영을 할 수 있다는 해석입니다.

하지만 여기에는 오해가 있습니다. 먼저 대주주 지분이 크면 소신 경영을 할 수 있다지만 반대로 주주 눈치를 보지 않고 멋대로 행동할 가능성도 있습니다. 가령 수차례 유상증자를 결정해 자신은 사업자금을 챙기고 기존 주주들을 바보로 만드는 식이죠.

"유통주식수가 적어야 좋다"는 말도 그 속뜻을 이해해야 합니다. 여기에는 해당 기업이 너무 훌륭해 대주주는 물론이고 외국계 투자자, 기관투자자, 개인투자자 등 다양한 매수 주체가 몰려들어 모두 보유만 하고 물량을 내놓지 않는 상황이라는 가정이 있어야 합니다. 아무 전제 없이 "대주주가 60~70% 이상 들고 있어야 좋다"는 말은 객관화할 수 없습니다.

한편 지분구조 분석을 할 때는 대주주의 성격이나 관계도 점검해야 합니다. 예를 들어 S-OIL의 대주주는 35%의 지분을 보유하고 있는 AOC(Aramco Overseas Company B.V.)란 곳입니다. 바로 사우디 국영석유회사 '아람코'의 자회사이죠. 이런 경우 배당정책은 어떻게 펼쳐질까요? 연간 이익의 대부분을 재투자하거나 연구개발비로 사용할까요, 아니면 대주주를 포함한 주주들에게 이익을 돌려주는 정책을 채택할까요? 당연히 후자입니다. 일단 자신의 투자수익률을 맞추기 위해 해마다 현금을 빼갈 것이 확실하죠. 실제로 S-OIL은 배당

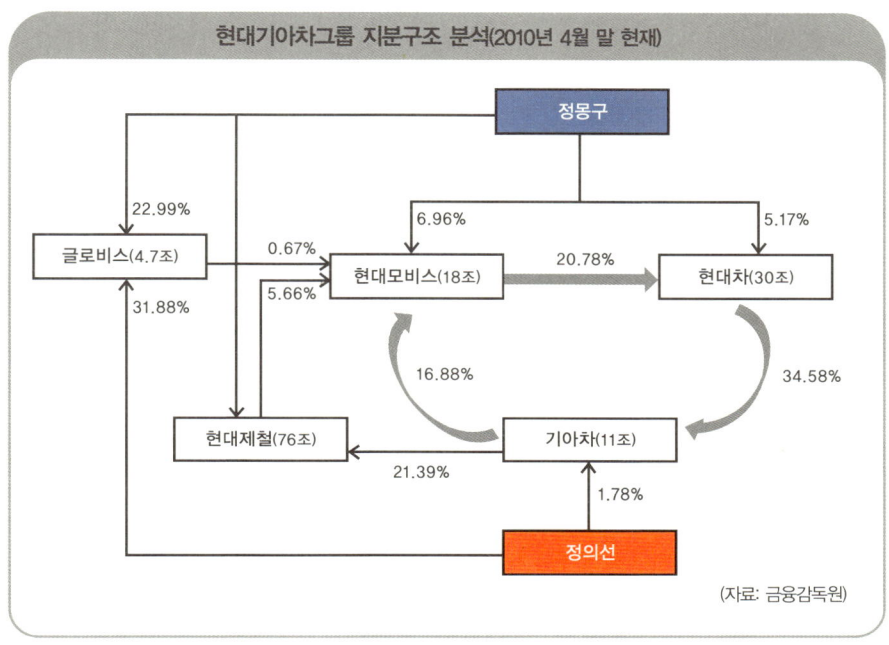

수익률이 좋기로 유명한 곳입니다.

특히 지분구조 분석 습관을 익히게 되면 구체적으로는 설명할 수 없는 '묘한(?)' 느낌이나 깨우침 같은 것을 받기도 합니다. 예를 들어 현대차, 기아차, 현대모비스, 현대제철, 글로비스의 순환출자 구조와 이를 둘러싼 정몽구 현대기아차그룹 회장과 정의선 현대차 부회장의 보유지분을 찬찬히 음미해보세요. 최근 현대모비스가 지주회사의 요건을 일부 갖춘 가운데 이 다음 상황이 어떻게 전개될지에 대해 시장의 귀추가 주목되고 있는데, 지분구조를 분석해보면 향후 시나리오에 대해서도 예측해볼 수 있답니다.

첫째 현대모비스가 기아차(16.88%)와 현대제철(5.66%)이 갖고 있는 지분을 모두 거둬들여 확실한 지주회사가 되는 길, 둘째 정몽구 회장 등이 보유주식을 이용해 이 지분(기아차+현대제철 보유분)을 매수한 후 현대모비스를 지배하는 형식, 셋째 정의선 부회장이 대주주로 있는 글로비스가 엄청난 속도로 성장해 이 지분을 매수하고 현대모비스를 밑에 거느리면서 지주회사로 등극하는 가능성, 넷째 현대모비스와 글로비스가 합병해 지주회사로 나아가는 법 등 다양한 시나리오를 생각할 수 있습니다.

어떤 것이 맞고 틀리냐도 중요하겠지만 이 과정에서 해당 종목들에 대해 제대로 된 수급 현황을 체크할 수 있는 기회도 제공할 것입니다. 이처럼 지분구조 분석은 주식투자에 있어 매우 유용하답니다.

선도세력의 움직임과 외적 변수

우리를 행복하게 만드는 종목을 고를 때 수급과 지분구조 관점에서 또 한 가지 확인할 것은 선도세력의 움직임이라고 할 수 있습니다. 예를 들어 3개월 정도의 비교적 짧은 기간에 외국인 비중이 10%에서 20%로 급증했다는 종목이 있다고 해보죠. 반대로 40%에서 25%로 급격히 축소된 종목이 있습니다.

여러분은 당연히 전자를 골라야 합니다. 외국계 투자자를 대단히 신봉해서가 아니라 '자금력' 때문에 그렇습니다. 자금력에서 비롯된 가격결정력 때문에 그렇지요.

과거 2007년 당시 "미래에셋운용이 사는 종목을 따라 사라"는 말이 유행했던 때가 있었습니다. 당시엔 펀드 열풍이 정말 뜨거웠는데 이 중 미래에셋운용사의 펀드들이 가장 인기가 높아 대중의 자금이 이곳으로 몰렸고, 그 결과 이 펀드가 집중 매수한 종목이 급등세를 보이는, 어떻게 보면 '당연한' 일이 벌어졌기 때문입니다. 당시 개인 투자자들은 미래에셋운용이 어떤 종목을 매수하는지 알아내려고 안달하는 해프닝도 있었답니다. 이처럼 선도세력의 움직임은 내가 보유하는 종목의 주가에 막대한 영향을 미칩니다.

그러나 이 부분은 앞서 말한 60일선과 지분구조에 비해 적은 비중을 둬도 무난할 것 같습니다. 극단적 상황이라면 몰라도 선도세력 움직임을 너무 추종하다 보면 오히려 우리의 최종 목표인 '즐거움'을 훼손시키는 단점도 있기 때문입니다. 실제로 한 종목의 외인 및 기관 투자자의 수급 상황을 체크해보면 2~3주간 정도로는 '의도적 매집'인지 '단순 매수'인지 파악이 불가능합니다. 따라서 이런 선도세력 움직임에 대한 체크는 매수 이후 보유/매도라는 관점에서 파악하는 게 타당합니다.

수급과 관련해 또 한 가지 염두에 둬야 할 부분은 '외적 변수'인데, 엄밀히 말해 개별 종목을 고르는 기준은 아니지만 **'금리'와 '환율'은 매수 타이밍과 매수 강도에 영향을 미치는 중요한 투자지표랍니다. 특히 대형주들은 밀접한 연관성을 갖고 있습니다.**

먼저 금리입니다. 수급은 어떤 의미에서 주식을 매매하려는 사람들의 동기이기도 하지요. 어떤 국가의 은행금리가 연 15%라고 할 때 이 국가 국민들은 과연 주식을 할까요? 위험과 도전을 사랑하는 몇 명은 모르겠지만 대부분은 저축에 힘쓸 것이 분명합니다. 원금을 보장해주면서 매년 15%씩 이자를 주니까 말이죠. 그래서 금리가 높은 상황에선 주식의 인기가 별로 없습니다.

반대로 금리가 연 2%도 안 된다고 해보겠습니다. 물가상승률은 5%에 육박하고요. 이렇게 되면 사람들은 하나 둘 주식에 관심을 갖기 시작합니다. 그래서 보통 금리가 저점을 찍고 차근차근 올라갈 때는 증시도 따라서 상승하다 금리가 고점을 찍고 하락(인하)국면에 접어들면 주가도 함께 하락하는 모습이 자주 나타납니다. 바로 투자자금이 금리에 따라 움직이기 때문에 발생하는 현상이랍니다.

다음은 환율입니다. 잘 알다시피 세계경제는 미국 달러화라는 기축통화를 기준으로 모든 거래가 이뤄집니다. 석유거래도, 농산물거래도, 금거래도 달러를 통해 이뤄지고, 하물며 달러와 무관한 국가들의 무역거래도 달러가 기준이 되지요. 그래서 미국 이외의 국가들에겐 환율이 항상 중요한 경제변수가 되고 국내 주식투자에도 큰 영향을 줍니다. 예를 들어 대한민국 원화의 가치가 달러에 비해 엄청 낮아졌다고 해보겠습니다. 극단적으로 1달러에 2000원까지 떨어졌다면 사람들은 주식을 사려고 할까요, 아니면 팔려고 할까요?

먼저 왜 이렇게 원화가치가 추락했나를 살펴보겠지요. 그리고 국가부도나 전쟁 같은 치명적인 사안이 아니라면 대한민국 주식을 사려고 할 가능성이 높습니다. 왜냐하면 한국 경제는 수출주도형이라 환율상승(원화가치 하락)은 가격경쟁력이 확보됐다는 뜻이기 때문입니다. 앞으로 장사가 잘된다는 뜻이죠.

게다가 엄청난 자금을 굴리는 외국인투자자들에겐 '환차익'이라는 보너스가 존재합니다. 1달러에 2000원 했던 환율이 1달러에 1000원으로 떨어졌다고 해보겠습니다. 그러면 외국인 입장에선 주가가 움직이지 않더라도 과거 1달러(2000원)를 국내증시에 투자했다가 일정 기간 후 2달러(2000원)를 본국으로 가져가는 셈이 됩니다. 그래서 외국인투자자들은 원화가치가 많이 하락했을 경우 향후 원화값 상승을 노리면서 주식을 사려 달려들고 이로 인해 주가도 상승하는 경우가 많습니다.

반면 원화가 강세를 유지한 채 일정 시간이 흐르면 사람들이 주식을 팔 가능성이 높아집니다. 일단 가격경쟁력이 떨어져 수출이 약화되고, 환차익을 올릴 가능성도 희박해져 한국 주식의 매력이 크게 떨어지기 때문입니다.

이처럼 금리와 환율은 '수급'이라는 관점에서 국내증시 전체에 막대한 영향을 미칩니다. **요약하자면 극심한 저금리 상황이나 원/달러 환율의 추세적 하락국면에서는 좀 더 즐거운 맘으로 주식 매수에 나서면 좋을 듯합니다.**

③ 3단계: 기업 영속성과 실적

시가총액 상위 130~150개 종목 가운데 현재 60일선이 깨지지 않고 우상향하고 있는 상황에서 지분구조도 다양한 매수 주체로 포진돼 있다면, 이제 본격적으로 '기업 속으로' 들어가야 합니다.

지금부터 설명할 3단계 '기업 영속성과 실적' 과 4단계 '사업의 명확성과 경기주기'는 기업의 속내를 파헤쳐보면서 행복을 부르는 주식 고르기를 완성한다고 보면 좋을 것 같습니다.

경영학에서는 기업의 궁극적인 목적을 '영속기업(Going Concern, 고잉 컨선)'이라고 파악하고 있습니다. 기업이란 사업의 지속성을 전제로 하는 것이고, 또한 이 전제를 지켜내기 위해 노력해야 한다는 뜻이죠. 이 '영속기업'은 주식투자자에게도 중요한 의미를 갖습니다. 인류가 400년간 지속해온 주식이 향후 400년 더 이어지려면 투자 대상인 기업이 400년은 아니더라도 40~50년 정도는 버텨줘야 하지 않겠습니까.

하지만 실전투자에서는 그 누구도 기업의 영속성에 대해서는 전혀 걱정을 하지 않습니다. 대형주를 투자한다면 더욱 그렇죠. 포스코, LG디스플레이, 기업은행 등과 같은 회사가 5년 후, 아니 20년 후에 사라질 것이란 생각은 도무지 할 수가 없습니다. 대한민국이 망하기 전까진 절대 망하지 않을 것 같았던 조흥은행/상업은행/제일은행/한일은행/서울은행 등 5대 대형은행이 모두 망했고, 시총 상위종목 순위도 5년마다 대폭 교체되고, 2010년 한 해 동안만 80개 이상의 기업이 상장폐지됐다는 이야기를 들어도 잘 와 닿지 않습니다. 기본적으로 5년, 10년 주식을 사 모을 생각이 없기 때문입니다.

하지만 이런 자세는 상당히 이율배반적입니다. 흔히 주식투자의 진수를 말할 때면 공식처럼 "10년 전 삼성전자를 10만 원대에서 투자했다면 지금 8배 이상 수익을 냈다"고 이야기하곤 하는데, 기업의 영속성은 전혀 고려하지 않으면서 롤모델은 '고잉 컨선'의 진수를 보여주는 기업을 삼는 모순적 태도인 셈이죠.

망하지 않을 기업 → 도태되지 않을 기업

둘론 지금 하려는 이야기는 장기투자에 대한 것이 아닙니다. 즐기는 투자를 하려면 기업의 영속성을 확보한 기업을 골라야 한다는 주장입니다. 그래야 3년이든 5년이든 따라붙을 수 있으니까요. 다만 기업의 영속성은 단순히 망하지 않는 기업을 의미하는 것이 아닙니다. 도태되지 않고, 나아가 개선될 여지가 충분한 기업으로 의미를 좁혀야 합니다.

하지만 딜레마는 바로 여기서부터 시작합니다. 바로 일개 소액투자자인 우리가 어떻게 이런 기업을 찾아낼 수 있을까 하는 의문이죠. 시총 30~40위대인 아모레퍼시픽이란 회사가 향후 망할지, 엄청난 속도로 성장할지 어떻게 알 수 있겠습니까. 강원랜드, 대우인터내셔널, 오리온 등과 같은 회사가 당장 5년 후 어떤 상황에 처할지 무슨 수로 예측할 수 있을까요.

전 여기에 대한 해법으로 진부하지만 '실적'을 말하고 싶습니다. "실적이 좋은 기업은 오래간다"는 기본에서 시작해 즐기는 투자 관점에서 실적이 좋다는 건 어떤 의미일까, 어떤 지표를 체크해야 할까라는 순서로 점검해가면서 기업의 영속성을 확인하는 과정입니다. 무엇보다 실적은 주식투자에 있어 100%는 아니지만 적어도 80% 정도 확률로 맞아떨어지는 '규칙'이기에 그렇습니다.

그런데 막상 실전에서 실적이 좋은 기업을 매수하려고 하면 간단하지 않습니다. 바로 이때의 실적지표는 과거 실적이 아닌 미래의 '예상 실적'을 의미하기 때문입니다. 다음 분기 실적, 내년, 3년 후, 5년 후, 아예 10년 후 실적을 말하는데, 이걸 예측하는 게 쉽지 않거든요. 다음 분기나 연간 실적은 어느 정도 예상이 가능해도 신이 아닌 이상 2년 후, 5년 후 상황을 맞히기는 힘듭니다. 그래서 실적지표는 주가와 밀접하게 관련돼 있음에도 불구하고 현실에선 호락호락하지 않습니다.

그렇다면 우린 어떻게 해야 할까요? 일단 할 만큼은 해야 합니다. 확인할 만큼은 확인해야 한다는 뜻이죠. 일반적으로 실적이 좋다는 건 수익성과 성장성으로 파악할 수 있습니다. '수익성'은 매출액과 영업이익, 순이익 등이 수년간 일정 수준 이상 유지된다는 것이고, '성장성'은 현재 절대적 수준은 낮지만 개선 속도가 뚜렷하고 향후 엄청난 성과를 올릴 수 있는 잠재력을 갖고 있다는 의미입니다.

성장주, 가치주 논쟁 그리고 PER, PBR은 잠시 접어두자

혹시 '가치주'와 '성장주'라는 단어를 들어보셨나요? 이것도 결국 실적 문제입니다. 성장주라는 것은 현재 실적은 별 볼일 없지만 향후 기하급수적으로 개선될 것으로 평가받는 주식입니다. 반면 가치주는 대박 가능성은 없어도 매년 꾸준한 실적을 낼 수 있는 주식이죠. 그래서 흔히 성장주는 주가가 상대적으로 높아도 '겁내지 말고' 매수하고, 가치주는 현재 주가가 지지부진해도 '포기하지 말고' 매수해야 한다고들 하죠.

하지만 잘 보면 이런 가치주와 성장주라는 분류가 귀에 걸면 귀걸이, 코에 걸면 코걸이 같은 성격을 갖고 있다는 것을 알 수 있습니다. 특히 대형주는 더합니다. 과연 삼성전자는 가치주일까요? 아니면 성장주일까요? 현대중공업은 성장성이 사라진 가치주인가요? 그래서 높은 PER로 형성된 주가는 인정할 수 없는 걸까요? 아니면 아직은 성장성 관점에서 접근해야 할 주식일까요? 정말이지 분류를 한다는 자체가 별 의미가 없습니다.

즐기는 투자 관점에서 실적 점검은 이런 분류에서 자유로워져야 합니다. 실적은 실적 수준에서 확인할 뿐이고, 주가 흐름과 연계하지 않는 것입니다. 주가 흐름은 2단계 기준인 수급과 지분구조로만 파악하면 될 것 같습니다. 하지만 이렇게 말하면 당장 "PER을 무시하라는 뜻이냐" "PBR도 보지 않고 투자하냐"는 반문이 올 것입니다. 그렇습니다. **우린 실적에 관해선 앞으로 설명할 자기자본이익률(ROE)과 영업이익률이라는 실적지표만을 갖고 종목을 걸러낼 것입니다. 주가적정성은 잠시 접어두고 기업의 수익성과 성장성에만 집중하자는 의도이기도 합니다.**

널리 알려진 PER과 PBR은 소위 주가적정성을 평가하는 지표입니다. 현재 주가가 과연 해당 기업의 실적과 자산 대비 저평가 혹은 고평가됐는지에 관한 문제이죠. 가령 PER은 현재 순이익을 갖고 몇 년 후 현재 주가를 통해 측정된 시가총액을 모두 벌어들일 수 있느냐는 것을 알려주는데, 어떤 종목의 PER이 10배라고 한다면 지금 이익을 갖고 회사 주식을 몽땅 사들이는 데 10년이 걸린다는 뜻입니다.

종종 코스닥에선 PER 50배짜리 종목도 볼 수 있는데 이처럼 50년 후 가격을 지금 지불하면서까지 매수하려고 하는 건 성장성에 초점을 맞추기 때문입니다. 쉽게 말해 이 회사가 몇 년 내에 엄청난 상품(또는 기술)을 출시해 수익이 순간 몇십 배 커질 수 있다고 믿는 것이라 해석하면 됩니다.

PBR은 지금 회사를 팔았을 때 가치와 현 주가를 비교하는 것이라고 생각하면 됩니다. 만약 PBR이 1배가 안 된다면 회사 자산을 다 팔면 시중에 돌고 있는 주식을 다 사고도 돈이 남는다는 뜻입니다. 이럴 대 우린 '주가 저평가'란 말도 쓰고, 경우에 따라 '자산주'라고도 하죠. 하지만 이런 PER과 PBR 등은 주가적정성에 집중된 지표입니다. 따라서 기업의 영속성을 파악하고 즐기는 투자를 위해서는 좀 더 기업 안으로 들어갈 필요가 있습니다. 극단적으로 말해 정말 기업만 좋다면 주가가 고평가되어도 무방한 것입니다.

자기자본이익률과 영업이익률

실적을 제대로 분석하려면 당연히 재무제표를 열어봐야 합니다. '매출액에서 매출원가, 판매비, 관리비 빼고, 영업외수익은 더하고, 영업외비용은 빼고, 특별이익과 비용은 더했다 빼고, 여기에다 마지막으로 법인세를 차감하면 순이익이 나온다'는 식의 회계에 대한 기초지식을 쌓아야 합니다. 하지만 꽤 복잡하고 귀찮죠. 그래서 대부분의 투자자는 이런 '숫자'에 별로 신경을 쓰지 않습니다. 그냥 실적이 좋다 나쁘다, 실적이 개선될 것이다 악화될 것이다라는 증권사 전문가들의 코멘트를 참조할 뿐입니다. 분명 재무제표상의 각종 수치를 모두 확인하고 이들에 대한 체계적인 학습을 하는 것이 원칙이지만 맘처럼 쉽지가 않죠.

이런 상황이라면 딱 2가지만 확인하십시오. 자기자본이익률(ROE)과 영업이익률인데, 과거 2~3년간 증가세를 나타내면서 ROE와 영업이익률이 10%대 이상을 기록했고, 올해와 내년도 예상치도 이 증가 추세와 수준을 달성할 수 있는지 점검하면 됩니다. 직접 전자계산기 들고 나설 필요가 없습니다. 과거 자료는 공시사이트 혹은 HTS를 통해 구할 수 있으며 예상치는 3~4개 증권사의 리포트를 통해 얻으면 됩니다. 이들 증권사 애널리스트를 무조건 신뢰하라는 건 아니지만 우리보다는 해당 기업에 더 가까운 관계라는 건 인정해야 되니까요.

다만 한 가지 주의할 점은 영업이익률의 경우엔 먼저 영업이익 자체의 증감을 살펴봐야 한다는 것입니다. '영업이익증가율'을 확인해야 한다는 뜻이죠. 영업이익률이 꾸준하다고 해도 매출액과 영업이익 규모가 지속적으로 감소하고 있다면 결코 긍정적이지 않으니까요.

그럼 이제 ROE와 영업이익률에 대해 살펴보겠습니다. 머리 아파할 필요 없습니다. 매수하려는 종목의 실적 점검을 통해 기업 영속성을 확인하고, 종국엔 나의 즐기는 주식투자를 완성해가는 한 과정이라고 보면 됩니다. 또한 왜 '10%'라는 기준을 뒀는지도 함께 설명하도록 하겠습니다.

ROE란 영어로 'Return On Equity', 우리말로는 '자기자본이익률'이라고 부릅니다. 일정 기간 동안 발생한 당기순이익을 자기자본(순자산)으로 나눠 구합니다. 가령 1000억 원의 순자산을 가진 회사가 200억 원의 이익을 냈다면 ROE는 20%가 됩니다. 당연히 수치가 높을수록 자산 대비 많은 이익을 냈다는 뜻이고 기업이 나름 잘 돌아가고 있다고 할 수 있겠죠.

$$\text{자기자본이익률(\%)} = \frac{\text{순이익}}{\text{자기자본}} = \frac{\text{순이익}}{\text{매출}} \times \frac{\text{매출}}{\text{자산}} \times \frac{\text{자산}}{\text{자기자본}} \times 100$$
(수익성) (활동성) (레버리지)

이처럼 ROE는 해당 기업이 자기자본을 얼마나 효율적으로 굴리고 있는지 나타내고 있어 많은 투자자들은 이 지표를 신뢰하고 있습니다.

워런 버핏을 위시한 대부분 외국계 투자자들이 가장 주목하는 지표도 바로 ROE입니다. 실제로 ROE가 2~3년간 지속적으로 20~30%대를 기록하고 성장추세를 보인다면 주가도 꽤 상승했을 가능성이 매우 높죠.

물론 ROE는 주식을 매수했을 때 기대할 수 있는 수익률은 아닙니다. 하지만 종종 '주식에 대한 이자율'이라고 표현됩니다. 기업의 자기자본을 쪼갠 것이 주식인데 이 자기자본을 갖고 1년간 벌어들인 순이익 비율(ROE)이 20%라면 이 주식 보유자 입장에선 이자율이 결국 20%라고 해석할 수 있기 때문입니다.

그렇다면 ROE의 절대적 수치는 어느 정도 돼야 할까요? 전 과거 2~3년간 그리고 올해 각 분기, 내년 ROE가 꾸준히 10% 이상 기록하는 종목을 골라야 한다고 했습니다(증가세를 기록하면 더욱 좋습니다). 그런데 이때 왜 10%라는 수치가 나온 것일까요? ROE가 5%, 7% 수준인 기업은 정말 매수하면 안 되는 걸까요?

'10%'라는 기준은 바로 '자본조달비용' 개념에서 비롯된 것입니다. 기업 입장에서는 개별 신용등급에 따라 차이가 있지만 10%대 금리로 자금을 빌려 쓸 수 있는데 ROE가 여기에도 못 미친다는 건 현재 해당 기업의 수익성이 대출이자도 못 낼 만큼 열악하다는 의미이기 때문입니다.

이번엔 투자자 입장에서 살펴보겠습니다. 현재 은행정기예금금리가 연 5%인데, 매수하려는 기업의 ROE도 5%대 수준이라고 해보겠습니다. 상황이 이렇다면 굳이 해당 주식에 투자할 이유가 전혀 없어집니다. 금리 수준 정도 이익을 내는 기업에 맘 졸여가면서, 온갖 정성을 쏟아부어 가면서 투자하느니 그냥 은행으로 직행하는 편이 좋기 때문입니다. 그래서 ROE는 은행정기예금금리 대비 2~3배 수준은 돼야 하고 바로 이런 관점에서 '10%'라는 기준이 나온 겁니다. **주식이라는 위험자산에 대한 투자 프리미엄과 기업의 자본조달비용을 감안해 '고잉 컨선'의 자격을 갖춘 기업이라면 ROE는 최소한 10%는 돼야 한다는 것이죠.**

그러나 ROE만으로는 해당 기업의 실적 상황을 모두 점검할 수 없습니다. ROE 자체의 한계도 있고, ROE가 투자자들이 잘 따르는 '게임 규칙'이 되면서 기업 입장에선 이 수치를 조작하는 경우도 나타나게 됐지요. 가령 ROE는 부채를 많이 끌어당겨 이익을 높여도 이에 따른 위험성이 반영되지 않습니다. 영업이익이 아닌 순이익을 바탕으로 하기 때문입니다. 극단적으로 회사가 부도날 정도로 부채를 져도 ROE는 좋게 나올 수 있죠.

또한 해당 기업이 자산재평가를 실시해 실제 자기자본가치가 높아진 상황이 있을 수도 있습니다. 이렇게 되면 분자인 당기순이익은 그대로인데 분모인 자기자본이 커져 ROE는 떨어집니다. 재무구조는 개선됐는데 ROE를 지표로 삼는 투자자는 해당 기업 주식을 팔아야 할 동기가 제공된 셈입니다. 반면 자본잠식 상태가 되면 이론적으로 ROE는 수천 %가 나오는 아이러니도 발생합니다.

그래서 우린 한 가지 실적지표를 더 확인해야 하는데, 바로 영업이익률입니다. 이때도 10% 정도의 기준으로 끊어놓고 종목을 압축하면 됩니다(다만 영업이익증가율과 영업이익률의 상승세는 확인해야 합니다).

영업이익률은 매출액 대비 영업이익의 비율을 가리키는데, 그렇다면 왜 영업이익률이 앞서 ROE를 보완할 수 있는 걸까요. **매출액에서 판매비와 일반관리비를 뺀 '영업이익' 이야말로 회사 존립을 결정짓는, 자신의 '장사'를 통해 번 수익을 가리키는 것이기 때문입니다.** 당기순이익(손실)은 자산매각이나 감가상각 등의 방법을 통해 조정될 소지가 많습니다. 특별이익을 더해 부풀려질 수 있지요. 그래서 영업력이 뛰어난 기업을 찾으려는 본래 목적이 훼손될 수 있죠. 따라서 해당 기업이 벌어들인 이익의 질을 확인하려면 ROE와 함께 영업이익률을 확인하는 것입니다.

기업이익(손실)의 종류

영업이익(손실) = 매출액 – 매출원가 – (일반관리비+판매비)
경상이익(손실) = 영업이익 + 영업외이익 – 영업외비용
법인세차감전순이익(손실) = 경상이익 + 특별이익 –특별손실
당기순이익(손실) = 법인세차감전순이익 – 법인세 비용

영업이익률의 기준 역시 10%입니다. 이때 10%는 앞서 ROE보다 더 엄격하게 적용할 필요가 있는데, 주식투자의 현실적 보상인 배당(금)이 영업이익에서 금융비용과 세금까지 차감된 이후 금액을 놓고 주어지기 때문입니다.

그런데 가끔 헷갈리기도 합니다. 3~4년간 꾸준히 상승세를 기록하고 여기에 10%대 영업이익률을 기록하는 기업이 많지 않기 때문입니다. 대형주 중에서도 5% 정도 영업이익률에 그치는 기업이 많고, 그럼에도 불구하고 주가는 급등하는 경우도 많습니다.

하지만 그렇다고 영업이익률을 무시하면 안 됩니다. 현재 영업이익률이 저조한데 주가가 오르고 있다면 분명 다른 호재가 존재할 것이기 때문입니다. 큰 폭의 실적개선이 이뤄질 것이라거나, 혹은 실적을 압도하는 다른 호재가 있다는 이야기입니다. 가령 현재 영업이익률이 마이너스(-)인 적자 상태에도 주가가 오른다면 이는 다음 분기, 또는 내년 실적개선이 확연한 경우이고, 작년과 올해 영업이익률이 각각 4%, 8% 수준이지만 주가가 급등한다면 이는 내년 영업이익률이 다시 2배 이상 높아질 것이란 분석이 깔려 있다는 것이죠.

하지만 영업이익률 원칙은 10%로 정하는 게 좋습니다. 왜냐하면 '실적개선'이라는 것이 현실적으로 쉽지 않기 때문입니다. 5%에서 10%로 영업이익률을 한 번은 끌어올릴 수 있어도 그 다음 해(분기)에 다시 20%대까지 오를지, 혹은 최소한 두 자릿수 영업이익률을 유지할지는 미지수입니다. 이런 관점에서 영업이익률은 '꾸준함'이 관건이라고 할 수 있습니다. 3년간 각각 20%, 35%, 15%로 움직이는 것보다 9.8%, 9.7%, 10%로 움직이는 종목을 매수후보군에 포함시켜야 합니다.

④ 4단계: 사업의 명확성과 경기주기

앞서 실적지표인 ROE와 영업이익률을 통해 기업의 영속성을 점검했다면 마지막 4단계에선 투자하려는 사업의 명확성에 대해 살펴봐야 합니다.

'사업의 명확성'이라는 말은 크게 2가지 의미를 갖고 있습니다. 첫째는 투자하려는 기업이 얼마만큼 단순하고, 명확하고, 이해하기 쉬운 비즈니스 모델을 갖고 있느냐는 것이고, 둘째는 내가 얼마만큼 해당 종목의 사업내용과 구조에 대해 '명확하게' 알고 있는가 하는 것입니다. 즉 즐기는 주식투자를 위해서는 매수할 종목의 사업구조가 **명확해야 하며 우리는 그 사업구조(사업내용)에 대해 줄줄 외우고 있을 정도로 명확하게 인식해야 합니다.**

특히 이런 사업구조의 명확성은 경기주기를 읽어내는 것과 관련이 깊습니다. 우리네 경기 흐름에 영향을 주는 외생변수와 해당 종목의 사업성을 연관 지어 매수 판단을 내릴 수 있다는 것이죠. 경기 호황, 불황, 회복 및 하락 국면에서 우리에게 행복을 가져다줄 종목을 고르는 데 '사업의 명확성' 이슈는 큰 도움이 될 것입니다.

업종대표주의 사업내용을 명확하게 파악하라

기업의 수익모델이 단순·명료하면 투자자는 맘이 참 편합니다. 변수가 많지 않아 '즐겁게' 대응할 수 있기 때문입니다. 잘나가는 기업들은 대부분 사업구조가 명확합니다. 자동차를 많이 팔거나, 아파트를 많이 짓거나, 휴대폰을 많이 팔거나, 옷을 많이 팔거나, 기름을 많이 팔죠. 그리고 이를 바탕으로 해당 업종에서 1등으로 올라섭니다. 따라서 1등주에 투자한다는 건 그 자체로 어느 정도 즐기는 투자를 실천하고 있다는 이야기가 됩니다.

아마도 실력과 경험, 내공의 높고 낮음을 막론하고 증권 관련 전문가들이 100%로 동의하는 투자법이 있다면 바로 '업종대표주에 투자하라'는 것입니다. 업종대표주는 일반적으로 '해당 업종 내에서 시가총액 규모가 가장 크고, 시장점유율이 가장 높으며, 매출과 이익의 규모도 크고, 강력한 시장지배력으로 호황 시 선두에 서며, 불황에 가장 잘 견뎌내는 종목'으로 파악할 수 있습니다. 이 밖에 독과점 체제를 갖춘 기업, 현금을 많이 보유한 기업 등 몇 가지 조건을 더 포함시키기도 합니다.

업종대표주가 됐다는 건 이미 자신만의 명확한 비즈니스 모델을 확립했다는 방증이 됩니다. 명확한 비즈니스 모델이 없었다면 업종대표주가 될 수 없었을 것이기 때문입니다.

수많은 전문가들이 한목소리로 업종대표주 투자를 외치는 것도 어쩌면 당연합니다. 1등 기업은 업계장악력과 독점력을 갖고 있어 실적도 여간해서 악화되지 않고 수급도 양호하거든요. 하지만 제가 하고 싶은 말은 "업종대표주에 투자하라"는 것보다 좀 더 들어갑니다. **자신이 투자할 업종대표주의 사업구조(사업내용)를 아주 구체적으로 파악해야 한다는 것입니다. 왜냐하면 이런 준비를 해야만 해당 종목이 경기 흐름(사이클) 및 주요 경기변수에 어떻게 반응할지 '제대로' 분석할 수 있기 때문입니다.**

예를 들어 정유업계 업종대표주인 SK에너지를 골랐다고 끝나면 안 됩니다. 기본적으로 원유정제설비와 에틸렌생산설비를 보유하고 있지만, 남미 등지에 해외광구도 개발하고 있고, 최근엔 윤활유 사업과 2차전지 분리막 사업 등 신사업에도 도전하고 있으며, 2011년 1월부터는 정유와 석유화학 사업으로 각각 분사한다는 등 기업의 사업구조를 줄줄이 꿰고 있어야 합니다. 그래야 이 종목이 향후 석유가격 변동, 나아가 경기 흐름에 실적이 어떻게 변할 것인지 정교하게 파악할 수 있습니다.

삼성전자와 함께 IT업종 대표주에 속해 있는 LG전자를 매수하려고 한다면 MC(모바일 커뮤니케이션, 휴대폰사업부), HT(홈엔터테인먼트, TV사업부), AE(에어컨디셔닝과 에너지, 에어컨과 신에너지사업부), HA(홈어플라이언스, 가전사업부), BS(비즈니스 솔루션, B2B 사업부) 등 5개 사업구조를 숙지해야 합니다. 각 분야의 대표 상품은 무엇이고 매출 비중, 영업이익 비중 정도는 기본으로 익혀야 합니다. 이렇게 해야 해당 종목이 경기의 파고를 어떻게 넘게 되는지 분석이란 것을 할 수 있게 됩니다.

자료가 부족하다고요? 절대 그렇지 않습니다. 업종대표주의 경우 하루에도 몇 개씩 관련 리포트가 나옵니다. 증권사를 통해 구해도 되고 여러분의 HTS를 이용해도 됩니다. 대부분 증권사의 HTS에는 각 종목들에 대한 다양한 애널리스트 리포트를 제공하고 있으니까요.

여러분은 다양한 증권사보고서 중 해당 회사의 사업부문에 대해 친절하게 설명해놓은 대표 리포트 1~2개를 골라 다운로드한 후 달달 외우면 됩니다.

조선 업종 대장주인 현대중공업에 투자하고 싶습니까? 코스피에 영향을 미치는 대형주에다, 수급과 지분구조도 괜찮고, 기업 영속성을 보장하는 실적도 괜찮으니, 목돈을 투자해도 괜찮을 것 같다고요? 그렇다면 이제 다음과 같은 표에 익숙해져야 합니다.

이 표에서 알 수 있듯 현대중공업은 결코 '조선'이 전부인 회사가 아닙니다. 현대중공업의 사업구조를 보면 조선, 해양, 플랜트, 엔진기계, 전기전자, 건설장비 등으로 세분화돼 있습니다. 따라서 투자자는 "현대중공업은 배 만드는 회사"라고 말하면 뭔가 부족합니다. 가령 2009년만 보면 조선 부문은 그야말로 '미운 오리 새끼'였습니다.

현대중공업의 사업부문별 실적 추이 (단위: 십억 원, F: 증권사 전망치)

	2006	2007	2008	2009	2010F	2011F	2012F
매출	12,555	12,533	19,957	21,142	21,448	24,220	26,469
조선	6,443	7,557	9,085	9,003	7,676	8,598	9,006
해양	1,935	2,222	3,095	3,424	3,295	3,954	4,671
플랜트	602	1,017	1,374	1,898	2,657	2,923	3,215
엔진기계	1,220	1,646	2,522	2,772	2,494	2,794	2,927
전기전자	1,056	1,453	1,924	2,712	3,065	3,463	3,913
건설장비	1,198	1,512	1,769	1,190	2,262	2,488	2,737
영업이익	879	1,751	2,206	2,223	3,221	3,374	3,246
조선	504	1,038	1,067	532	1,145	1,196	803
해양	223	226	289	463	643	574	678
플랜트	98	130	113	246	678	703	678
엔진기계	206	346	614	809	481	544	654
전기전자	150	224	360	453	240	264	274
건설장비	(77)	40	17	(30)	292	351	418
영업이익률	7.0%	11.3%	11.1%	10.5%	15.0%	13.9%	12.3%
조선	7.8%	13.7%	11.7%	5.9%	14.9%	13.9%	8.9%
해양	11.5%	10.2%	9.3%	13.5%	19.5%	14.5%	14.5%
플랜트	16.3%	12.7%	8.2%	12.9%	25.5%	24.1%	21.1%
엔진기계	16.9%	21.0%	24.3%	29.2%	19.3%	19.5%	22.3%
전기전자	14.2%	15.4%	18.7%	16.7%	7.8%	7.6%	7.0%
건설장비	(6.5%)	2.7%	1.0%	(2.5%)	12.9%	14.1%	15.3%

(자료: 한국투자증권)

매출액은 어느 정도 되지만 영업이익 규모나 영업이익률은 처참했죠. 오히려 나머지 부문이 회사를 먹여 살렸습니다.

이처럼 해당 종목의 사업구조와 내용을 정확하게 알고 있으면 '이제 조선 부문만 회복하면 실적은 크게 개선되겠군'이라는 판단을 내릴 수 있고, 한 걸음 더 나아가 조선 업황에 대한 고민, 중국 경제성장에 대한 분석, 세계경기 전망 속에 현대중공업이란 종목을 제대로 바라볼 수 있게 되는 것입니다.

NHN의 연간 영업실적 전망 (단위: 십억 원, %, %p)

	영업실적 전망				증가율		
	2008	2009	2010E	2011E	2009	2010E	2011E
매출액	1,208.1	1,237.1	1,355.0	1,537.9	2.4	9.5	13.5
(게임)	366.7	446.7	459.1	536.0	21.8	2.8	16.8
(디스플레이광고)	195.0	150.4	153.0	172.3	(22.9)	1.7	12.6
(검색광고)	636.9	632.3	734.7	820.3	(0.7)	16.2	11.7
(기타)	9.6	7.7	8.2	9.2	(19.5)	6.2	12.9
영업이익	491.2	531.8	623.1	709.0	8.3	17.2	13.8
세전이익	514.7	545.0	645.8	741.7	5.9	18.5	14.9
영업이익률	40.7	43.0	46.0	46.1	2.3	3.0	0.1
세전이익률	42.6	44.1	47.7	48.2	1.5	3.6	0.6

(자료: NHN, 미래에셋증권 리서치센터)

혹시 NHN에 관심이 있습니까. 그럼 NHN의 사업내용부터 정확하게 숙지하세요. "NHN은 어떻게 돈을 벌고 있을까?"라는 물음에 "포털사이트 '네이버'를 통해 수익을 올린다"는 식의 답변은 곤란합니다. 게임 부문, 디스플레이광고 부문, 검색광고 부문으로 나눠진 NHN의 사업구조를 파악하고 각 부문이 어느 정도 비중을 차지하고 있는가를 파악해야 합니다.

2008~2009년은 국내뿐 아니라 세계경제 전체가 상당히 어려웠는데, NHN의 게임사업 부문만 떼어놓고 보면 오히려 매출액과 영업이익 모두 성장한 것을 알 수 있습니다. 그렇다면 여러분은 '게임사업은 경제불황에도 타격을 받지 않는구나'라는 해석을 내릴 수가 있죠.

경기 전망에 앞서 사업구조를 파악하라

이처럼 우리가 매수할 종목의 사업구조를 명확히 알고 있으면 경

기주기에 맞춰 적절한 매수 판단을 내릴 수 있습니다.

　모든 주식은, 그리고 주식가격은 예외 없이 경기와 관련이 있습니다. 호황과 불황에 민감한 주식, 그 반대로 움직이는 주식, 호황 직전과 불황 직전에 주가가 고점을 찍는 주식, 직후에 움직이기 시작하는 주식, 심지어 경기와 상관없이 꾸준히 움직이는 주식 등 모든 주식은 '경기'와 상관이 있습니다. 따라서 주식 매수를 결정할 때 경기주기를 의식할 수밖에 없습니다.

　예를 들어 대부분 투자자는 경제가 본격 호황국면에 들어서고 있는 시점에서 통신주인 SK텔레콤을 매수하지 않습니다. 대형주에다 업종대표주에 수급과 지분구조도 좋고, 사업내용도 확실하지만 경기가 좋아진다고 실적이 눈에 띄게 개선되지 않기 때문이죠.

　일반적 주식 이론에서 '경기민감주'라고 하면 크게 소비재, 화학, 반도체 등 3가지 관련 주식이 꼽힙니다. 또한 '경기방어주'라고 하면 통신주, 유틸리티 업종이 분류됩니다. 최근엔 '중국 관련주'라고 해서 조선, 해운, 기계, 철강 업종의 주식들을 언급하고 있지요. 이 밖에 '환율 관련주'라는 것도 있고, '녹색 관련주' 등과 같은 종목들도 꾸준히 분류되고 평가됩니다. 이 모든 분류는 결국 경기와 상관이 있습니다. 세계경제에 지대한 역할을 하는 중국 경제(경기)가 풀린다고 하면 세계경기가 풀린다는 것과 크게 다르지 않고, 경기가 어렵다는 건 미국 달러화 강세가 진행된다는 것과 일맥상통하기 때문입니다. 녹색 관련주 역시 이른바 '녹색혁명'이 세계경기를 좌우할 만큼 영향력을 갖고 있을 때 비로소 존재 의미가 있는 것입니다.

　그러나 지금부터 여러분은 이런 기계적 분류 대신 스스로 해당 종

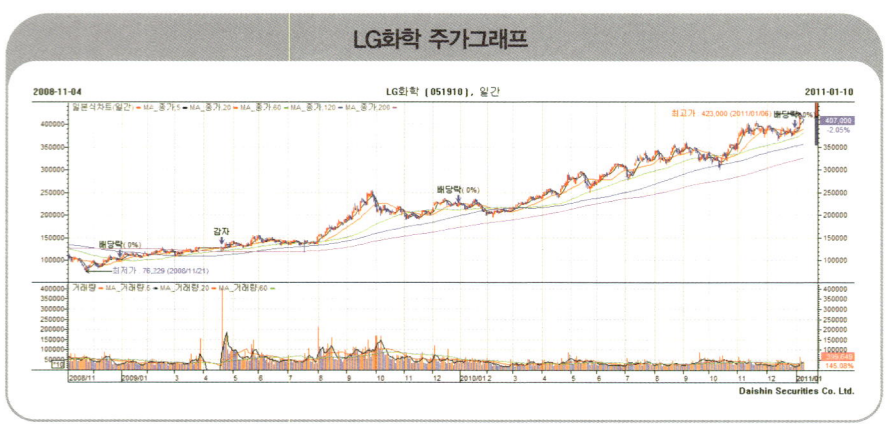

목의 사업구조를 분석하여 판단해야 합니다. 그래야 즐길 수 있습니다. 예를 들어 '화학 업종=경기민감주'라고 외워버리면 안 됩니다. 왜 화학 업종이 경기에 민감한가를 먼저 파악해야 하는데, 대규모 시설로 인한 고정비용이 높은 사업구조를 갖기 때문입니다. 경기가 나빠져 수요가 급감해도 시설을 바로 축소할 수가 없어 실적은 큰 폭으로 악화되죠.

그렇지만 만약 '화학주=경기민감주'처럼 그대로 외워버린다면 2008~2009년에 절대로 업종대표주인 LG화학을 매수군에 넣을 수가 없습니다. 당시만 해도 세계경기 전망은 어두웠고, 중국은 긴축정책 일변도로 나갔으니까요. 그렇지만 LG화학의 사업구조를 파악하고 있었다면 매수에 나섰을 확률이 큽니다. 소위 '2차전지'를 필두로 한 정보전자 소재 사업 분야에서 가시적인 성과를 올리고 있었기 때문입니다. 화학 업종대표주임에도 불구하고 성장성과 수익성까지 겸비한 '녹색주'였던 것이죠. 그래서 실제 이 기간 주가는 오히려 큰

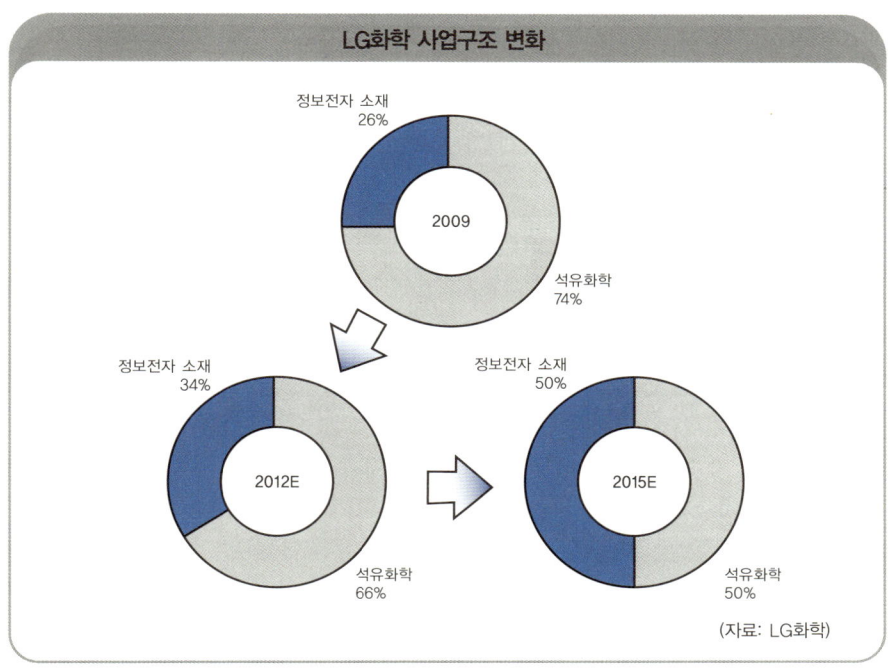

폭으로 급등했습니다.

특히 여러분은 분명히 지주회사라는 업종군에 대해서도 만나게 될 텐데, 지주회사라는 게 파고들면 들수록 묘하다는 생각이 많이 들 것입니다. 만약 지주회사에 투자하려고 한다면 그 실적의 근원이 되는 자회사들의 수익구조에 대해 정말 명확하게 알고 있어야 합니다.

모든 주식은 경기를 탑니다. '경기를 타지 않는다'는 것도 엄밀히 말해 그 상대적 기준은 바로 경기이니까요. 하지만 사업구조를 명확히 알고 있으면 경기의 호황과 불황에도 우린 좀 더 냉철해질 수 있습니다. 신의 영역에 도전해 예측할 수는 없지만 인간의 영역에서 할 수 있는 '분석'이란 것을 할 수 있기 때문입니다.

지주회사란?

지주(持株)회사는 간단하게 말해 다른 회사(자회사)를 소유하는 기업을 가리킨다. 영어로는 홀딩컴퍼니(holding company)라고 불린다. 지주회사는 자회사의 경영전략에 직간접으로 관여한다는 측면에서 단순투자자와 구분된다.

A회사가 B회사 지분을 갖고 B회사는 C회사, C회사는 다시 A회사 지분을 보유하는 일명 '순환출자' 구조에 비해 기업 투명성이 높고, 자회사는 자기 사업에만 집중할 수 있다는 장점이 있다. 종종 대기업 그룹 계열사 중 타 계열사 주식을 많이 보유하고 있는 회사에 대해 "지주회사 역할을 한다"는 표현을 쓰기도 한다. 그러나 공식적으로는 공정거래법에 의해 부채비율 100% 미만, 자회사 지분 30% 이상(상장사 기준) 보유, 손자회사(자회사의 자회사) 지배 금지 등 그 요건이 정해져 있다. 지주회사는 크게 순수지주회사와 사업지주회사의 2가지 형태로 구분된다. 순수지주회사는 자회사의 경영활동에 관여하면서 자회사 실적에 따라 배당을 받는 것을 수익으로 삼는 반면, 사업지수회사는 지주회사 기능도 하지만 일정 부분 자기 사업을 영위하는 곳을 가리킨다.

다음은 순수지주회사 성격을 띠고 있는 CJ의 자회사 구조(지배구조)에 대한 설명이다. 이런 지주회사 투자의 경우에는 그간 수익에 큰 몫을 담당했던 자회사들의 실적에 초점을 맞춰야 하기 때문에 지분구조나 사업구조에 대해 훨씬 더 많은 분석을 해야 한다.

지주회사 CJ의 사업구조 및 지분구조(2010년 11월 말 현재)

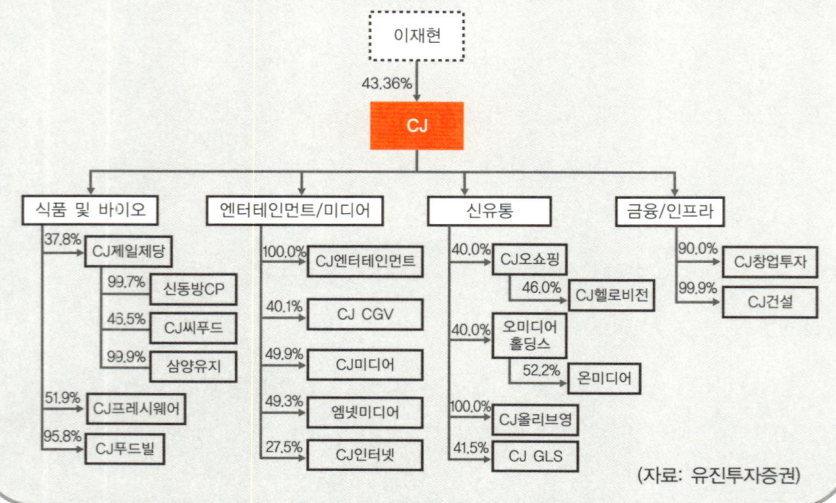

(자료: 유진투자증권)

물론 이런 분석은 '정답 맞히기'가 아닙니다. 즐기는 투자를 하기 위한 한 부분으로 생각해야 합니다. 실전에서는 내 분석과 달리 주가는 정반대로 움직이는 경우가 허다할 것입니다. 하지만 우린 결코 괴로워할 필요가 없습니다. 아니, 괴로울 수도 있지만 이때의 괴로움은 어설프게 업종대표주 하나 찍어서 투자하다 손실 보는 것과는 차이가 날 것입니다. 이처럼 주식투자에 있어 우리에게 행복을 가져다주는 종목의 마지막 선택 기준은 해당 기업(종목) 사업구조에 대한 명확한 숙지입니다.

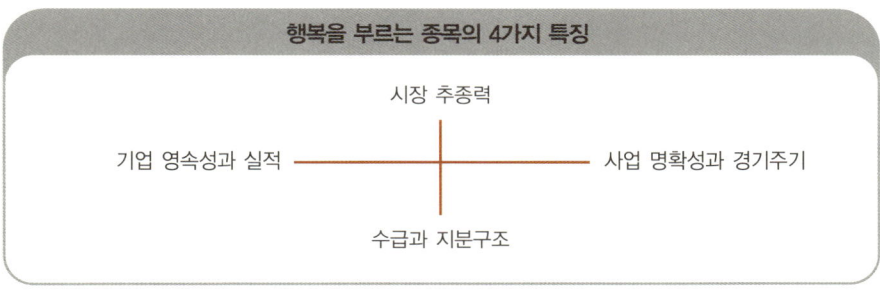

5 행복해지는 주식 팔기 그리고 보유하기

앞서 설명한 4가지 기준으로 매수종목군을 압축하고 해당 종목을 매수했다면 이제 남은 대응은 보유 및 추가매수 또는 매도하는 것입니다. '더 들고 있을까' '좀 더 살까' 아니면 '이젠 팔아버릴까'에 대한 결정이죠. 일반적으로 주식 매매라고 하면 이탈(관전)을 제외한 '매수-보유-매도'의 3가지 과정을 말하는데, 이번엔 이 중 보유 및 추가매수와 매도에 대한 이야기를 나눠볼까 합니다.

현존하는 주식투자 원칙(전략)은 크게 4가지로 나눠볼 수 있습니다. 첫째, 벤자민 그레이엄과 그의 제자 워렌 버핏에 의해 확립된 기본적 분석을 바탕으로 한 가치투자 전략입니다. 둘째, 찰스 다우와 랄프 넬슨 엘리어트(R. N. Elliot, 1871~1948) 등이 완성한 기술적 분석을 바탕으로 한 차트매매 전략입니다. 셋째, 제시 리버모어(Jesse Lauriston Livermore, 1877~1940)로부터 확립된 전략으로 시장의 추세는 언제든 옳기 때문에 무조건 따라가면 성공할 수 있다는 추세추종 전략입니다. 넷째, 시장은 분석과 예측 자체가 불가능하다는 것을 전제로 대응 역시 특정한 분석이나 예측이 필요하지 않다는 랜덤워크(random walk) 이론에 바탕을 둔 투자전략입니다.

일반적인 4가지 매매전략

간단하게 요약하면 다음과 같습니다.

첫째, 가치투자 전략은 기업이 갖고 있는 내재적 가치에 비해 저평가돼 있는 기업 주식을 사 모으기 시작하면 언젠가는 큰 수익을 준다는 믿음에서 출발합니다. 이처럼 저평가 주식을 산 후 보유하고 기다리다가 주가가 상승해 고평가됐다고 생각하면 매도하는 전략입니다.

둘째, 차트매매 전략은 차트를 읽는 자신만의 원칙을 세운 후 주가와 거래량의 움직임을 보고 보유 및 추가매수를 하고, 일정 범위를 이탈하면 매도하는 전략입니다. 차트가 보내는 신호에 따라 대응하는 것입니다.

셋째, 추세추종 전략은 현재 주가(시장 움직임)에 겸허하게 순종하는 자세로 주가가 오르면 좋은 주식이라 생각해 지속적으로 보유하거나 추가매수하고, 주가가 떨어지면 그 자체로 나쁜 주식이라는 증거이기 때문에 매도하는 전략입니다. 단적으로 말해 '저점 매수-고점 매도'가 아니라 '저점 매도-고점 매수'에 해당한다고 할 수 있죠.

랜덤워크 매매전략의 예

　랜덤워크 이론을 신봉하고 있다면 가장 먼저 눈을 감고 HTS에서 한 종목을 찍어야 한다. 동전을 1개 준비하는 것도 필수다. 그리고 이 기업의 현 주가가 1000원이라고 한다면, 연습장에 1000원을 기점으로 바로 위에 1100원, 1200원을 써놓고, 밑으로는 900원, 800원이라고 써놓는다. 800~1200원이 바로 하한과 상한이 된다. 다음엔 자신의 투자금 중 50%를 넣어 1000원에 주식을 매수한다. 그리고 동전을 던진다. 앞면은 매도, 뒷면은 매수다.

　처음 던졌을 때 앞면이 나왔다고 하면 1100원이 될 때까지 기다려 30%를 매도한다. 그리고 또 앞면이 나오면 이제 1200원까지 기다려 남은 20%를 다 털어낸다. 반대로 처음 뒷면이 나왔다고 하면 주가가 900원까지 떨어지길 기다렸다가 남은 투자금 중 30%를 매수한다. 그리고 또 뒷면이 나오면 800원까지 기다려 남은 20%를 모두 매수하기로 결정하는 것이다. 이런 방식으로 동전을 던지면서 자신이 임의로 정한 가격 기준에 따라 앞면(매도)과 뒷면(매수) 조합에 의존해 거래를 이어가면 된다. 물론 이때 주가가 자신이 정한 상한선 1200원을 넘어가버리면 더 이상 거래를 할 수 없다. 반대로 자신이 정한 하한선 800원 밑으로 떨어져버리면 손절매도 못 한 채 속절없이 기다려야 한다. 혹시 웃기는 방식이라고 생각할 수 있지만 랜덤워크 매매전략은 엄연하게 주식투자 이론의 한 축을 담당하고 있는 매매기법이다.

　마지막으로 랜덤워크 전략은 원숭이와 아마추어, 펀드매니저의 수익률 게임에서 원숭이가 1등, 펀드매니저가 꼴등을 했다는 버튼 G. 멜키엘 교수의 실험을 생각하면 간단할 것 같습니다. 쓸데없는 고민이나 힘든 분석 같은 것을 하지 말고 그냥 동전 던지듯 매매하면 됩니다. 앞면은 보유(추가매수), 뒷면은 매도로 정해놓고 말이죠.

　물론 각론으로 들어가면 여러분은 공부할 게 훨씬 더 많아집니다. 관련 서적도 엄청 많고 세부 이론도 정말 다양합니다. 하지만 일단 큰 틀에서 어느 정도 개념 정립이 필요한 것 같아 이처럼 간단하게 정리를 해보았습니다.

이 중에서 어떤 전략이 최고냐고요? 그런 건 없습니다. 각 전략마다 나름의 장단점이 있으니까요. 현재 '대세'는 가치투자 전략인 것 같습니다. 가장 많은 전문가들이 밀고 있는 매매 방법(투자전략)인 것도 사실입니다. 가령 엘리어트는 자신이 만든 '엘리어트 파동'을 보고 투자했다가 파산해 자살을 했고, 제시 리버모어 역시 천문학적인 부를 모았지만 결국 파산을 했고, 심지어 60세가 넘어 권총 자살로 생을 마감했죠. 반면 벤자민 그레이엄이나 워렌 버핏은 어떻게든 잘 '생존'해서 그런지 충성도가 높은 것 같습니다.

여러분은 현재 실전매매를 하면서 어떤 투자전략을 활용하고 있나요?

아마도 10명 중 절반은 이 4가지 전략을 혼용하고 있을 것 같습니다. '섞어찌개' 전략이죠. 각각의 좋은 것만 차용해서 합치거나, 자신의 현 상황을 합리화시키는 설명만 골라 매매에 이용합니다. PER도 한 번 봤다가, 외국인이 많이 사고 있나 확인하고, 5일선과 20일선의 이동평균선을 체크하거나 '캔들패턴'에 꿰맞춰보다가, 한 번쯤은 될 대로 되라는 식으로 '몰빵' 하기도 하고, 손실이 -20%를 넘어서는데도 손절매는커녕 '누가 이기나 보자'는 심정으로 추가매수를 하기도 합니다.

하지만 이런 식의 매매는 결국 불행의 씨앗이 될 뿐입니다. 즐기는 투자가 아닌 몸고생, 맘고생하고 돈까지 잃어버리는 결과를 초래하게 되는 것이죠. 즐기는 주식투자를 위해선 지속적으로 설명해왔지만 '원칙'이 있어야 하고, 그리고 그것을 지켜야 합니다.

가령 이제 막 주식을 시작한 투자자가 '외국인투자자만 따라 한다'고 매매원칙을 세웠다고 해보겠습니다. 현대차를 매수한 후 외국인 매수세가 높아지면 추가매수, 외국인 매도가 많은 날은 자신도 매도하는 대응을 정한 것이죠. 과연 이 투자자는 수익을 냈을까요? 정답은 없습니다. 수익을 낼 수도, 손실을 낼 수도 있죠. 하지만 최소한 이 원칙대로 행동한 투자자는 맘이 편합니다. 자신의 삶을 지킬 수 있기 때문입니다.

초심이 깨지면 무조건 매도하라

이번엔 외국인이 현대차를 지속적으로 매수해 주가는 계속 오르는데 실적은 악화된 상황이 나타났다고 가정해보겠습니다. 이 순간에는 어떻게 대응해야 할까요.

이번엔 실적에 대한 원칙을 정해야 합니다. 외국인 매매와 실적을 놓고 이러쿵저러쿵 자신만의 추리를 할 게 아니라 원칙을 세워놓고 대응하는 것이죠. 자의적으로 판단하는 게 아니라 '실적은 끝까지 본다'라든가, 아니면 '실적이 외국인 수급보다 더 중요하다' 등 명확한 가이드라인과 로드맵을 세워놓고 대응하는 것입니다. 정말이지 모든 것이 '원칙'입니다.

혹시 잘못된 원칙을 세우면 어떡하냐고 반문할 수도 있습니다. 하지만 실전에선 잘못된 원칙이 무원칙 대응보다 훨씬 더 좋습니다. 그리고 훨씬 더 큰 즐거움을 준답니다.

전 즐기는 투자에 입각한 투자전략 원칙으로 앞서 말한 종목 고르기와 관련된 4가지 원칙을 반대로 적용할 것을 권합니다. 4가지 원칙이 하나씩 무너질 때마다 보유 비중을 줄이거나 해당 종목을 매도하는 것이죠.

첫째, 해당 종목의 시장 추종력이 떨어지면 매도하는 대응입니다. 시가총액 순위가 현저하게 떨어지거나(이렇게 되면 당연히 가격도 급락했다는 뜻이겠죠), 시총 상위종목이고 대형주임에도 불구하고 시장 움직임과 완전히 따로 놀고 있는 상황이라면 보유 비중을 줄이는 대응입니다. 2006년부터 2008년 초까지의 2년여 기간 동안 삼성전자의 모습이 좋은 예가 될 것 같습니다. 코스피는 이른바 대세상승 국면에 접어들어 시세가 폭발했고, 전 세계 증시가 급등했던 상황에서 삼성전자는 나 홀로 55만~65만 원 박스권에 갇혀 있었죠.

둘째, 수급과 지분구조가 급변하는 경우 매도하는 전략입니다. 우린 앞서 60일 이동평균선의 움직임은 반드시 확인하자고 했는데, 따라서 이제는 60일선의 방향이 우하향으로 고개를 숙이거나, 현 주가가 지속적으로 하락하면서 60일선에 붙거나 그 밑으로 하락할 때 매도하는 것입니다.

그러나 실전에서는 60일선과 무관하게 주가가 5일선 밑으로 하락하는 5일 이동평균선 붕괴가 나타나면 10명 중 5명의 투자자는 최면(?)에 걸린 듯 매도를 합니다. 이런 대응으로 대세하락 이전에 탈출할 가능성도 있지만 원칙은 버린 셈이 됩니다. 다시 한 번 말하지만 원칙을 버리는 순간 우린 불행해집니다. 손실을 보고 가슴 아픈 것과는 비교도 안 될 영혼을 건드리는 괴로움입니다. 만약 도저히 안 되겠다면 그냥 '5일선 매매'로 원칙을 따로 세우는 편이 효과적입니다.

한편 장기투자를 모토로 하는 외국계 펀드들이 해당 종목 지분을 급하게 팔아치운다거나 기관투자자의 보유 물량이 집중 출하될 때도 매도를 고려해야 합니다.

셋째, 실적 악화입니다. 앞서 실적 관련 지표로 ROE와 영업이익률의 최소한 기준을 10%라고 세웠는데, 이 기준선이 무너지거나 추세(흐름)가 하락할 경우 매도하는 대응입니다.

물론 한 번의 실적 악화로 기업의 영속성이 완전히 깨지는 건 절대 아닙니다. 가령 LG전자는 스마트폰 사업 부진으로 2010년 하반기 실적과 주가가 모두 악화됐지만 회사가 망할 거라고 생각할 순 없죠. 오히려 주가 급락을 추가매수의 기회로 삼으라는 판단도 할 수 있을 것 같습니다. 하지만 즐기는 주식투자를 하려면 일단 팔아야 합니다. −5~−6%대 손실이 났더라도 원칙대로 대응해야 합니다. 그리고 최소한 다음 분기 실적 전망에 대한 시중 증권사들의 컨센서스를 확인한 후 포지션을 결정해야 합니다.

기회는 항상 옵니다. 지금 팔아도 다음에 더 싼 가격에 살 수 있고, 지금 매수하지 않아도 다음에 더 싼 가격에 매수할 수 있습니다.

보통 업종대표주에 투자하면 해당 종목을 '사랑' 하게 됩니다. 아니, 사랑할 수밖에 없습니다. 시장장악력을 갖고 있는 업종대표주나 1등주는 그 자체로 어디에 내놓아도 손색없이 보이니까요. 그렇지만 즐기는 투자에선 사랑에 눈이 멀어서는 안 됩니다. 한국전력 같은 업종대표주라고 해도 영업이익률이 급격히 악화되고 실적이 향후 6개월 이상 부진할 전망이라면 일단 팔아야 합니다.

넷째, 경기 흐름과 해당 종목의 사업구조가 정반대로 가고 있을 때

매도하는 전략입니다. 유가가 하락하고 있다면 당연히 정유주는 매도해야 하고, 경기는 불황인데 장기투자랍시고 백화점 주식을 들고 있으면 안 됩니다. 반면 회복국면이 시작된다면 먼저 반도체 업종대표주인 하이닉스를 매수하는 게 기본입니다.

다만 앞서도 말했듯 이때에는 해당 종목의 사업구조에 대해 세심한 분석이 수반돼야 합니다. 가령 삼성카드에 대해 조금만 자세히 알고 있다면 '금리'라는 경기변수가 전부가 아니라는 것을 알게 됩니다. 카드업종을 포함한 금융주는 금리상승기에 이익이 증가해 주가 상승으로 이어지고, 금리인하 및 저금리 시기에는 부진하게 되는데, 이런 공식에 삼성카드를 기계적으로 끼워 넣으면 안 됩니다. 삼성카드의 경우 에버랜드를 비롯해 삼성정밀, 삼성엔지니어링, 삼성증권, 삼성화재 등의 지분을 보유하고 있어 이 지분을 어떻게 처리하느냐가 주가에 변수로 작용합니다. 에버랜드 같은 계열사가 덜컥 상장이라도 해버리면 상당한 상장차익도 발생할 수가 있습니다. 따라서 경기변수 고려 시 반드시 사업구조도 함께 챙겨보아야 합니다.

장기투자 vs 목표수익률(손절매)

하지만 실전에 들어가면 이 4가지 기준만으로는 뭔가 부족하다는 것을 느낄 수 있습니다. 왜냐하면 이들 기준은 주로 '매도전략'으로만 활용되기 때문입니다. 추가매수나 차익실현에 대해서는 조금 애매한 부분이 존재하죠. **따라서 실전의 다양한 변수를 처리하기 위해서는 목표수익률(손절매) 원칙이라는 기준이 더 필요합니다.**

저는 이 목표수익률(손절매) 기준에 대해 설명하면서 먼저 '장기투자'라는 투자전략을 놓고 이야기를 시작하려고 합니다. 막상 매매를 해보면 장기투자 전략과 목표수익률(손절매) 전략이 꽤 많이 대립되기에 그렇습니다.

우린 최선의 매매전략을 말할 때 첫손에 '장기투자'를 꼽습니다. "장기투자를 해야만 돈 번다"는 식이죠. 틀린 것 같지는 않습니다. 주위에서 주식으로 돈 좀 만졌다는 사람들을 보면 대부분 중장기 홀딩(보유) 전략, 일명 'buy & hold'를 구사한 경우가 많지요. 실제 시장 전체를 공략할 때는 장기투자만큼 효과적인 방법도 없습니다.

하지만 개별 종목 투자에 있어서는 이 장기투자만큼 애를 태우게 하는 전략도 없습니다. 도대체 얼마만큼 기다려야 장기투자인지, 수익률(손실률)은 쳐다보지도 않고 무조건 들고 있으라는 건지 헷갈립니다. 국내증시는 역사가 짧아 30년 장기투자는 고사하고 20년 장기투자의 성공 사례도 찾기 힘든데, 그럼 국내증시에서 장기투자는 한 10년 정도일까요? 아니면 5년? 3년 정도일까요? 혹시 수익률이 한 달 만에 40%가 났다면 이때는 어떻게 해야 하죠? 장기투자 입장에서 그냥 가야 합니까? 반면 목돈을 투자한 지 2주도 안 돼 앞서 4가지 조건을 상실하고 손실까지 발생했다면 이때는 어떡하죠? 아직 한 달도 안 됐으니 장기투자를 위해 추가매수할까요?

우리는 지금 '즐기는 주식투자'에 대해 이야기를 하고 있습니다. 따라서 당연히 매매전략도 이 목표에 맞춰 정해야 하죠. 장기투자도 마찬가지입니다. 한 종목을 6개월, 12개월, 2년 정도 보유하거나 추가매수하려면 그 핵심 조건은 즐거움이 돼야 합니다. 그러면 과연 어떨 때 장기투자를 하면서도 즐거울까요?

일단 수익이 나면 즐거울 것 같습니다. 20만 원 규모로 매수했는데 10% 수익이 나고, 다시 50만 원 추가매수했는데도 8% 수익이 유지되고, 또다시 100만 원 투입했는데 이번엔 13% 이상 수익만 계속 나는 등 이런 상황이 1년 이상 지속된다면 정말 자다가도 웃음이 나올 정도로 즐겁게 장기투자할 수가 있죠. 하지만 실전에선 극히 예외적인 상황입니다. "없다"고 해도 틀린 말이 아니지요.

장기투자의 두 번째 조건은 회사에 대한 확고한 믿음입니다. 믿음에는 실증적 분석이 뒷받침돼야 하는데, 이를 통한 확실한 믿음이 있다면 손실도 감내하면서 장기투자를 할 수가 있습니다. 하지만 인간인 이상 반드시 한계가 옵니다. 200만 원 손실에는 '장기투자' '내재가치' '저평가' 운운해도 2000만 원 손실 앞에서는 혀가 바싹바싹 타들어 가죠.

세 번째 조건도 있긴 합니다. '밑천'이 아주 든든한 경우로 수익이 날 때까지 판돈을 지속적으로 늘려 장기투자를 하는 것입니다. 일명 '마팅게일 시스템(martingale systems)' 투자법이라고도 합니다. 가령 도박판에서 1달러씩 베팅하다가 잃으면 이번엔 2달러로 판돈을 키워 도전합니다. 그랬는데 다시 졌을 경우 이젠 4달러로 2배씩 판돈을 키워가죠. 또 지면요? 예상했다시피 8달러짜리로 게임을 키웁니다. 이렇게 지속적으로 판돈을 키워가면서 도전하면 어느 순간 1번만 승리해도 과거 잃었던 손실금을 모두 만회할 수 있습니다. 어때요? 이렇게 하면 장기투자가 괴로울 것 같지 않죠? 개인투자자가 많이 사용하는 장기투자(?) 기법도 이런 식이 많습니다. 손실을 볼수록 자금을

원금회복을 위한 필요 수익률	
투자 손실률	원금회복을 위한 상승률
5%	5.3%
10%	11.1%
20%	25 %
30%	42.8%
50%	100%
70%	233%

더 투입해 대응합니다.

그러나 이 방법에는 치명적 맹점이 있습니다. 가령 앞의 경우에서 46번 연속 패배를 당할 경우 손실액은 70조 달러라는 말도 안 되는 금액으로 커져버리니까요. 그래서 현실에서는 자금난 때문에 3~5회 정도 물타기를 하다가 결국 멈추게 마련입니다. 이때 원하던 반등이 나오면 다행이지만 주가가 더 밀리면 이제부터는 원금회복을 위해 최초 손실률(주가하락률)보다 훨씬 큰 상승이 필요하게 됩니다. '어떻게든 10% 오르면 원금회복이다' 라고 물타기를 했지만 한순간 20%는 올라야 원금을 찾는 상황에 빠지는 것입니다.

이처럼 장기투자는 그 효과성에도 불구하고 실제 장기투자를 하는 사람들에게는 즐거움보다는 상당한 고통을 요구합니다. 그래서 전 행복한 주식 고르기에 따른 기준 4가지를 정해놓고 이것이 무너졌을 경우 가차 없이 매도하라는 전략을 제시했고, 이번엔 이것과 함께 병행해야 할 대응전략을 소개하려고 합니다. 간단합니다. **바로 목표수익률/손실률을 정해놓고 대응하는 것입니다**(구체적인 매매 테크닉은 3장에서 자세히 설명합니다).

실전에선 앞서 4가지 기준은 지켜지고 있음에도 불구하고 -4~-5%, 많게는 -10%대 이상 손실을 보는 경우가 자주 발생합니다. 주가는 하락해 손실은 커지지만 매도는 할 수 없는 상황이죠. 아예 60일선

이동평균선이 완전히 무너져버렸다면 속 편하게 매도할 수 있을 텐데 아슬아슬 줄타기를 하거나 오히려 60일선이 위로 머리를 들고 있다면 참 난감합니다.

반면 외국인투자자와 기관투자자 등 선도수급 세력은 지속적으로 지분을 팔고 떠나는데 반대로 주가는 버티거나 오히려 상승할 때도 당황스럽습니다. 지분구조에 큰 변동이 생겼기에 팔고 나오는 게 맞지만 주가는 계속 오른다면 매도결정은 정말 어렵죠.

이번엔 실적이 악화돼 ROE와 영업이익률이 계속 악화되어 막 매도하려고 하는데 다수의 증권사들이 바로 다음 분기에 '어닝 서프라이즈(깜짝 실적)'가 나올 것이란 리포트를 쏟아낸다고 해보겠습니다. 이럴 땐 팔아야 할까요? 아니면 보유(또는 추가매수)해야 할까요?

이뿐만이 아닙니다. 앞서 설명한 4가지 기준은 매도 조건으로는 활용될 수 있어도 차익실현에 대해서는 명확한 기준을 주지 않습니다. 불어난 HTS 속 주식계좌의 평가차익을 언제 현금화할지에 대한 가이드라인이 없다는 뜻이죠. 분명 주식으로 불어난 수익은 언젠가 한 번 현금화해서 이곳저곳에 사용해야 하는데 거기에 대한 원칙을 제공하지 못합니다.

그래서 이제 **여러분은 보유 및 매도의 대응전략으로 자신만의 목표수익률과 손절매(로스컷) 수준도 함께 정해야 합니다. 이 수준에 도달하면 차익실현을 하고, 저 수준까지 떨어지면 내일 상한가를 기록한다 해도 주식을 팔아 손실을 확정 짓는다는 원칙을 세우고 지키는 것입니다.** 이것이 어떤 의미에서 여러분이 장기로 투자할 수 있는 힘을 제공해주는 것이기도 합니다.

그렇다면 과연 어느 정도 목표수익률 및 손절매 기준이 적정할까요? 1년에 30~40%쯤? 당연히 투자기간도 고려해야 하겠죠? 1개월에 10%, 1년에 10%, 2년에 10% 수익률은 전혀 다른 의미니까요. 혹시 1개월에 10%를 먹고 나왔는데 알고 보니 8개월에 70% 수익을 기록한 종목이었다면 그때 기분은 어떨까요? 이럴 때면 즐기는 투자는 고사하고 우울증에 시달리는 원흉이 될 것 같은데 말이죠. 반대로 일주일에 한 -5% 손실을 기록했다면 손절매를 할까요? 6개월에 -20% 손실은 충분히 커버가 가능하다고 생각하세요?

그렇습니다. 실전에 돌입하면 더 많은 돌발 변수와 수많은 예외 상황을 접하게 됩니다. 이때 우린 어떻게 대응해야 할까요. 이제부터는 '매매 테크닉'에 대해 살펴보도록 하겠습니다. 정확히 말하면 즐기는 주식 매매 테크닉입니다.

주식투자, 이기려면 즐겨라

Chapter 3

즐기는 투자
실전매매 테크닉

보통 주식형펀드에 투자한다고 할 때는 목표수익률을 은행정기예금금리의 2~3배 정도로 잡습니다. 1년간 저축하면 4% 이자를 준다고 하면 펀드투자를 했을 때는 8~12% 정도의 수익을 기대해보는 것이죠. 그렇다면 주식 직접투자를 할 때는 1년이란 기간을 산정하면 대략 몇 % 수익을 기대하는 게 현실적일까요?

상당히 어려운 문제입니다. 이미 하루에 5~6% 수익률에 적응된 사람에게 1년에 10%라는 말을 꺼내면 콧방귀부터 뀔 테니까요. 그럼 1년에 50% 수익률을 잡으면 현실적일까요? 만약 이 정도 투자수익률을 보장한다는 고수가 '정말로' 존재한다면 난리가 날 것입니다. 너 나 할 것 없이 돈 보따리를 들고 달려갈 테니까요. 이 고수는 그야말로 신 취급을 받을 것이 분명하지요.

우린 이번 장에서 다양한 실전매매 테크닉에 대해 공부할 것입니다. 그리고 이 테크닉 중 하나를 골라 자신의 매매기법으로 적응시키면 될 것입니다. 하지만 이보다 앞서 정해야 할 것은 바로 투자기간에 따른 자신만의 목표수익률과 손절매 기준선입니다. 여기에 대해 본인 스스로가 100% 동의하고 시작해야만 합니다. 역설적으로 그렇게 할 수 있는 기준선을 정해야 합니다. 그래야만 즐길 수 있고 행복할 수 있습니다.

1 목표수익률과 스톱로스

결론부터 말하면 전 즐기는 주식투자의 목표 **수익률 기준선으로 총투자금 대비 월 3%를 제시합니다.** 한 달을 기준으로 3% 수익이 났다면 매도를 통해 차익실현을 하라는 이야기입니다. 2개월에 6%, 3개월에 9%도 좋습니다. 1년으로 따지면 무려 36% 수익률이네요.

혹시 이때 "왜 2%도 아니고, 5%도 아니고, 10%도 아닌 3%인지 그 데이터를 보여달라"고 하면 할 말은 없습니다. 만약 "난 월 5%로 하겠다"고 한다면 그렇게 하셔도 됩니다. 하지만 이때 월 3%의 목표수익률을 작다고 무시하거나 "지금 매수했는데 내일 3% 오르면 매매 끝이냐?"고 비아냥거리면 안 됩니다. 왜냐하면 월 3%는 내 총투자금의 3% 수익을 가리키는 것으로 상당한 규모의 상승추세를 만날 때만 가능한 꽤 높은 규모이기 때문입니다.

뒤에서 설명하지만 우리는 앞으로 주식을 매매할 때 절대로 한 번에 모든 투자금을 올인하지 않습니다. 1000만 원이 있다고 한 번에 1000만 원어치 주식을 매수하지 않는다는 뜻이죠. 일정 현금도 비축할 것이고, 여러 종목에 금액을 쪼개 투자하고, 추가매수 역시 다시 쪼개어 이루어질 것입니다. 그래서 한 달 만에 1000만 원의 3%인 30만 원, 1억 원의 3%인 300만 원의 수익을 남기기란 쉬운 일이 아닙니다.

또 한 가지, 목표수익률을 본인이 '반드시 얻어야 하는 수익률'로 생각하면 안 됩니다. 목표수익률은 내게 '차익실현 기회를 알려주는 수익률'일 뿐입니다. 1년간 36% 수익률을 기록하지 못했다고 좌절할 필요가 전혀 없습니다. 주식판에서 낙오되지 않는 한 주식을 지속하면 됩니다.

손절매란?

손절매란 현재 손실을 보고 있음에도 불구하고 포지션을 정리해 추가하락 위험을 막는 것을 말한다. 영어로는 로스컷(loss cut) 또는 스톱로스(stop loss)라고 불리는데, 기관투자자들의 손절매는 로스컷, 개인들은 스톱로스라고 구분하기도 한다. 손절매는 크게 가격 손절매와 시간 손절매로 나뉜다. 가격 손절매는 사전에 감당할 수 있는 가격손실 규모를 정해놓고 여기에 도달했을 경우 포지션을 정리하는 형식이다. 반면 시간 손절매는 본인이 사전에 정해놓은 기간 안에 원하는 추세가 나타나지 않았을 경우 이익/손실과 상관없이 빠져나오는 대응이다. 기회비용과 유사한 개념이라고 생각하면 된다.

한편 손절매 기준선으로는 '종목당' −10%의 기준을 제시합니다. 투자기간과 무관하게 투자한 종목에서 −10% 손실을 보면 기계적으로 매도하는 것이죠. 오늘 심혈을 기울여 종목을 골라 투자를 시작했다 하더라도 내일 -12% 급락이 나온다면 무조건 매도를 해야 합니다. 하지만 이때도 "왜 -10%가 손절매의 기준이 돼야 하는지 통계적 근거를 대라"고 하면 할 수가 없습니다. 혹시 "난 -30%까지 견뎌볼 것이다"라고 한다면 그렇게 하셔도 됩니다. 다만 이때 -10%라는 기준은 기간과는 무관한 것이고, 주가 고점 대비 -10%라는 점을 유의해야 합니다(184쪽 그림 참조).

그런데 종목이 아닌 본인의 주식투자금 대비 전체의 스톱로스는 앞서 설명했던 '손실감내 수준'인 -20%입니다. 총투자금 대비 -20%의 손실을 기록했다면 이제는 '이탈(관전)'의 대응을 펼쳐야 합니다. 가령 만약 자신의 주식계좌가 -20% 손실이 났다면 1년간은 주식판을 떠나야 한다는 이야기입니다.

월 3%의 목표수익률, -10% 스톱로스

스스로 절약을 통해, 그리고 기존에 실행하는 다른 재테크에 영향을 주지 않고 1년간 200만 원 정도는 아낄 수 있는 사람이 있다고 해보겠습니다. 손실감내액이 200만 원이라는 뜻입니다. 이때 투자자의 총투자금액은 1000만 원 한도로 세워볼 수 있습니다. 앞서 -20%의 손실을 계산한 금액이죠.

그럼 1000만 원을 갖고 주식 매매를 시작합니다. 앞서 말한 주식 고르기 기준을 통해 주식을 매수한 다음 보유하고 추가매수하거나 매도하면서 본격적인 '주식인생'을 살게 되죠. 그런데 잠깐만, 이때 -20%의 손실 기준은 어디서 나온 것일까요. 이 기준은 개인적인 경험을 통해 제시된 것입니다. 가령 -10% 손실일 경우 본전회복을 위해서는 11% 상승이 필요하지만 -20% 손실의 경우 25%의 상승률이 필요한데, 이 25%라는 수치가 굉장한 부담으로 다가오기 때문입니다. 또한 총투자금 손실이 -20% 이상으로 커지면 회복에 더 많은 기대와 희망을 걸어야 하는데 이렇게 되면 필연적으로 과도한 대응을 할 수밖에 없습니다. 따라서 즐기는 투자를 위해서는 -20%로 끊어내고 쉬는 게 적합하다고 생각했기 때문입니다.

혹시 이것을 놓고 "그러면 종목 로스컷 기준인 -10%를 2번 맞으면 1년간 주식 금지냐?"라고 반문할 수 있을 것 같습니다. 절대 그렇지 않습니다. 앞으로 소개할 대응전략에 따르면 처음 주식을 매수할 때 총금액을 한 번에 사용하지 않기 때문입니다. 게다가 투자종목을 2개 이상 늘리는 포트폴리오를 구사한다고 하면 전체 투자금의 -20% 손실을 보고 주식판에서 떠나게 될 확률은 더 크게 줄어듭니다. 또 혹시 "난 총투자금 절반을 날릴 때까지 주식을 하겠다"고 할 수도 있습니다. 그렇다면 그렇게 하셔도 됩니다. 다만 이때는 총투자금을 1000만 원이 아닌 200만 원으로 정해놓고 시작해야 합니다.

실은 제가 진짜로 하고 싶은 말은 바로 매매 테크닉을 공부하기 전에 자신만의 목표수익률과 스톱로스 기준을 정확하게 세워놓으라는 것입니다. 가령 월 3%가 아니라 월 1%로 목표수익률을 정해도 됩니다. 월 5%로 정해도 되고요. **중요한 건 원칙매매입니다. 저는 투자금 대비 월 3% 목표수익률, 종목당 -10% 손절매를 제시했지만 여러분은 자신만의 기준선을 정하면 됩니다.** 스스로 영혼의 자유로움을 지킬 수 있는 수준에 맞춰서 하면 됩니다. 원칙은 지킬 때 원칙이 되지요. 지키지 않으면 그것은 변명 또는 허풍에 불과합니다.

자, 이번엔 정말로 월 3% 목표수익률, -10% 손절매 원칙을 철저하게 지키면서 매매를 했다고 해보겠습니다. 이렇게 하면 과연 항상 수익을 남길까요? 절대 그렇지 않습니다. 이 부분 역시 오해해서는 안 됩니다. 이 원칙대로 매매를 했는데 1년 후 계좌를 보니 투자원금 대비 -8% 손실을 기록할 수 있습니다. 중요한 건 이때 내 마음가짐입니다. 좌절하거나 걱정할 필요도 없고, 스스로 주식도 못 하는 놈이라고 우울해할 필요도 없습니다. 돈을 더 투입하는 건 그야말로 '절대금지'입니다. 차라리 '아직 -20%까지는 손실을 보지 않았으니 기회가 남아 있구나'라고 생각하며 다시 매매를 하면 됩니다.

주식은 오를 수도 내릴 수도 있는 것입니다. 내가 매수했다고 무조건 올라야 한다고 생각하는 건 세상 모든 여자가(또는 남자가) 무조건 나를 사랑해야 한다고 생각하는 것과 똑같습니다.

추세를 믿는다면 겁낼 필요 없다

그럼에도 불구하고 이런 질문이 나올 수 있습니다. "그럼 주식으로 돈은 언제 모아요?" "원칙만 지키다가 매번 손실만 보면 그게 무슨 즐기는 투자입니까?"

전 여기에 대해 "추세(trend)는 존재한다"는 것과 "그 추세를 믿고 기다리라"는 것, 그리고 마지막으로 "기다리던 추세가 왔을 때 시장에 있으면 된다"고 답하고 싶습니다.

여러분, 마치 인생이 그렇듯 주식시장도, 그리고 개별 종목도 추세

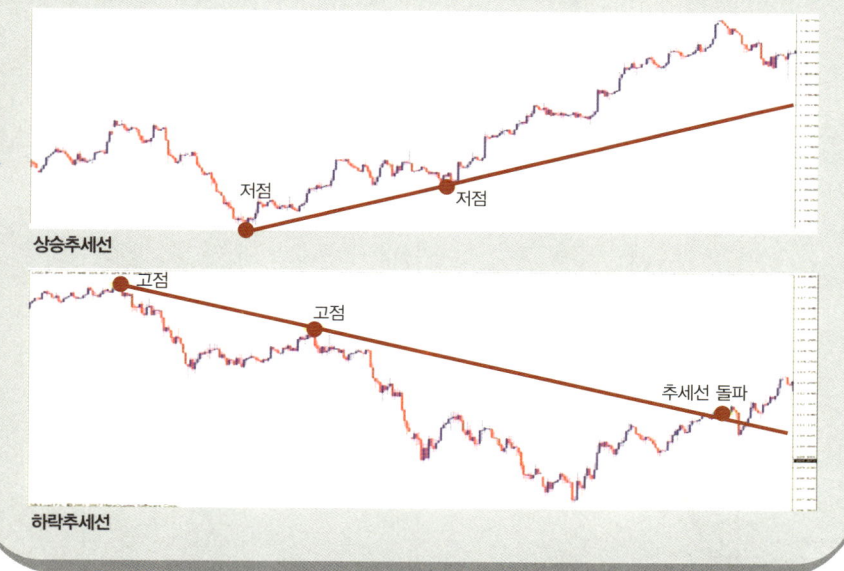

추세선

기술적 분석으로 추세를 파악하는 대표적 방법은 추세선(trend line)이라고 할 수 있다. 추세선은 크게 상승추세와 하락추세로 나뉘는데 캔들차트에서 특정 구간을 정해놓고 이 기간 동안 의미 있는 고점을 연결(하락추세)하거나 의미 있는 저점을 연결(상승추세)하는 방식으로 그려진다.

가령 저점을 연결해 만든 상승추세선이 계속 지켜진다면 상승추세가 유지되지만 이 선 밑으로 캔들이 내려앉으면 추세가 무너졌다고 해석하는 식이다. 반면 고점을 연결한 하락추세선 위로 캔들이 상향돌파한 후 이 갭을 넓힐 경우에는 하락에서 상승으로 추세전환이 이뤄졌다고 분석할 수 있다.

를 갖고 있습니다. 한없이 오르기도 하고, 끝없이 내리기도 하며, 한동안 지지부진한 채로 꿈쩍도 하지 않죠. 이처럼 추세는 상승추세와 하락추세, 상승 후 횡보추세, 그리고 하락 후 횡보추세 등 크게 4가지로 나눠볼 수 있습니다. 이런 추세는 매일 나오고, 1주일 단위로도 나타납니다. 1개월 단위, 6개월 단위, 1년 단위, 3년 단위로도 포착되죠. 흔히 작은 추세, 큰 추세 등으로 말하기도 하는데 어쨌든 한 종목이나 전체 시장의 주가 움직임은 큰 진폭으로, 혹은 작은 진폭으로 4가지 형태의 모습이 계속 돌고 돌아가는 것입니다.

따라서 목표수익률과 손절매 기준에 따른 매매를 할 경우 가령 상승 후 횡보추세, 연이어 하락추세를 만났다면 매번 매수할 때마다 -10% 손실을 보고 아웃될 수 있습니다.

하지만 걱정 없습니다. 손절매를 통해 자신의 총투자금(투자 여력)을 지켰다면 이번엔 하락 후 횡보추세에 매매에 돌입한 후 상승추세를 만날 수도 있기 때문입니다. 게다가 뜻하지 않게 큰 시세를 타면 지속적으로 수익을 남길 수도 있습니다.

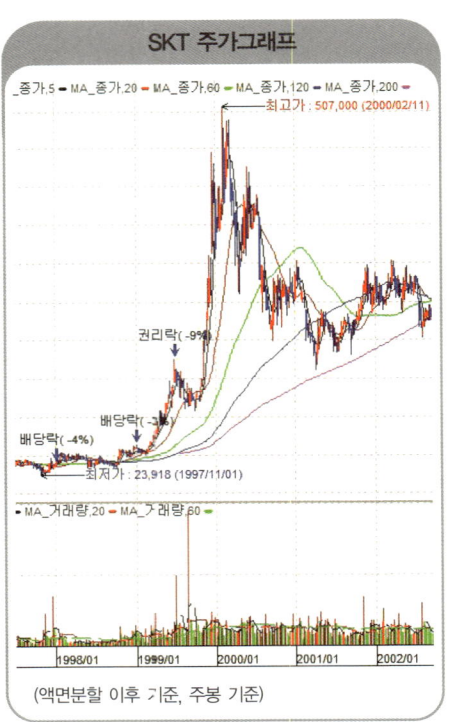

옆의 그림은 주식투자자라면 한 번쯤 봤을, 이젠 전설이 되어버린 2000년대 초반의 SK텔레콤 주가 그래프입니다. 액면가 5000원에서 500원으로 액면분할하기 전 기준으로 500만 원이라는 전무후무한 주가를 기록했고, 그것도 1년여 기간에 15배 상승했다는 점, 코스닥 중소형주가 아닌 알짜 대형주에서 펼쳐진 랠리였다는 점 등 여러모로 투자자들에게 '환상'을 주기에

충분했죠.

대부분 전문가들은 이 그림을 보여주고는 말합니다. "왜 진득하게 들고 있지 못하고 팔았습니까?" 하지만 이건 잘못된 지적입니다. 인간인 이상 파는 게 당연하기 때문입니다. 아니, 안 파는 게 이상한 겁니다. 인간이라면 누구도 15배 시세상승을 모두 먹을 수 없습니다. 주식을 매수해놓고 1년 넘게 의식불명 상태에 빠져 있다 깨어난 경우에만 가능한 일이죠.

오히려 문제는 1차 차익실현 이후 왜 다시 못 들어갔는가에 있습니다. 정말 왜 다시 투자하지 못했을까요? 무섭기 때문입니다. 이미 3배를 먹은 마당에 누구나 '꼭지'라고 생각하거든요. 그래서 그저 바라보고 있는 것입니다. 그러나 만약 목표수익률과 손절매 매매를 습관화했던 투자자자라면 부담 없이 다시 들어올 수 있습니다. 그리고 다시 차익실현하고, 진입하고를 반복하면서 SK텔레콤의 상승추세에 따라붙을 수 있는 것입니다.

그런데 아이러니한 것은 이 주식은 또 한편 수많은 사람들에게 슬픔과 고통도 안겨줬다는 점입니다. 왜냐하면 2000년 2월 고점을 찍은 후 2개월여 만에 반 토막이 났기 때문이죠. 하지만 손절매 원칙을 지켰다면 손실은 최소화시킬 수 있었습니다. 가령 최악의 경우라도 –20% 손실로 막아낼 수 있었죠.

이처럼 **목표수익률과 손절매 기준에 따라 매매하면 매번 수익을 낸다고 확신할 수는 없지만 절대 낙오되지 않을 것이라고 장담할 수 있습니다. 또한 상승추세를 만났을 때는 겁내지 않고 따라붙을 수 있는 장점이 있습니다.**

비단 과거 SKT의 주가 흐름뿐 아니라 거의 모든 주식은 추세를 갖고 움직입니다. 하지만 누구도 이 추세를 완벽하게 예측할 수는 없습니다. "대세상승이 오니 올인하라!"는 말에 흥분하지 마십시오. 반면 "하락세가 3년은 지속되니 주식을 버려라"라는 말에 덜덜 떨 필요도 전혀 없습니다. 어서 빨리 목표수익률과 로스컷 매매를 하십시오. 분명 최종 승리자는 여러분이 될 것입니다.

앞서 이야기했던 즐기는 주식투자 마음가짐 7계명을 기억하십니까? 이 중 4계명은 **'내가 매수한 주식은 오를 수도 내릴 수도 있다. 다만 매매차익으로 행복하게 생존할 뿐이다'** 인데, 3번 손실을 봤더라도 4번 수익을 통해 그 차익으로 인플레이션을 넘는 수익만 올리면 된다는 뜻입니다. '검은 백조(black swan)' 처럼 찾아오는 디프레션(Depression, 급락) 구간을 만난다면 최소한의 손실로 막아내면 됩니다. 이때에도 이를 실전에서 가능하게 만드는 방법은 한 가지뿐입니다. 바로 목표수익률과 손절매 원칙을 정하고 이에 따라 매매를 하는 것이랍니다.

즐기는 투자 실전매매 워밍업 2

모든 운동이 그렇고, 시험이 그렇고, 삶이 그렇듯 주식투자 역시 일단 몸풀기가 필요합니다. 특히 실전에서 앞서 소개했던 원칙에 따라 주식을 매매할 수 있으려면 일정 기간 반드시 워밍업을 해야 합니다.

제가 소개할 워밍업은 목표수익률/로스컷 매매를 습관화시키기 위한 것인데, 바로 이동평균선을 놓고 '원칙매매'를 실천해보는 것입니다. 실전매매에서는 몇 개 종목으로 시작할까, 처음 매수금액은 어느 정도 비중이 적절할까, 매도할 때는 분할매도를 해야 하나, 전량매도를 해야 하나 등 복잡한 문제가 많습니다. 하지만 이런 문제를 생각하기 전에 원칙매매라는 것을 한번 연습해보자는 취지입니다.

차트매매 워밍업

차트매매에 있어 대표적인 연습 방법인데, 5일선과 20일선을 놓고 기계적으로 매매하는 방식입니다. **주식을 매수한 후 5일선이 깨지면 무조건 전량매도, 20일선이 지켜지면 추가매수, 그리고 1주일마다 포지션을 청산한다는 원칙을 세워놓고 실천하는 것입니다.** 예를 들어 총 500만 원의 투자금을 갖고 시작한다고 해보겠습니다. 앞서 배웠던 종목 고르기 4가지 기준을 통해 LG화학(단주거래 가능)이 선정됐다고 하고, 현재 5일선은 20일선보다 밑에서 움직이고 있고, 주가는 5일선 위에 놓여 있는 상태입니다(주가는 당연히 60일선보다는 위에 있어야 합니다).

• 월요일에 LG화학 4주를 매수합니다. 차트매매 워밍업의 시작은 투자금의 5분의 1선에서 책정하면 됩니다. LG화학의 경우 주당 가격을 40만 원이라고 하면 2~3주(80만~120만 원)를 매수하면 됩니다. 이제 HTS 창을 닫으십시오. 그리고 직장에서 열심히 일하거나, 퇴근 후에는 열심히 인생을 즐기세요.

• 화요일입니다. 안타깝게도 주가가 급락해 5일 이동평균선 밑으로 내려왔습니다. 그러면 전에 매수했던 LG화학 2~3주를 모두 매도합니다. 그리고 이번 한 주 주식

매매는 쉽습니다. 다음 주 월요일을 기약하면서요. 절대로 안타까워할 필요는 없습니다.

반면 이번엔 주가가 소폭 하락했지만 5일선은 지켜준 채로 마감했다고 해보겠습니다. 그러면 홀딩입니다. 혹시 이 과정에서 '대체 몇 시의 주가를 기준으로 해야 하나?' 라는 의문을 가질 수 있습니다. 주가는 하루 종일 움직이고 있으니까요.

이때는 본인이 매매할 시간을 미리 정해놓는 것이 좋습니다. 전 오전 9시 반~10시 또는 오후 2시~2시 반 정도를 권해봅니다. 정교한 근거가 있는 것은 아니지만, 하루 일과 중 자신의 본업에 별로 지장을 주지 않고 매매를 할 수 있는 시간대라고 생각했기 때문입니다. 물론 그냥 '오후 1시를 매매시간으로 삼겠다'고 정해도 무관합니다.

· 수요일입니다. 주가가 5일선을 지켜주면서 조금씩 상승하더니 상승폭을 급격하게 키워 이번엔 20일 이동평균선 위까지 올라왔습니다. 상황이 이렇게 되면 '20일선이 지켜지면 추가매수'라는 원칙에 따라 이제 LG화학 주식의 추가매수에 돌입합니다.

이때 얼마만큼 사야 하는가 하는 추가매수 규모가 문제가 될 수 있는데, 총금액에 맞춰 융통성 있게 하면 됩니다. 1주에서부터 최초 매수량인 2~3주까지 가능합니다.

· 목요일입니다. 주가가 5일선과 20일선 위에서 움직이고 있습니다. 이런 상황이라면 당연히 주가가 상승한 경우입니다. 이때 '주가가 올랐으니 차익실현할까?'라는 식의 고민을 하면 안 됩니다. 주가가 20일선 위에서 계속 움직이고 있으니 최초 원칙대로 추가매수에 돌입합니다.

• 금요일입니다. 오늘 큰 문제만 발생하지 않는다면 그간 매집했던 LG화학 주식을 전량 처분해 작게나마 수익을 남길 수 있을 것 같습니다. 원칙에 따라 차익실현하면 됩니다.

주식 매매 시간과 거래 방법

* **장전시간외거래**: 전일 종가로 거래. 단, HTS 주문화면에서 '시간외'라고 체크해야 함(그림 참조).
* **오전/오후 동시호가**: 매매주문을 동시에 받은 후 마감 직전 일괄 체결시킴. '합치가격(체결가)' 대비 높은 매수호가 물량과 합치가격 대비 낮은 매도호가 물량을 거래시키는 형식. 오전에는 30분간 시간외거래와 겹치고 오후에는 10분간 정규거래 시간과 겹침.

구분	거래 시간
장 개시 전 시간외거래	07:30 ~ 08:30
오전 동시호가	08:00 ~ 09:00
정규거래	09:00 ~ 15:00
오후동시호가	14:50 ~ 15:00
장 마감 후 시간외거래	15:00 ~ 15:30 (체결은 15:10분부터)
시간외단일가 주문	15:30 ~ 18:00

* **정규거래**: 가격 우선의 원칙 → 시간 우선의 원칙 → 수량 우선의 원칙 → 위탁 우선의 원칙 적용.
* **장후시간외거래**: 당일 종가로 거래. 처음 10분간 주문만 가능. 단, HTS 주문화면에서 '시간외'라고 체크해야 함.
* **시간외단일가 매매**: 30분 간격 총 5회 가능. 가격제한폭 ±5% 범위 안에서 거래.

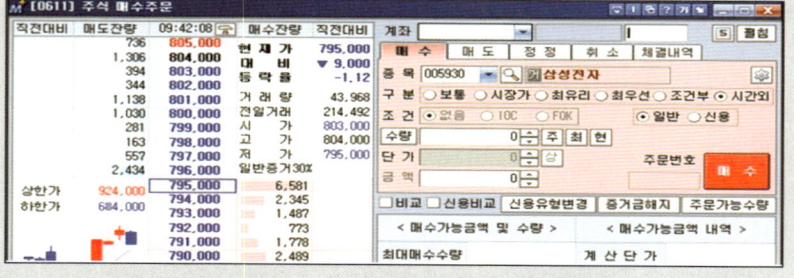

반면 뜻하지 않은 상황도 맞을 수 있습니다. 가령 장 초반부터 갭 하락하더니 그대로 5일선을 깨버렸다고 가정해보겠습니다. 이 경우 어떻게 해야 할까요? 무척 속이 쓰리겠지만 '5일선이 깨지면 전량매도'라는 원칙에 따라 모두 팔아치우고 한 주 동안의 주식 매매를 모두 마치면 됩니다.

자, 이렇게 하면 5일선과 20일선을 놓고 펼치는 매매 워밍업이 완성된 것입니다. 어떻습니까? 별로 어렵지 않죠? 그런데 매번 이런 방식으로 매매를 하면 과연 수익을 낼 수 있기는 할까요? 모릅니다. 수익도 볼 수 있고, 손실도 볼 수 있습니다. 그러나 우리가 기억할 사실은 지금 중요한 것은 수익도 손실도 아니라는 겁니다. 이 워밍업을 통해 우리가 얻고자 하는 것은 '원칙매매'이니까요.

전 개인적으로 주식을 처음 시작하는 모든 투자자가 이 연습을 반드시 거쳤으면 하는 바람입니다. 이 5일/20일선 이동평균선 매매연습이 대단해서가 아닙니다. 원칙을 정해놓고 매매연습을 하기에 무척 효율적이기 때문입니다. 특히 코스닥 중소형주가 아니라 수급이 좋은 대형주, 업종대표주를 놓고 연습하면 손실도 크지 않습니다. 일명 '수업료' 부담이 크지 않다는 뜻이죠.

그럼에도 불구하고 이런 워밍업에 대해 "뭐 하는 짓이냐?"고 반론을 제기할 수도 있습니다. 짜증도 날 수 있지요. 솔직히 말해 이렇게 하면 주식공부라는 자체가 필요 없습니다.

그러나 이건 마치 웬만한 중국 무협영화에 자주 등장하는 '물 길어오기' 장면과 같습니다. 영화에선 스승이 제자에게 다리 힘, 상체 힘,

지구력 그리고 인내력 같은 정신수양도 시키기 위해 오랜 시간 만날 물만 떠오게 하죠. 이런 스승의 태도에 제자는 속으로 불평불만을 털어놓지만 더운 여름이 지나고, 낙엽이 떨어지고, 눈이 펄펄 내린 후, 어느 봄날 제자는 자신의 기본기가 놀랍도록 성장해 있다는 걸 깨닫게 되는 장면 말입니다.

차트매매 워밍업도 비슷합니다. 이 워밍업을 통하면 목표수익률/손절매 매매에 대한 기본기를 익힐 수 있습니다. 아마도 이렇게 한 2~3달 정도만 해보면 알 수 있을 것 같습니다. 이 워밍업의 힘을 말입니다.

오르는 종목 매수, 내리는 종목 매도

무엇보다 이 워밍업에는 중요한 의미가 숨어 있습니다. '오르는 종목을 매수하고, 하락하는 종목은 손절매한다'는 원칙입니다. 앞서 워밍업을 충실하게 실행에 옮겼다면 여러분의 몸(손끝)에 무의식중에 이런 원칙이 스며들었을 것입니다. 이것저것 따지지 않고, 자연스럽게 '올랐네? 그럼 더 사야지' 혹은 '떨어졌네? 그럼 팔아야겠다' 라는 습관이 들여지는 것이죠.

우린 종종 골프라는 운동에 대해 "근육이 기억하는 스포츠"라는 표현을 사용합니다. 머리로 백날 이론을 공부해 헤드업하지 말고, 하체에 힘 주고, 어깨에 힘 빼라고 익혀봤자 필드에 나가면 전혀 영향을 미치지 못하거든요. 그래서 골프 코치들은 "몸으로 기억하라"는 말을 많이 합니다. 차트매매 워밍업도 마찬가지입니다. 오르는 종목은 사고, 내리는 종목은 파는 이 원칙을 머리가 아닌 몸 전체로 익혀 나간다는 의도가 숨겨져 있는 것이죠.

하지만 여기서 여러분 중 일부는 의구심이 들 것 같습니다. 바로 '오르는 종목을 따라붙어서 사고, 내리는 종목을 매도하라' 는 원칙이 뭔가 잘못된 것 같은 느낌이 들기 때문입니다. 정말 이상하지 않습니까? 많이 오른 주식은 팔아서 수익을 챙기고, 많이 떨어진 주식은 반등 가능성이 높으니 보유하거나 추가매수해야 할 것 같지 않나요? 증시격언도 많습니다. "다른 사람이 가지 않는 길에 밟히지 않은 꽃이 있다." "남이 팔 때 사고 남이 살 때 팔아라." "밀짚모자는 겨울에 사라." 모두 많이 오른 종목보다 떨어진(저평가) 종목에 관심을 가지라고 조언합니다. 아예 '역발상 투자전략'이라는 것도 있습니다, "탐욕을 매도하고, 공포는 매수해야 큰돈을 번다"고 말하기도 합니다. 이런 상황에서 주가가 오른 종목은 더 사고, 하락한 종목은 손절매하라는 매매원칙이 잘못된 것처럼 들리는 것입니다.

그러나 이런 느낌은 실전매매(대응)를 펼치는 것과 주식이라는 살아 있는 유기체 속성에 대한 설명을 오해하고 헷갈린 데서 비롯된 것입니다. 즉 증시는 분명 모든 사람이 "예!"라고 하면 그 순간부터 "아니오!" 쪽의 방향으로 움직이는 속성을 갖고 있습니다. 단 한 명의 예외도 없이 "이제는 끝이야"라고 포기하는 바로 그 순간부터 본격적으로 새로운 삶을 시작하기도 합니다.

그러나 실전에서는 누구도 이 타이밍을 정확하게 잡을 수가 없습니다. 총칼을 휘두르며 막상 국지전에 돌입하면 지금이 여름인지 겨울인지, 바닥인지 꼭지인지, 무릎인지 어깨인지, 똥인지 된장인지를 쉽게 분간할 수가 없죠. 따라서 실전매매에서는 주식시장의 속성을 이야기할 것이라 효과적인 대응을 고민해야 합니다.

대부분의 개인투자자들은 손실이 난 주식을 끝까지 들고 있습니다. 반면 수익이 난 주식은 호들갑을 떨며 팔아 현금을 확보합니다. 왜 이럴까요? 대부분의 투자자는 손실이 난 종목을 매도해버리면 손실은 그 자리에서 확정되지만 보유하면 아직 잠재손실일 뿐이며 향후 반등 시 심지어 수익까지 볼 수 있을 것이란 기대를 하기 때문입니다. 그래서 주가가 하락한 종목을 더 사기도 하죠. 하지만 이래서는 안 됩니다. 즐기는 주식투자에서는 **절대 평균매입단가를 낮추는 행위, 일명 '물타기'를 해서는 안 됩니다.** 펀드투자라면 이런 평균비용 효과는 의미가 있지만 개별 종목을 투자할 때는 스스로 고통의 불가마로 뛰어드는 것에 불과합니다(242쪽 참조).

이런 매매 테크닉에 대한 증시격언이 바로 "달리는 말에 올라타라"인데, 중요한 가르침입니다. 말이 한창 달리고 있는데 '내 말이 드디어 미쳤구나'라고 판단해 억지로 말 머리를 돌리면 안 됩니다. 방향을 돌리려 힘을 쓰면 쓸수록 말은 더 힘을 내어 앞으로 달려갈 것이고 결국엔 낙마할 일만 남게 되죠. 반대로 이미 지평선 너머로 사라진 말에 대해 '반드시 돌아올 거야!'라면서 마구간을 고치는 등 온갖 정성을 쏟아부을 필요는 없습니다. 깔끔하게 잊는 것이 최선입니다.

주식에서 물타기 행위는 단기적인 심적 안정을 주는 '모르핀'과 같은 존재입니다. 현 주가와 벌어진 차이를 좁혔다는 생각에 잠시 행복감을 느끼는 것이죠. 그러나 본질은 전혀 변하지 않았습니다. 이후부터 여러분은 태양신에 제사를 지내듯 "우리 주식 반등하게 해주세요"라며 빌면서 기다릴 뿐입니다. 즐기는 투자는 고사하고 괴로운 투자로 가는 지름길입니다. 물론 수익을 볼 수도 있습니다. 가령 야구에서 위기에 몰린 투수가 초대형 강타자를 사구로 내보내고 다음 타자를 삼진으로 잡아 위기의 순간을 극복할 수 있죠. 그렇지만 언젠가 한 번은 정면승부를 해야 합니다. 계속 사구로만 내보낼 수는 없습니다. 정면승부를 하지 않고 주자만 많이 진출시킨다면 대량 실점의 빌미가 될 뿐입니다. **그래서 여러분은 손실을 보면 팔고, 이익이 나는 종목은 더 사는 '피라미딩' 테크닉**(뒤에서 자세히 설명합니다)**을 익혀야 합니다.** 프로 골퍼가 근육으로 골프 스윙을 기억하는 것처럼 손끝에 기억시켜야 합니다.

즐기는 투자는 내가 주체가 돼서 대응할 때 완성됩니다. 가령 여러분은 모두 자신의 HTS 주식계좌 잔고를 항상 '붉은색'으로 만들 수 있습니다. 이것은 결코 항상 이익을 내고 있다는 뜻이 아닙니다. 총 투자금 대비 손실을 보고 있을지언정 보유종목들은 모두 플러스(+) 수익률을 기록하는 것으로만 남겨둔다는 뜻입니다. 지금 솔로홈런을 맞고 1실점하십시오. 다음 우리 팀의 공격 차례 때 2점을 내면 됩니다. 무엇보다 실점을 최소화했을 때 항상 역전의 기회는 찾아오는 법입니다.

3. 즐기는 투자 실전매매 1
: 피라미딩 전략

실전에서 제가 가장 좋아하고, 또 여러 분께 권하고 싶은 매매전략은 일명 '피라미딩 전략(Pyramiding Strategy)' 대응입니다. 추세추종 전략의 대가 제시 리버모어가 사용하던 전술이고, 이젠 꽤 많은 투자자들 사이에서도 유명해진 '박스권 투자의 대가' 니콜라스 다비스(Nicolas Darvas)의 투자법도 조금 차이가 있지만 결국 피라미딩 매매전략의 일종입니다. 헝가리 태생의 무용가인 니콜라스 다비스는 그야말로 주식에 있어 문외한이었는데, 1960년대 주식으로 250만 달러를 벌었다고 합니다. 정확한 현가계산은 힘들지만 지금으로 따지면 최소한 1000억 원 이상 가는 수익 규모죠.

전 즐기는 주식투자 매매 테크닉의 한 방법으로 이 피라미딩을 권해봅니다. '피라미딩(Pyramiding)'이란 최초 일정 금액으로 한 주식에 대해 포지션을 구축한 후(매수한 후) 추세 변화에 따라 포지션 크기를 늘려가는(허무는) 기법을 말합니다. 쉽게 말해 주가가 오르면 더 산다는 것이죠. 그럼 주가가 하락하면 어떻게 하냐고요? 맞습니다. 방금 여러분이 무의식중에 내뱉은 말처럼 파는 것입니다. 바로 팔면 됩니다. 앞서 워밍업을 통해 '오르면 사고 내리면 판다'는 원칙이 정신과 손끝에 배어졌다면 이 피라미딩 테크닉을 한결 수월하게 익힐 수 있습니다.

피라미딩 전략은 어쩌면 개인투자자들에게 하나의 숙명과도 같습니다. 왜냐하면 개인투자자들은 자금력으로나 정보력, 분석력 그 어떤 능력을 동원해서도 해당 종목의 추세를 만들 수 없기 때문입니다. 개별 종목의 추세는 외국인투자자나 기관투자자가 만들고 개인은 이를 추종할 수밖에 없는데, 피라미딩은 이 추세를 추종하는 데 유용한 전략이라고 할 수 있습니다.

피라미딩과 물타기

피라미딩에 대해 좀 더 살펴보겠습니다. 제가 생각하는 피라미딩의 대표적 장점은 크게 2가지인데, 첫째는 손실이 제한된다는 점, 둘째는 추세를 놓치지 않는다는 점입니다.

먼저 손실제한의 특징인데, 피라미딩 전략매매를 하면 마치 콜옵션 또는 ELW 콜을 매수하는 것처럼 원칙만 지켜나가면 손실이 커지려야 커질 수가 없답니다.

개략적으로 예를 들어 설명해보면 다음과 같습니다. 1차 매수 후 주가가 하락해 자신의 종목 로스컷 기준인 -10%에 왔다고 해보겠습니다. 그럼 바로 매도입니다. 매매가 종료되는 것이죠.

반대로 이번엔 10%가 올랐습니다. (이때 10%는 하나의 기준입니다. 본인이 3%, 5% 등으로 사전에 원칙을 정하면 됩니다.) 그러면 이때 최초 투자금 규모만큼 2차 추가매수에 돌입합니다. 그리고 열심히 직장생활하면서 기다리고 있는 것이죠.

그런데 이후 주가가 다시 하락합니다. 그럼 -10% 로스컷을 지켜 매도합니다. 다만 이때 -10% 손절매는 2차 매수가격을 감안한 평균 매수단가를 기준으로 한다는 사실을 기억하세요.

반면 2차 추가매수 후 또다시 10%가 올랐다고 해봅시다. 그럼 다시 최초 투자금, 이후 2차 추가매수했던 금액만큼 이번엔 3차 추가매수에 돌입합니다. 이후 매매전략은 앞서 설명했던 과정을 반복하면 됩니다.

그러면 이런 피라미딩 매매를 했을 때 나의 손익현황은 어떻게 될까요?

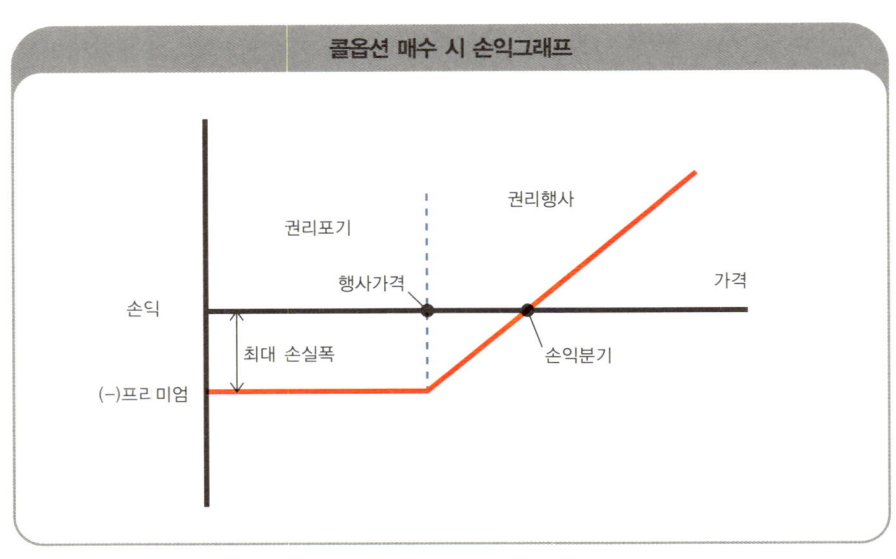

우선 손실부터 살펴보겠습니다. 결론부터 말하면 얼마를 추가매수 하고 따라붙었든 간에 -10% 이상 손실률을 기록할 수 없습니다. 더 손해를 보려고 안간힘(?)을 써도 손실을 볼 수가 없다는 것이죠.

반면 이익은 '이론적으로' 무한대입니다. 믿을 수 없다고요? 그럼 이번엔 최초 투자금 10만 원을 가정하고 살펴보겠습니다.

· 먼저 10만 원으로 주식을 1차 매수한 후 기다리면서 상황을 지켜봅니다. 그런데 이때 주가 하락으로 -10% 손실(1만 원)이 날 경우 바로 전량매도입니다. 거래를 마치는 것이죠.

· 반면 10%가 오르면 2차 매수에 돌입해 10만 원을 다시 투입합니다. 그러면 계좌에는 총 21만 원(투자금 20만 원 + 수익 1만 원)이 기록되죠(수수료 등 기타 비용 제외). 그럼 이제 다시 기다립니다. 이때 -10% 주가 하락이 발생했습니다. 그러면 손실액은 21만 원의 -10%인 1만 8900원이 되겠네요. 그럼 여기서 아웃입니다.

· 반면 다시 주가가 10%가 오르면 3차 매수에 들어갑니다. 다시 10만 원어치를 매수합니다. 그럼 계좌에는 총 33만 1000원(투자금 30만 원 + 수익 1만 원 + 수익 2만 1000원)이 찍힙니다. 한번 4차까지 가볼까요?

이후 주가가 하락해 -10% 손절매 기준선인 29만 7900원(=33만 1000원 × 0.9)에 도달하면 역시 전량매도입니다. 이렇게 되면 순수한 나의 투자 본전 30만 원과 비교해 거의 차이가 없습니다.

· 하지만 3차 매수 후 다시 10% 상승추세를 탔다고 하면 4차 매수에 들어가 또 10만 원을 투입합니다. 그럼 총금액은 46만 4100원(투자금 40만 원 + 수익 1만 원 +2만 1000원 + 3만 3100원)이 됩니다. **이처**

럼 주가 등락과 상관없이 손실은 투자금 대비 최대 −10%로 제한되지만 이익은 추세에 따라 지속적으로 확대됩니다.

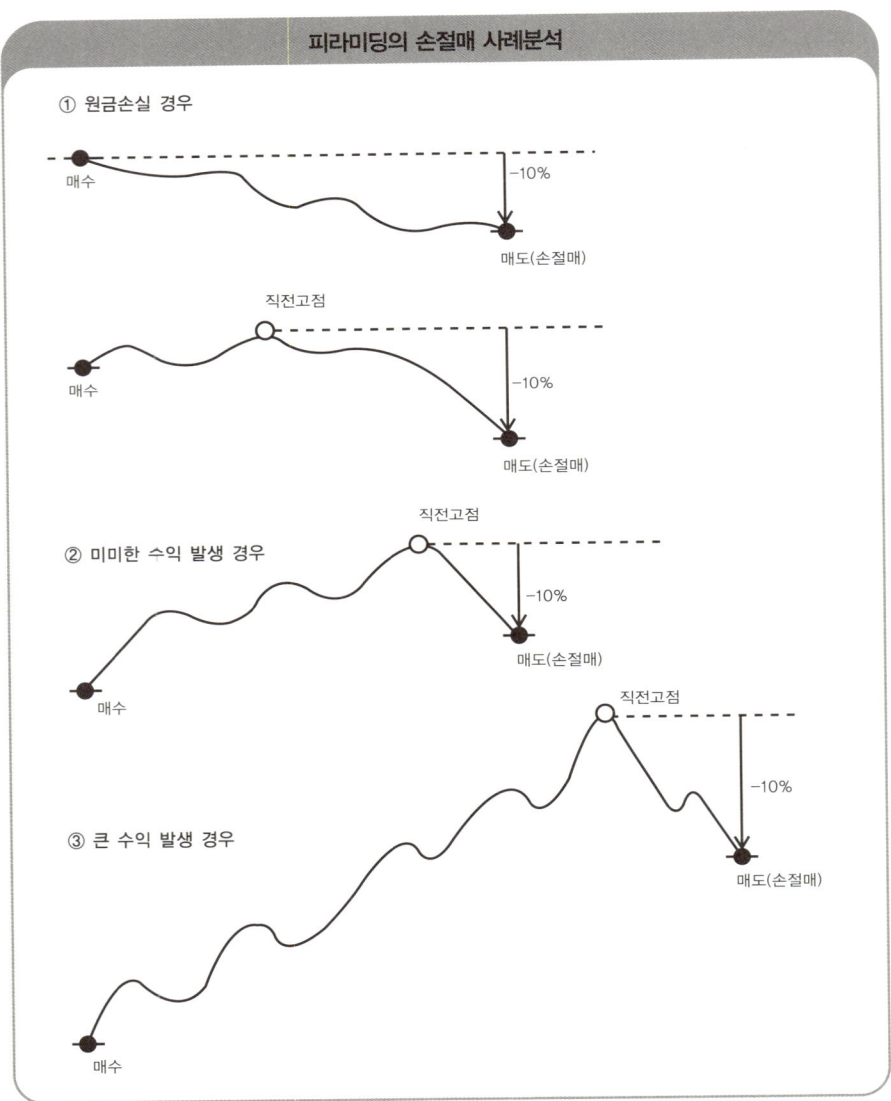

하지만 여기서 우리는 한번 고민을 해야 합니다. 피라미딩이 이렇게 좋은데 실전에서 개인투자자들은 왜 거의 사용하지 않을까 하는 점입니다. 선물옵션에 투자하는 파생 트레이더를 제외하고 개별 종목 매매를 하는 개인투자자 중에서 피라미딩을 하는 사람은 정말 찾아보기 힘드니까요.

아마도 미미한 수익 발생 때문인 것 같습니다. 앞 사례에서 보면 내가 최초 '찍은' 종목의 주가는 무려 40%가 상승했습니다만 -10%씩 복리상승으로 실제 40%보다 더 높습니다. 내 증권계좌 수익률은 40만 원 투입에 6만 4100원 수익을 낸 것으로 고작 15% 수익 정도에 불과합니다. 40만 원을 한 방에 투입하고 기다린 것보다 피라미딩의 수익이 절반도 되지 않습니다. 그래서 피라미딩 매매 투자자들은 몇 번 해보다가 결국 그만합니다. 저도 예외는 아닙니다. 상당히 답답하거든요. 그러나 주식을 즐기려면 반드시 이런 매매를 기본으로 해야 합니다. 피라미딩은 손실을 일정 수준에서 멈추게 해준다는 그 무엇과도 바꿀 수 없는 장점이 있기 때문입니다. 이 장점을 즐거워할 줄 알아야 합니다. 예를 들어 앞 사례에선 3차 추가매수 이후에는 더 이상 원금손실 없이 주식투자를 지속적으로 즐길 수 있지 않습니까.

피라미딩과 정확히 반대되는 개념으로는 그 유명한 '물타기'가 있습니다. 물타기는 '오르는 종목을 팔고 내리는 종목은 추가매수한다'는 원칙입니다. '애버리징(averaging)'이라고 불리는데 하락하는 주식을 계속 매수해 평균매수단가를 낮춘다는 전략이죠. 그리고 이후 반등 및 상승추세를 만났을 때 원금회복은 물론 추가로 큰 수익까지 얻을 수 있다는 기대에 기반을 둔 매매전략입니다. **피라미딩은**

좋고, 물타기는 나쁘다'고 단정 지을 수 없습니다. 주위에서 물타기를 통해 성공한 사례도 존재합니다. 4장에서 따로 설명하겠지만 인덱스펀드나 시장 ETF(상장지수펀드) 투자자라면 '물타기'를 해도 좋습니다(263쪽 참조).

하지만 주식을 즐기려는 개별 종목 투자자 입장에서는 무조건 피라미딩입니다. 피라미딩은 내 자신이 모든 상황의 주인공이 될 수 있기 때문입니다. 내가 매매결정권을 쥐고 흔들 수 있기에 그렇습니다.

반면 물타기를 하면 매일매일 주가에 목을 매고 있어야 합니다. '이 종목이 언제 올라주려나' 목을 빼고 기다려야만 합니다. 피가 마르죠. 큰 우환이 있는 사람처럼 살아야 하고, 손을 떼고 싶어도 묶인 자금이 커 빠져나올 수도 없습니다. 개별 종목이라 시장과 달리 추세의 존재를 강력하게 믿을 수도 없지요. 이처럼 피라미딩은 주도권을 주식에 빼앗기지 않기에 진정한 의미에서의 즐기는 대응법이라고 할 수 있겠습니다.

포트폴리오를 짠 후 척후병을 보내라

본격 실전에 돌입해보겠습니다. 먼저 행복한 주식 고르기 4가지 기즌을 통해 매수 종목군을 10여 개 정도로 압축했다고 가정해보겠습니다.

그럼 이 다음 할 일은 '그렇다면 이 중에서 나는 과연 몇 개 종목을 매수할 것인가'를 고민하는 것입니다. 이른바 포트폴리오 구성에 대해 생각해볼 시기이죠. 전 총투자금 규모에 따라 매수종목 개수를 선택하는 게 좋다는 입장입니다.

가령 **주식투자금이 500만 원 이하라면 포트폴리오 종목 개수를 2개 정도로 채우고, 500만 원에서 5000만 원 사이에선 3~5개, 이후 5000만~1억 원 금액에선 5~8개 정도가 좋습니다.** 반면 수 억~수십억 원대 금액을 유지한다면 이때는 오히려 주식종목을 10개 이하로 한정하고 대신 본인만의 차익거래를 통해 자금 비중이 큰 종목의 손실을 제한하는 전략을 구사하는 것이 좋습니다. (이 대응법은 다음 장에서 소개합니다.)

한편 포트폴리오라는 개념을 제대로 이해하는 투자자라면, 가령 삼성전자, LG전자, 하이닉스, 삼성전기 등 IT 관련주로만 자신의 매수종목을 모두 채우지 않을 것입니다. 호텔신라, 현대백화점, 신세계 등 유통주에만 올인하지 않겠지요. 포트폴리오의 기본은 '쪼갠다' 이지만 그것은 바로 돈을 쪼개는 게 아니고 '위험'을 쪼개는 것이기 때문입니다. 지금 당장 수많은 전문가들이 앞으로 6개월 후 자동차는 지고, IT업종이 뜬다고 해도 포트폴리오를 구성하는 입장에서는 하이닉스와 삼성전자로만 매수하는 게 아니라 현대차와 삼성전자를 선택해야 하는 것이죠. 투자금 비중은 차이가 있을 수 있지만 말입니다.

특히 포트폴리오 구성에서는 계좌 내 현금 비중도 확실히 정해놓아야 합니다. '마지노선'을 정하는 방식입니다. 치열한 피라미딩을 하면서도 20%는 항상 현금으로 보유한다든지, 30%를 할지 미리 선을 긋는 것입니다. **전 10%선(8~12%)의 현금 비중을 추천합니다. 1000만 원의 투자금이라면 100만 원, 5000만 원이라면 500만 원은 무조건 현금으로 그냥 계좌에 두는 것이죠**(충실한 피라미딩을 할 경우에는 현금 비중은 자연스럽게 항상 이보다 클 것입니다).

자, 그럼 1000만 원의 주식투자금을 갖고 3종목으로 매수종목을 압축했다고 가정해보겠습니다. 행복한 주식 고르기 기준을 충족시킨 A IT주, B 유통주, C 증권주 등 3종목입니다. 이때 현금 100만 원을 제외하고 3종목에 각각 단박에 300만 원씩 매수하면 될까요?

안 됩니다. 그러면 피라미딩이란 자체를 실행할 수가 없습니다. 만약 이렇게 시작했는데 3종목 모두 -10% 손절매 기준에 걸렸다고 해보겠습니다. 그럼 총손실은 각 30만 원씩 90만 원이 됩니다. 당초 계획한 총투자금(1000만 원) 대비 매매 이탈(관전) 기준선인 -20%인 200만 원 한도의 절반에 육박해버리죠. 자칫 한 번만 더 하면 1년간 주식투자를 접고 쉬어야 할 상황이 됩니다.

실전 피라미딩 전략에서는 최초 매수금 비중을 정하는 것이 선행돼야 합니다. 그렇다면 총투자금 대비 어느 정도 선에서 첫 번째 매수를 시작해야 할까요?

피라미딩을 통해 가장 많은 부를 축적했다는 제시 리버모어의 경우엔 16분의 1을 정했습니다. 가령 160만 원 정도 투자금이라면 처음 매수에 들어갈 때는 10만 원으로 시작한다는 것이죠. 이를 흔히 "척후병(scout)을 보낸다"라고 하는데, 이 척후병이 현장에서 죽든지(스톱로스), 아니면 살아 돌아와 추가공격(추가매수)을 하는 과정을 통해 향후 피라미딩을 완성해간다는 뜻입니다.

전 척후병으로 3분의 1선을 권합니다. 투자금의 약 30%로 시작해보자는 것이죠. 왜냐하면 전 투자금 대비 월 3% 목표수익률, -10% 종목 손절매 기준을 염두에 두고 있기 때문입니다. 참고로 이것은 반드시 이대로 따라야 한다는 게 아닙니다. 여러분은 자신만의 원칙을 정하면 되며, 따라서 월 3% 수익률이라는 차익실현 기준 없이 기회만 된다면 계속해서 피라미딩을 하겠다고 한다면 5분의 1 정도로 좀 더 작은 규모의 척후병을 보내면 될 것입니다.

・이제 A, B, C 종목에 각각 100만 원을 투입하게 됩니다. 그리고 기다립니다. 이때 중국의 위안화 절상 재료가 터지면서 B 유통주가 강세를 띠게 됐습니다. 반면 A IT주와 C 증권주는 약세를 지속합니다. A 주식은 반도체가격 급락 재료가 터지면서 1주일여 만에 -10% 이상 하락했습니다. C 증권주는 -3~-5% 박스권에서 움직이고 있습니다.

・이때 A 주식은 안타깝지만 전량매도에 돌입합니다. 반면 C 증권주는 척후병만 보내놓은 채로 그냥 두고 일단 좀 더 기다려봅니다.

・이제 3개 종목 중에서 B 유통주만 남는데, 맘 같아서는 10% 오를 때 다시 100만 원을 추가매수하고 싶지만 실전에서 10% 상승이라는 게 그리 쉽지가 않습니다. **따라서 척후병을 보낸 후 피라미딩을 이어갈 때는 상승률 기준을 3~5%선으로 정해놓고 대응하는 것이 필요합니다. 다만 이때 피라미딩을 쌓는 금액은 절대 척후병보다 커서는 안된다는 것을 염두에 두세요.**

가령 B 유통주가 5% 추가상승 시 50만 원을 추가매수하는 대응을 펼친다고 해보겠습니다. 그런데 이 상황에서 다시 5%가 상승했습니다. 그럼 다시 50만 원 추가매수를 합니다. 반면 전 고점 대비 -10%로 하락하면 손절매에 돌입합니다. 그런데 오호, 5%가 또 올랐네요. 그럼 또다시 50만 원 추가매수입니다.

- 이런 와중에도 C 증권주는 여전히 -3%대 손실을 기록하고 있네요. 그렇다면 이번에도 좀 더 기다리기로 해봅니다. 하지만 이런 상황에 대해서도 투자자 본인이 주도권을 잡고 대응할 수 있습니다. **일명 '기간 손절매'라는 방식인데, 매수했던 주식이 '가격 손절매' 기준만큼 하락하지는 않았지만 그렇다고 반등도 없이 지지부진한 흐름을 일정 기간 이어갈 시 전량매도하는 형식입니다.** 이처럼 '기간 손절매'를 병행하는 이유는 기회비용 때문입니다. 이 기간 동안 다른 주식을 통해 얻을 수 있었던 수익은 물론, 아예 차라리 은행정기예금에 가입했다고 할 때 얻는 이자 등을 생각하면서 어느 순간 손절매를 하는 것이죠.
- 한편 일찌감치 척후병이 사망했던 A IT주를 대신해 이번엔 당초 10여 개 매수후보군 중에서 D 건설주를 선발했다고 해봅시다. 그럼 다시 D 건설주에 100만 원을 투입하고 상황을 살펴봅니다.

여러분, 피라미딩이라는 게 매매가 참 깝깝하죠? 진짜 위험을 무릅쓰고 주식이란 걸 해보겠다고 1000만 원이나 할당해 노력을 했는데 한 달여 동안 뭐 대단한 게 없습니다.

추세를 믿는다면 피라미딩하라

실은 바로 이 순간이 피라미딩 대응에 있어 가장 위기의 시기입니다. 피라미딩은 태생적으로 꽤 감질 나는 대응입니다. 여간해서는 큰 승부가 잘 나지 않습니다. 피라미딩이 익사이팅하게 느껴지려면 대단한 분석과 통찰력으로 뛰어난 종목 1개를 잘 고르고 이 종목 주가가 제법 큰 진폭을 주면서 지속적인 상승추세를 만들어줘야 합니다. 그렇게 되면 투자자는 이 1개 종목만 놓고 끊임없이 피라미딩하다 차익실현하고, 다시 따라붙은 뒤 피라미딩/차익실현을 반복하면서 지속적으로 수익을 쌓아갈 수 있죠. 그러나 대부분은 그렇지 않습니다. 현실에선 최초 보냈던 척후병은 -3~-6% 박스권에 갇혀 있거나 사망하고, 추가매수했던 종목은 이후 확실한 상승도 또 하락도 없이 움직이는 그야말로 이것도 저것도 아닌 상황이 대부분입니다. 그래서 피라미딩을 하면 수익도 찔끔, 손실도 찔끔인 상황이 주를 이룹니다.

그래서일까요? 이런 답답한 기간을 버티고 버티다 상당수 투자자는 초심을 버리게 됩니다. 이때 대표적인 대응이 수익 난 계좌를 헐고(차익실현하고), 손실 난 계좌에 물타기를 돌입하는 것인데, 인간이라면 거의 이렇게 변합니다.

솔직히 말해 참을 수가 없는 것이죠. '주식'이라는 거창한 재테크 수단을 시작했는데 지금 뭐 하고 있나 하는 자괴감에 빠지고, 이럴 바에야 차라리 '짧고 굵게 살자'는 맘이 드는 순간이라고 할 수 있습니다. 그러면서 바로 이즈음에 우리의 대응은 한순간 피라미딩에서 물타기로 전환해버리죠.

하지만 이때를 참아내야 합니다. 세속의 정욕을 이겨내는 수도승처럼 이를 악물고 피라미딩에 정진해야 합니다. 이런 게 무슨 즐기는 투자냐고 반문할 수도 있지만 이런 고비를 한 차례, 두 차례 견뎌내면 반드시 '깨달음'이 오고, 다음엔 '즐거움'을 느끼고, 마지막엔 실질적인 '결과'를 보게 될 것입니다. 이건 믿으셔도 좋습니다. 저를 믿으라는 게 결코 아닙니다. 추세를 믿고 기다리라는 이야기입니다. 그리고 상승추세가 왔을 때 거래를 하고 있으면 되는 겁니다. 분명 피라미딩 전략은 이런 추세를 따라붙을 수 있는 매우 효과적인 대응법이라고 할 수 있습니다.

혹자는 주식투자에 대해 "빨리 돈 벌어 한 살이라도 젊을 때 은퇴하라"고 강조합니다. 그러나 전 반대입니다. 주식투자를 통해 큰 수익을 올려 은퇴하는 게 아니라 은퇴할 때까지, 아니 은퇴한 이후에도 즐기면서 주식투자를 해야 한다는 쪽입니다. 맘 졸여가면서 짧고 굵게 끝내는 게 아니라 느긋한 맘으로 가늘고 길게 이어가는 것이 즐기는 주식투자의 목적이기도 합니다.

참고로 앞서 차익실현 기준이 되는 목표수익률은 월 3%선이라고 말했습니다. 이때 목표는 개별 종목 수익률이 아닌 투자금 대비 수익률입니다. 가령 1000만 원의 투자금을 감안하면 월 30만 원, 3개월에 90만 원, 1년에 360만 원의 수익이 발생하면 일시적으로 피라미딩을 허물고 주식을 팔아 현금화한다는 것이죠. 다만 저는 차익실현에 관대한 편입니다. 혹시 아이 학원비가 부족하거나, 교통사고를 당한 친구 병원비를 급하게 도와주어야 한다면 언제든 차익실현을 통해 현금을 마련해도 좋습니다. 다만 이때 명심해야 할 것은 손실종목은 두고, 수익종목만 털어버리면 안 된다는 것입니다. 이제는 그 이유를 잘 아시겠죠?

이 밖에 유의사항이 있습니다. 피라미딩은 '피라미드를 쌓는다'는 단어 뜻 그대로 밑부분은 크고 위로 올라갈수록 좁아지는 탑을 쌓아가는 것입니다. 즉 같은 매수금으로 가격이 쌀 때는 많이 사지만 가격이 상승하면 적은 양의 주식을 매수해 대응한다는 뜻이죠. 그런데 실전에서는 피라미딩을 한다면서 제법 큰 추세를 만나면 3~4차 이후 추가매수금액을 대폭 늘리는 경우가 있습니다. 이러면 안 됩니다. **피라미딩의 추가매수금액은 매번 일정하거나 오히려 적어야 합니다. 추세에 따라서 자기 멋대로 매수금액과 매수량을 더 늘리면서 따라 붙는 순간 피라미딩은 깨지는 것입니다.** 이렇게 되면 앞서 이야기했던 피라미딩의 장점은 모두 사라진다는 것을 명심하십시오.

또한 4차, 5차 추가매수 후 손절매 기준에 도달해서 매도한다고 할 때 분할매도를 할 경우가 있는데, 전 전량매도를 권합니다. 물론 분할매도를 하고 이를 최초 매수시점으로 파악하고 다시 피라미딩을 하면 됩니다. 하지만 전 일단 포지션 아웃을 한 후 다시 진입하는 쪽을 추천합니다. 왜냐하면 분할매도를 할 경우 피라미딩의 장점인 '손실 제한 및 확정' 능력이 사라지기 때문입니다. 남겨진 물량으로 인해 새로운 리스크가 더해지면서 손익계산도 상당히 복잡하게 되지요.

한편 일각에선 "한 번 먹고 나온 종목은 다시 쳐다보지 말라"는 속설을 이야기하는데, 전 반대입니다. 앞서 행복한 주식 고르기 4가지 기준에 이탈되는 상황이 나타나지 않고 차익실현 원칙에 따라 매도한 경우라면 해당 종목을 놓고 매수 타이밍을 잡아 재진입하는 것도 좋습니다.

즐기는 투자 실전매매 2
:ELW 합성매매 전략

　　　　　　　　　　저는 총투자금이 5000만 원 이하라면 5개
종목으로 포트폴리오를 꾸미고 피라미딩 대응으로 실전매매를 해나
가면 충분히 주식을 즐길 수 있을 것이라고 생각합니다. 하지만 투자
금 규모가 1억 원대에 진입하면 이제 조금은 다른 문제를 걱정해야
합니다.

　예를 들어 1억 원의 투자금으로 주식투자를 하는 사람의 경우 이
사람의 손실감내액은 2000만 원이 될 텐데, 과연 진짜로 이 사람이
절약을 통해 연간 2000만 원을 아낄 수 있는가가 의문시됩니다. 정말
이 사람이 1년간 살아가면서 2000만 원 정도는 없어도 대수롭지 않
은 상황인지 의심이 된다는 뜻입니다. 바꿔 말하면 현재 전업투자자
가 아님에도 불구하고, 또한 자산규모가 크지 않음에도 불구하고 본
인 스스로 억대의 주식투자자금을 굴리는 사람들이 상당이 많다는
이야기이기도 합니다.

어쩌면 이것은 대한민국 재테크 시장의 문제인 것도 같은데, 바로 재테크 수단의 편중입니다. 쉽게 말해 저축하는 사람들은 저축만 하고, 주식 좋아하는 사람들은 주식만 하고, 부동산 신봉자들은 부동산에 모든 돈을 투자하는 것이죠. 실제로 부동산에 주력하는 사람들은 부동산자산 비중이 전체의 70~80%에 달하는 반면, 주식에 집중하는 사람들은 주식자산 비중이 절반 이상을 차지합니다. 그래서 앞서 말한 '20% 손실감내액' 원칙과 상관없이 여력이 되는 대로 큰 주식자금을 운용하는 경우가 많죠.

전 분명 이렇게 되면 즐기는 주식투자의 기본을 스스로 포기하는 것이라고 말하고 싶습니다. 그럼에도 불구하고 투자금을 줄일 수 없다면 좀 더 방어적인 전략이 필요하다고 권합니다. 왜냐하면 같은 -10% 손실이라고 해도 1000만 원을 운용해 100만 원 손실 보는 것과 1억 원으로 1000만 원 날리는 것은 고통의 체감규모가 기하급수적으로 증가하기 때문입니다.

가령 1억원의 자금을 운용하는 사람이 9개의 종목을 골랐다고 해보겠습니다. 먼저 현금 비중 10% 확보를 위해 1000만 원을 떼어놓고, 각 종목당 최대 1000만 원씩을 할당합니다. 그리고 이 금액의 3분의 1에 해당하는 300만 원 규모로 9명의 척후병을 보냅니다. 그런데 정말 최악의 상황이 발생해서 9명이 모두 전사했습니다. 9개 종목 모두 30만 원씩(=300만 원×-10%) 손실을 보고 빠져나왔습니다. 이러면 벌써 270만 원이란 웬만한 샐러리맨의 한 달 월급을 날리게 되죠. 이후 또다시 9명의 척후병을 보냅니다. 그리고 또 모두 전사했습니다. 그러면 손실은 540만 원이 됩니다.

물론 1억 원이란 총투자금을 감안하면 -5% 손실 정도이고 아직 추가 전투를 할 여력이 충분합니다. 그러나 대부분의 투자자들은 이쯤 손실이 발생하면 피라미딩을 버리고 자신만의(?) 투자법으로 대응을 펼칩니다. 마치 수학공식처럼 예외가 드뭅니다. 하지만 이 순간부터 즐기는 주식투자는 끝이 나고 말죠. 분명 이렇게 자유로운 매매를 하면서도 수익을 낼 수 있고, 극적인 대박을 터뜨릴 수 있습니다. 그러나 괴로움의 연속입니다. 이런 수익과 대박은 내가 만들어낸 것이 아니기 때문입니다. 시장이 준 것이고, 누군가 남이 만들어낸 것에 운 좋게 내가 당첨된 것뿐이죠. 따라서 수억 원대의 큰 금액을 운용하는 경우라면 좀 더 고차원적인 대응이 필요합니다.

ELW, 정말 개미들의 무덤인가

여러분, 혹시 주식워런트증권(ELW: Equity Linked Warrant)이라고 들어보셨나요? 혹자는 '개미들의 지옥' 또는 '개미들의 무덤'이라고 부르는 금융상품으로 옵션의 특징을 갖고 있는 주식(주가)연계 파생상품입니다. 주가지수 또는 개별 종목을 미리 정한 조건에 따라 미래에 사거나 팔 수 있는 권리를 부여한 증서인데, 살 수 있는 권리는 간단하게 '콜 워런트', 팔 수 있는 권리는 '풋 워런트'라고 부릅니다.

대부분의 파생상품이 그렇듯 ELW 역시 개인투자자들의 자금을 쭉쭉 팔아대고 있습니다. 금융감독원에 따르면 지난 2005년 말 국내에서 ELW 시장이 개설된 이후 개인투자자들의 누적 손실규모는 1조 원에 달한다고 합니다. 그런데 왜 갑자기 ELW 이야기를 꺼내냐고

ELW란?

'주식워런트증권(ELW)'은 시장 또는 주가지수 등의 기초자산을 사전에 정해진 가격(행사가격)에 사거나(Call) 팔(Put) 수 있는 권리(옵션)를 나타내는 유가증권이다. 파생상품의 일종으로 대상이 되는 자산가격이 상승할 경우 이익이 발생하는 콜 ELW, 하락할 경우 이익이 발생하는 풋 ELW로 나뉜다. 대상자산이 특정 지수일 때는 지수 워런트, 개별 종목은 종목 워런트로 구분된다. ELW의 특징은 여타 파생상품과 마찬가지로 '레버리지'이다. 예를 들어 ELW 투자자가 거래소 시장에서 레버리지(유효 기어링) 5배인 삼성전자 콜 ELW에 투자했다고 하면 삼성전자가 2% 상승할 경우 ELW(콜) 투자자는 10%의 수익을 거둘 수 있다. ELW 매매 방법은 주식거래와 비슷하다. 그러나 차이점은 거래 상대방이 일반 투자자뿐 아니라 유동성공급자(LP: Liquidity Provider)라는 발행사가 주를 이룬다는 것이다.

ELW의 이론가격은 크게 기초자산(대상자산) 가격, 행사가격, 변동성, 잔존만기, 금리, 배당 등 6가지 변수로 결정되는데 좀 더 압축해보면 크게 내재가치와 시간가치로 나눌 수 있다. 내재가치란 ELW를 현 가격대에서 행사했을 때 투자자가 얻게 될 가치이고, 시간가치는 만기일까지 잔존기간 동안 기초자산의 가격변동성 등에 따라 얻게 될 수 있는 기대가치로 '프리미엄'이라고도 부른다.

기대가치는 만기일(권리 행사일)에 근접할수록 감소하기 때문에 시간가치 역시 만기일까지 zero(0)로 수렴해간다. 종종 만기일이 가까워지면 기초자산가격 변동 없이도 ELW 가격은 급락하는데 이는 시간가치가 소멸됐기 때문이다. 남은 기간이 얼마 없어 가격변동에 따른 기대가치(프리미엄)가 소멸된다고 보면 된다.

요? 지금부터 소개할 매매 테크닉이 바로 ELW를 포함하고 있기 때문입니다.

결론부터 말하면 '**주식 매수 + 풋 워런트 매수**'의 조합으로 포지션을 만든 후 일정 기간마다 기존 풋 워런트 매수포지션을 허물고(청산하고), **이후 다시 '주식 추가매수 + 풋 워런트 매수'로 거래를 이어 나가는 방식입니다.** 이런 대응전략은 특정 주식을 장기적으로 계속 사 모으는 방법입니다. 어떨 때는 피라미딩도 되고, 또 어떨 때는 물타기도 될 수 있지요. 게다가 차익을 위한 목표수익률이나 손절매 기준도 없습니다.

이에 대해 "왜 느닷없이 이런 전략을 소개하는가?"라는 질문이 나올 수 있습니다. 실은 이 방법은 제법 큰 규모의 자금을 굴리는 개인 중에서 자신이 선택한 종목을 중장기로 매집하려는 투자자를 위한 것입니다. 그렇지만 무조건 시장 흐름에 맡기지 않고 손실 부분을 스스로 컨트롤하겠다는 의도가 담겨 있습니다. 기존 ELW 투자전략 중 하나인 '손실제한 전략'의 변형된 형태라고도 할 수 있습니다.

대부분 ELW 투자자들은 "ELW가 어렵다"고 합니다. 하지만 이때 '어렵다'는 뜻은 개념이 어렵다거나 거래 방식이 어렵다는 게 아닙니다. 바로 수익을 남기기가 힘들다는 뜻이죠.

그렇습니다. ELW 자체의 이론은 1주일 정도 공부를 하거나 강의를 들으면 누구나 이해할 수 있습니다. 기존 파생상품의 개념이 잡혀 있다면 채 3~4시간도 걸리지 않죠. 가령 해당 종목 주가가 오를 것 같으면 콜 ELW를 매수하고, 내릴 것 같으면 풋 ELW를 산다는 게 기본이고, 여기에 대상자산(기초자산)과 전환비율, 시간가치와 잔존기간, 기어링과 유효 기어링, 변동성, 델타, 세타 등의 개념만 확실히 이해하면 됩니다.

하지만 막상 ELW를 해보면 십중팔구 돈을 잃게 됩니다. 당연합니다. 오를 것 같으면 콜을 매수하고, 내릴 것 같으면 풋을 매수한다는

ELW 기본용어 설명

• **전환비율**: ELW가 만기일 현금 정산될 때 ELW 1주에 해당하는 기초주식의 비율. 예를 들어 전환비율이 0.1이라고 하면 이 ELW를 10주 보유해야 만기일에 대상주식 1주에 대한 권리를 보유한다는 뜻이다.

• **기어링(Gearing)과 유효 기어링(Effective Gearing)**: ELW 기어링은 레버리지 비율을 가리킨다.

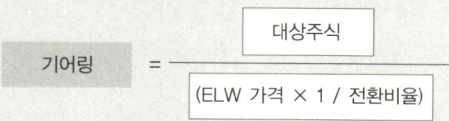

하지만 단순 ELW 기어링 지표는 기초자산가격 움직임 대비 정확한 레버리지 효과를 나타내지 못한다. 이때 델타의 개념을 도입해 정확성과 현실성을 높이는데 이를 유효 기어링이라고 한다. ELW 레버리지를 체크할 때는 이 유효 기어링을 확인해야 한다. 가령 유효 기어링이 7배인 ELW를 매수했을 때 대상자산이 1% 상승(하락)했을 경우 7%의 수익이 발생한다.

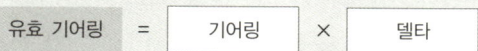

• **행사가격**: ELW 발행 시 정해진 만기일에 투자자가 권리를 행사할 수 있는 가격. 영어로는 'strike price'라고 부른다. 예를 들어 기아차 ELW 콜의 행사가격이 5만 원, 전환비율은 0.1이라고 해보자. 만기일이 도래했을 때 기아차 가격은 6만 원이었으면 해당 ELW 투자자는 워런트 개당 1000원(=[6만 원-5만 원]×0.1)을 현금으로 정산받는다.

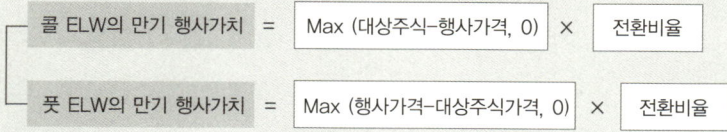

- **변동성(Volatility)**: 대상자산가격이 만기일까지 기간 중 얼마만큼 변할 수 있는지 예측하는 지표. 실제 시장에서 가격 설정에 이용하는 변동성은 역사적 변동성(과거 주식 등락에 대한 통계적 측정)과 내재 변동성(Implied Volatility) 등 2가지다. 이때 내재 변동성은 시장에서 거래되는 ELW의 가격을 놓고 역으로 산출한 변동성 수치를 가리키는데 ELW 상품 간 상대비교를 하는 근거가 된다. 내재 변동성의 절대적 수준과 내재 변동성의 안정성이 동일한 조건의 ELW라고 하더라도 발행사 및 LP에 따라 상이하기 때문이다.
- **이론가격**: 블랙-숄즈의 옵션이론가격모형 혹은 이항분포모형 등을 사용해 도출된 ELW의 가격. 블랙-숄즈 모델의 경우 행사가격, 기초자산, 잔존만기, 변동성, 금리, 배당 등 6가지 변수를 활용하는데 이때 변동성 항목을 LP가 어떻게 조정하는가에 따라 이론가격과 현재 ELW 가격 사이의 차이가 발생한다.
- **등가격(ATM) / 외가격(OTM) / 내가격(ITM)**: 대상자산 현재가격과 ELW 행사가격 간 차이에 따른 분류. 등가격은 행사가격과 현재 대상자산 주가가 동일한 경우를 가리킨다. 외가격은 현재로선 ELW 권리행사가 불가능한 가격대를 말한다. 반면 내가격은 현 상태로도 ELW 권리행사가 가능한 가격대를 말하며 가능성이 매우 높을 경우 '깊은 내가격(Deep ITM)'이라고 부르기도 한다. 예를 들어 현재 주가지수는 100이라 하고 콜 ELW의 행사가격이 100이면 등가격, 80이라고 하면 내가격, 120이면 외가격이 된다.
반면 풋 ELW의 경우에는 행사가격이 100일 때는 등가격, 80일 때는 100원짜리 물건을 80원에 판다는 뜻으로 이익이 전혀 없어 외가격, 120일 때는 100원짜리 물건을 120원에 팔아 수익을 남길 수 있어(권리행사가 가능해) 내가격이 된다.

자체가 이미 말도 안 되는 가정이기 때문입니다. 신이 아닌 이상 오르고 내리는 것을 맞힌다는 건 불가능한 일이니까요.

　게다가 ELW는 옵션과 유사한 성질을 갖고 있어 시간이 갈수록 시간가치(세타)만큼 가격이 하락합니다. 기초자산이 되는 종목의 주가가 그대로 있어도 내일, 모레, 글피 등 내가 보유한 ELW의 가격은 떨어지게 돼 있죠. 그래서 ELW는 그 자체로 '개미들의 무덤'이 확실합니다.

내가 만들어내는 차익거래

그래서 대다수 전문가들은 ELW는 말할 것도 없고 한 걸음 더 나아가 선물이나 옵션투자 같은 파생상품에는 "절대 손대지 말라"고 경고합니다.

하지만 전 경우에 따라 유용하게 사용할 수도 있다는 입장입니다. 물론 기본적인 원칙을 정확히 지킨다는 가정 하에서이죠. 투기(speculation)거래가 아닌 헤지(hedge)거래용으로 사용한다는 전제도 필요합니다.

전 '차익거래'라는 말을 참 좋아합니다. 차익거래란 쉽게 말해 동일한 가격으로 매겨진 동일한 가치를 지닌 2개의 물건을 구입한 후 시간이 흘러감에 따라 가격이 높아진 것은 팔고, 가격이 하락한 물건은 더 사면서 이 사이의 매매차익을 얻는 거래를 말합니다. 실은 이번에 소개할 대응전략도 많이 변형된 형태지만 큰 범주에서는 이 차익거래와 맥락을 같이합니다. 어렵지 않습니다. ELW 투자이긴 하지만 위험하지도 않습니다.

지금부터 소개할 '주식 + 풋 ELW' 합성매매 전략은 해당 주식을 상당히 많이, 그리고 상당 기간 보유하겠다는 전제로 시작합니다. 하지만 이렇게 될 경우 하락에 대해서는 완전히 노출돼 있죠. 그래서 먼저 일정량의 주식과 주가가 하락할 때 수익이 발생하는 해당 주식의 풋 ELW를 함께 매수하는 것으로 시작합니다.

그러고는 1~2주 등 사전에 정해진 기간마다 주식은 그대로 두고 풋 ELW만 매도해 수익(또는 손실)을 확정 짓습니다. 그럼 다음에 다시 해당 주식을 추가매수하고, 이 주식 보유량에 해당하는 풋 ELW를 또

매수합니다. 그리고 다시 일정 기간을 지켜보는 형식이죠.

이렇게 되면 주가가 하락할 경우 풋 ELW를 통해 손실을 커버하거나 유동성을 확보할 수 있고, 주가가 상승할 경우엔 풋 ELW 투자에서는 손실이 발생하지만 자신 있게 해당 주식을 추가매수할 수 있는 이점을 얻을 수 있습니다. 그러나 이 매매 테크닉은 수년간 지속하는 것이 아닙니다. 수천만 원을 들여 한 종목을 매집하는 초기 3~6개월 이내로 국한시키는 게 좋습니다.

시작은 언제나 똑같습니다. 앞서 소개한 종목 고르기 원칙에 따라 종목을 고르는 것인데, 이번엔 한 가지 조건이 더 필요합니다. 그 종목에 대한 꽤 많은 풋 ELW가 시중에 존재하는가입니다. 그럼 1억 원을 굴리는 투자자가 있다고 해보겠습니다. 이 사람은 '삼성전자'를 향후 1년 정도 투자하기로 결심했습니다.

이 경우 가장 먼저 취할 수 있는 대응은 당장 시가에 1억 원어치를 매수한 후 기다리는 것입니다. 그리고 1년 후 본인의 분석과 예측대로 주가가 폭등했다면 그야말로 대박입니다. 하지만 결코 지금까지 말해온 즐기는 주식투자가 될 수는 없습니다.

그럼 이제 어떻게 해야 할까요? 풋 ELW 합성전략에 따르면 1억 원의 총자금 중에서 먼저 삼성전자 1000만 원어치를 매수하고 이에 해당하는 삼성전자 풋 ELW를 함께 매수하는 것으로 시작해야 합니다.

그런데 이때 문제가 좀 있습니다. 바로 '삼성전자 풋 ELW를 얼마나 살까' 하는 것입니다.

주식 매수분과 동일한 1000만 원어치를 매수하면 안 됩니다. 왜냐하면 ELW는 기본적으로 레버리지를 갖고 있는 파생상품이고, 가격 움직임 또한 자신만의 변동성 기준에 따라 움직이기 때문입니다. 그래서 삼성전자 1000만 원어치에 해당하는 풋 ELW 매수량을 찾아내려면 어떤 기준이 필요한데 바로 이때 사용되는 것이 일명 '델타 전략'이라는 것입니다.

ELW 투자 민감도 지표

• **델타(Delta)**: 기초자산(대상자산)가격이 1단위 변화할 때 ELW 가격이 변화하는 비율. HTS상에는 1.00 또는 100% 방식으로 표시된다. 일반적으로 델타의 해석은 크게 2가지로 가능한데, 첫째는 현재 시점에서 해당 워런트가 행사될 가능성, 둘째는 기초자산의 가격 변화에 대한 ELW의 가격 변화를 나타내는 것이다.

즉 한 ELW의 델타가 0.5라고 하면 이는 현시점에서 만기에 행사될 가능성을 50%라고 해석할 수 있다. 종목의 델타값이 0에서 1로 수렴하고 있다면 이는 내가격으로 향하고 있다는 뜻이며, 0에 가까워진다면 이는 외가격으로 빠져 행사 가능성을 낮춘다는 뜻으로 해석할 수 있다.

또한 현재 기초자산가격이 1원 움직일 때 ELW 가격은 '0.5×전환비율'만큼 움직인다고 보면 된다.

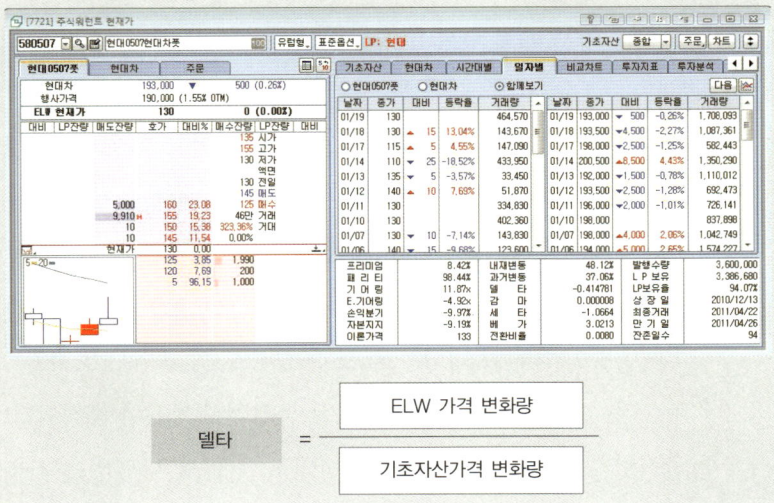

$$\text{델타} = \frac{\text{ELW 가격 변화량}}{\text{기초자산가격 변화량}}$$

- **세타(Theta)**: 잔존만기가 1일 감소할 때 ELW 가격이 변화하는 비율. 시간가치의 하락분이라고 해석하면 된다.

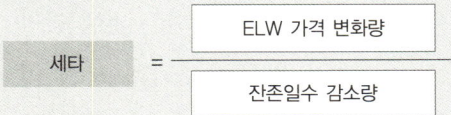

- **베가(Vega)**: 기초자산가격의 변동성이 1% 변화할 때 ELW 가격이 변화하는 비율. ELW의 가격이 기초자산 변동성 변화에 대해 얼마나 민감한가를 나타내는 지표.

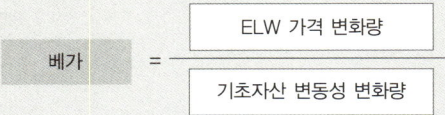

- **감마(Gamma)**: 기초자산가격이 1단위 변화할 때 델타가 변화하는 비율. 기초자산가격 변화에 따라 ELW의 델타가 어떻게 변하는가를 나타내는 지표.

　이때 '델타'의 개념은 매우 중요합니다. 델타는 기초자산(대상자산)이 움직일 때마다 해당 ELW 가격이 얼마나 '민감하게' 변하는지를 보여주는 지표인데, 일명 '민감도 지표'라고도 불립니다. 예를 들어 기초자산 자신의 델타는 1.00(또는 100%)이 될 것입니다. 자신과 자신의 가격은 똑같이 움직일 테니까요. 또한 콜 ELW의 델타는 0~1.00 사이에서 움직이게 될 것입니다. 기초자산 움직임과 똑같이 움직이거나 전혀 움직이지 않거나 하는 것이죠. 반대로 풋 ELW의 델타는 기초자산가격과 반대로 움직이기 때문에 −1.00~0 사이에서 변할 것입니다.

　이번 대응전략에서는 바로 이 델타를 활용하는 것이 포인트입니다. (참고로 ELW의 델타는 이미 HTS에 친절하게 구해져 나와 있습니다.) 바로 매수하려는 주식의 델타와 이 주식에 상응하는 풋 ELW의 델타(마이너스 부호 제외)를 동일하게 맞추는 것이죠. 이렇게 하면 주식가격이 올라 발생하는 수익과 이때 풋 ELW의 손실이 일치하고, 반대로 주식이 하락해 발생하는 손실과 이때 풋 ELW의 수익을 거의 비슷하게 맞출 수 있기 때문입니다. 그야말로 '똔똔(?)'이 되게 만드는 것이죠.

　그렇다면 앞서 삼성전자 1000만 원어치의 매수분에 해당하는 삼성전자 풋 ELW를 얼마나 매수해야 할까요? 먼저 델타를 맞춰야 하는데, 이때 주의할 점은 전환비율을 빠뜨리지 말고 감안해야 한다는 것이죠. 즉 기초자산(삼성전자) 1개에 대한 해당 풋 ELW가 몇 개 필요한지에 대한 계산이 선행돼야 한다는 뜻이죠. 그래서 먼저 자신이 구입한 주식 수량을 전환비율로 나누고 이후에 이 값을 다시 델타로 나눠주어야 제대로 된 '풋 ELW 매수량'을 찾아낼 수 있습니다.

　가령 삼성전자 10주를 매수했는데, 해당 삼성전자 풋 ELW의 전환비율은 0.2이고, 델타가 0.4였다고 하면 과연 나는 몇 개의 풋 ELW를 매수해야 할까요?

> 매수해야 할 풋 ELW 수 = 해당 기초자산 수 / 전환비율 × 델타

　답은 10주를 0.2로 나눈 후 이를 다시 델타인 0.4로 나누면 됩니다. 125주가 나오는데, 따라서 해당 삼성전자 풋 ELW 125개를 매수하면

됩니다.

그러면 이제 나의 포트폴리오는 삼성전자 10주와 삼성전자 풋 ELW 125개가 되는데, 이걸 보유한 채 특정 기간까지 일단 가보는 것입니다. 전 1주일 단위가 적합하다고 권합니다. 앞서 말한 것처럼 ELW는 시간이 지날수록 그 가치가 하락하기 때문에 일주일마다 한 번씩 청산하는 게 좋습니다.

합성매매 시 풋 ELW 상품 고르는 법

1. 만기는 30일 이상 남아 있어야 한다.
2. 행사가격은 근소한 차이로 내가격과 외가격대에 걸쳐 있어야 한다. 델타는 0.3 이상에서 움직여야 한다.
3. 레버리지(유효 기어링)은 5배를 넘지 않는 것이 좋다.
4. 변동성과 관련된 LP의 성향과 평판을 사전에 체크해야 한다.

특히 풋 ELW를 매수할 때는 어떤 상품을 골라야 하는가가 문제로 남는데, 먼저 만기일과 행사가격을 확인해야 합니다. ELW는 만기일에 가까워올수록 시간가치가 빠르게 하락하기 때문에 최소한 만기가 30~40일 이상은 남아 있는 상품을 골라야 합니다. 또한 행사가격의 경우 터무니없는 외가격대에서 움직이는 상품이나 깊은 내가격대로 들어온 상품보다 아주 근소한 차이로 내가격에서 외가격대에 걸쳐 있는 상품을 선택해야 합니다.

다음으로는 유효 기어링과 델타에 대한 확인입니다. ELW는 투자 이유 자체가 레버리지라고 할 만큼 유효 기어링의 크기는 주요 관심

사인데, 합성전략을 구사할 경우 유효 기어링이 4~5배를 넘지 않는 것이 좋습니다. 또한 델타의 경우 개인적으로는 0.5 이상은 되는 ELW 상품을 고르기를 권합니다. 델타값이 0.3 밑에서 움직이고 있다면 이는 행사 가능성이 꽤 낮다는 뜻이므로 피하는 것이 좋습니다.

마지막은 변동성 문제입니다. 이는 곧 LP가 어떤 곳인가라는 문제와도 연결되는데, 앞서도 말했듯 현재 ELW 가격과 ELW 이론가격의 차이는 바로 LP가 임으로 정하는 내재 변동성 수준에 달려 있습니다. 그런데 이때 내재 변동성은 그 자체가 큰지 혹은 작은지보다 해당 LP가 특정한 원칙 없이 변동성을 때론 키웠다가, 때론 줄여 적용하는 것에 주의해야 합니다.

따라서 내재 변동성에 대한 절대적 기준이 풋ELW 상품을 고르는 데 중요한 역할을 합니다.

일정 시점 이후 피라미딩으로 전환

자, 그렇다면 이제 이후의 대응에 대해 살펴보기로 하겠습니다. ELW 합성매매 전략에서 투자자는 가격 흐름에 따라 크게 3가지로 나누어 대응할 수 있습니다.

첫째, '삼성전자 10주 + 삼성전자 풋 ELW 125개'를 보유한 후 1주일이 지난 시점에 삼성전자의 주가가 하락한 경우입니다. 그렇다면 이제 삼성전자 주식은 그냥 두고, 보유한 풋 ELW를 매도해 발생한 수익을 얻습니다. 그리고 이 수익을 포함해 자신이 계획한 규모로 2차 삼성전자 주식 매수에 들어갑니다. 이때는 실물주식 가격은 하락했으니 '물타기'가 됐군요. 이후 다시 보유한 주식에 해당하는 델타를 맞춰 풋 ELW를 매수합니다. 꼭 동일한 풋 ELW를 다시 매수할 필요는 없습니다. 다른 발행사의 상품과 늘 비교해보는 습관을 가지는 게 좋습니다.

둘째, 그런데 1주일 후 이번엔 주가가 상승했습니다. 그러면 풋 ELW는 손실이 발생합니다. 하지만 주가상승으로 보유주식에서 발생한 수익으로 거의 커버가 되는 수준입니다(완전히 수익과 손실이 일치하지 않고 손실이 좀 더 클 수 있습니다).

그렇다면 이때 풋 ELW를 손절매합니다. 그리고 다시 삼성전자 주식만을 놓고 3차 주식 매수에 돌입합니다. 이 과정이 마무리되면 이후 다시 델타 전략을 구사해 풋 ELW를 매수합니다.

셋째, 이런 대응을 이어가다 일정 시점 이후 풋 ELW 매수를 중단하는 것입니다. 이쯤에는 상당한 주식을 모았을 텐데, 이후부터는 피라미딩으로 대응을 이어갑니다. 그렇다면 과연 언제부터 풋 ELW 매수를 중단해야 할까요?

이론적인 답은 단기 박스권을 이탈해 본격 상승장으로 전환되는 시점, 그리고 단기의 급격한 조정을 끝내고 본격 추세반등을 시작하는 시점이라고 말할 수 있습니다. 이것은 그야말로 이론입니다. 왜냐하면 그 시점을 안다는 것이 결코 쉽지 않기 때문입니다.

그래서 실전에서는 주식과 풋 ELW를 함께 매수할 때 델타 전략을 통해 얻어진 개수보다 더 적은 양의 풋 ELW를 매수하거나, 상대적으로 더 많은 주식을 매수하는 것이 좋습니다. 왜냐하면 이런 전략을 구사하는 근본에는 해당 주식에 대해 긍정적인 전망을 기반으로 하고 있기 때문입니다. 따라서 실물주식에 더 많은 비중을 두고 풋 ELW는 이에 대한 '보험'으로 활용하는 것이죠. 이처럼 해당 주식에 대한 본인의 전망이 맞아떨어졌을 경우 일정 시점 이후에는 풋 ELW를 통한 손실이 해당 실물주식 가격 상승으로 인한 수익보다 적게 되고 풋 ELW 매수를 중단합니다.

반면 본인의 전망이 틀렸을 때도 있습니다. 주가가 지속적으로 하락추세에 돌입한 경우입니다. 이럴 때는 풋 ELW를 통해 수익을 거두면서 어느 정도 손실 만회를 해나가다 일정 시점 이후 해당 주식을 손절매하면서 거래를 마치는 수순을 밟아야 합니다. 안타깝지만 그나마 보험을 통해 손실을 최소화했다는 것으로 맘을 추스르면 좋을 것 같습니다.

5 즐기는 투자 실전매매 3
: 손실/이익 확정 전략

매매 테크닉에 대해서는 참 많은 이야기들이 있습니다. 가령 **"매수할 때는 나눠서 천천히, 매도할 때는 한 번에 빨리"라는 '분할매수-전량매도'는 유명한 테크닉이죠.** 저의 경우 주식을 처음 배울 때 이 말을 그냥 암기하다시피 했는데, 매수시기에는 피라미딩이든 애버리징이든 시간을 늘려 위험을 줄이라는 것이고, 매도를 결심했다면 이것은 손절매 원칙에 따른 것이므로 시장가 주문에 맞춰 과감하게 버려야 한다는 것이죠.

종종 '분할매도'를 이야기하는 사람도 있는데, 팔고 났더니 주가가 오르면 배가 아프니까 나눠서 매도해야 한다는 주장입니다. 하지만 절대 그렇지 않습니다. '매도'라는 건 내가 그 주식을 보유하고 있다는 전제인데, 전량매도 후 주가가 급등했다면 맘은 좀 안타깝지만 매도금액으로 다른 종목을 찾으면 됩니다. 그러나 분할매도 후 주가가 더 폭락했다면 이젠 추가손실을 경험해야 합니다. 그래서 '손실은 내가 컨트롤한다'는 즐기는 투자의 목적에 따른다면 '분할매수-전량매도'라는 테크닉이 더 의미가 있는 것입니다.

매매주문 방식과 특징

매매주문은 크게 지정가 주문, 시장가 주문, 조건부 지정가 주문, 최우선 지정가 주문, 최유리 지정가 주문 등 5가지가 있으며 당일 체결이 안 되더라도 익일로 주문은 넘어가지 않는다.

① **지정가(보통가) 주문**: 종목, 수량, 가격을 투자자가 지정해 주문을 내는 것. 반드시 매매가 체결된다고 볼 수 없다.
② **시장가 주문**: 종목과 수량은 지정하지만 가격은 정하지 않는 방식. 매수/매도 주문 순간에 도달한 가격대에서 체결.
③ **조건부 지정가 주문**: 장중 지정가 주문을 냈으나 체결되지 않았을 경우 장 종료 전 마지막 10분 동시호가에 시장가 주문으로 전환돼 매매되는 주문. 상한가로 매도잔량이 없을 경우를 제외하고는 무조건 체결.
④ **최우선 지정가 주문**: 종목과 수량은 지정하고 가격은 팔 때는 최저가에, 살 때는 최저가에 맞춰 체결.
⑤ **최유리 지정가 주문**: 주문을 넣을 때 투자자에게 가장 유리한 가격에서 체결. 가령 팔 때는 최고가를 부르고, 살 때는 최저가를 부르게 된다.

이런 조금은 사소한 테크닉 외에도 실전에서는 많은 대응법이 있습니다. 어떻게 보면 시중에 잘 알려진 것들인데, 전 이런 투자전략을 어떻게 하면 즐기는 투자로 승화시킬 수 있는지 한번 이야기해보려고 합니다. 핵심은 수익이든 손실이든 빠른 시간 내에 '확정' 짓자는 데서 의의를 찾을 수 있습니다.

공모주 투자

'공모주 투자'란 쉽게 말해 주식시장에 처음 상장하는 회사(주식)를 상장 전 미리 투자하는 것입니다. 아파트 분양을 생각하면 쉽습니다. 건설업자들은 아파트 완공 전에 선분양을 통해 수요를 예측하고 자금을 확보하는데, 공모주도 비슷합니다. 해당 기업은 상장 전 소위 '프리미엄' 없는 가격에 공모를 하는 것이죠.

그렇다면 공모주 투자의 장점은 무엇일까요? 역시 아파트 분양과 비슷합니다. 프리미엄이 없기에 싸다는 것이고, 이를 보유한 후 상장 이후 시장에다 내다 팔면 '무위험 수익'을 올릴 수 있다는 논리입니다. 다만 공모주는 이런 장점 때문에 기본적으로 수요가 많고, 특히 증시 활황기에는 수급이 원활하다는 호재도 겹쳐 인기가 높습니다.

예를 들어 자신이 1억 원어치를 사겠다고 해도 그만큼 살 수가 없습니다. 공모주 물량은 한정돼 있기 때문이죠. 공모주는 경쟁률에 맞춰 비례 배분됩니다. 인기가 높으면 높을수록 1인당 배분되는 주식 수는 적어지는 것이죠. 가령 해당 공모주의 경쟁률이 100 대 1이라면 100주를 신청해야 1주를 받을 수 있습니다.

그런데 앞서 공모주의 장점은 상장(IPO) 이후 주가보다 싸다는 것이라고 했습니다. 하지만 정말 이 말이 100% 사실일까요? 그렇지 않습니다. 상장 후 주가가 공모를 통해 책정됐던 주가(공모가) 밑으로 빠질 가능성도 존재하거든요. 그런 사례도 많습니다.

무엇보다 지난 2007년 이후 '풋백 옵션' 제도가 폐지되면서 문제는 더 커졌습니다. 이 제도가 존재했을 때에는 공모가가 상장 후 주가 90% 아래로 떨어질 경우 상장업무 담당 증권사가 되어 사주는 의

> ### 공모주 투자 기본 개요
>
> 공모주는 ① 기업공개, ② 유상증자, ③ 구주주의 실권 시에 청약하여 받을 수 있다. 공모 일정은 경제신문의 공시나 증권사로부터 정보를 얻을 수 있고 해당 기업 관련 정보는 청약 전 증권사 리포트를 참조하면 된다. 공모주 청약은 다음과 같은 과정을 거친다.
>
> ① 해당 공모주 업무를 맡은 증권사(주간사)에 계좌를 미리 개설해야 한다. 최근에는 계좌 개설시기 및 거래실적을 기준으로 청약 시 단골고객을 우대하고 있다. 월평균 예탁자산 100만 원 이상, 청약 개시 7일 전까지 예탁자산 300만 원 이상 또는 최근 한 달간 거래실적 300만 원 이상 등 우대조건은 다양하다.
> ② 일정에 맞춰 도장, 신분증(법인은 사업자등록증), 증권카드, 청약증거금을 지참하고 증권사를 찾아가 청약한다. 1인당 청약 한도 및 증거금률은 건별로 다르기 때문에 사전에 확인한다. 대리인 청약도 가능하고, 최근엔 HTS를 통한 청약도 가능해졌다.
> ③ 청약업무가 끝나면 경쟁률에 따라 배정주식수가 결정되고 최초 청약금액 중 나머지 금액이 환불된다. 그리고 투자자 계좌로 해당 주식이 입고된다. 보통 청약일로부터 1주일 이후 잔금을 환불받고, 약 1개월 후 주식입고와 주식상장이 완료된다.
> ④ 해당 공모기업이 상장되면 자유롭게 주식을 매매하면 된다.

무가 있었거든요. 따라서 투자자의 손실은 최대 -10%로 제한됐었죠.

하지만 이제는 이런 위험을 투자자가 떠안아야 합니다. 공모가격이 비싼지 싼지 스스로 분석해야 할 시기가 온 것이죠. 그렇다면 이제 공모주 투자는 포기해야 할 까요? 혹시 즐기면서 공모주 투자를 할 수는 없을까요?

즐기는 공모주 투자를 위해서는, **첫째 당시 시황 분위기를 살펴야 합니다.** 공모주 투자는 아파트 분양과 마찬가지로 당시 분위기가 중요합니다. 책정된 공모가 분석도 해야 하지만 투자 열기를 느낄 수 있는 시점이어야 합니다.

둘째는 무조건 단기차익을 목표로 해야 한다는 점입니다. 이제 막 시장에 얼굴을 보인 종목을 장기투자한다는 것도 난센스이지만 일반적으로 공모주 투자는 반드시 1~2개월 내에 대규모 차익매물이 나오는 경향이 있어서입니다. 우리처럼 공모주 투자를 했던 기관투자자들의 물량이죠.

해당 주식이 너무 '훌륭해서' 끝까지 들고 갈 수도 있지만 거의 물량이 나옵니다. 그들 역시 단기 무위험 수익을 목표로 하기 때문입니다. 게다가 장외시장에서부터 물량을 보유했던 투자자 물량도 함께 나오는 경우가 많죠. 개인적으로 공모주 투자로 자금 투입기간까지 합쳐(청약 신청기간) 2~3개월에 6~10% 수익을 내는 것을 목표로 합니다. 너무 낮은 것 같지만 상대적 위험이 낮다는 것을 감안하면 괜찮은 수준이랍니다.

셋째는 매매 타이밍에 대한 것인데 상장 첫날 승부를 내는 것을 권합니다. 최선의 시나리오는 첫날 1~2시간 내 5~6% 이상 올라주는 것입니다. 이 경우 미련 없이 털고 나옵니다. 정말 이 주식을 사랑한다고 해도 일단 나온 후 1달 이후 재매수하면 될 것 같습니다. 2010년 5월 세상을 떠들썩하게 만들며 시장에 등장했던 삼성생명은 공모가 11만 원이었는데, 첫날 잠시 12만 원대 상승을 보인 후 반년 넘게 지지부진한 모습입니다. 상장 첫날 승부를 내십시오. 그러면 즐겁습니다.

넷째는 공모주 투자도 손절매 기준을 세워야 합니다. 최근엔 공모주 투자 위험도 꽤 높아진 상태입니다. 전 상장 후 1주일 내 -5% 하락(손실)을 기록하면 로스컷을 하라는 입장입니다. 앞서도 말했지만 공모주의 경우 초기에 하락으로 자리를 잡으면 3개월 정도는 추세를 되돌리기 힘듭니다. 투자자는 괴로움의 연속이지요. 빨리 끊고 나오세요. 그간 공모주 투자를 위해 이것저것 고생한 시간이 아깝고, 돈이 아깝지만 손실의 폭을 내가 확정할 때 즐거울 수 있습니다.

배당주 투자

이제 막 주식투자를 시작한 사람도 대부분 알고 있을 정도로 유명하지만, 실전에선 그 누구도 쉽게 실천에 옮기지 않는 매매전략이 있습니다. 뭐냐고요?

바로 '배당주 투자' 입니다. 기업은 영업활동을 통해 이익을 창출하고 회계결산이 끝나면 그 이익 중 일부를 주주에게 현금 또는 주식으로 배분을 합니다. (경영정책에 따라 안 할 수도 있습니다.) 이때 그 이익의 배분을 배당이라 하고, 주주는 보유지분만큼 배당을 받을 수 있는 권리를 가지게 되죠.

'배당주 투자' 는 얼핏 간단해 보입니다. 배당을 많이 주는 주식을 골라 배당받을 자격을 인정받는 날(배당기준일/사업연도 결산일)에 소유를 인정받아 배당금을 챙기면 됩니다. 그리고 해당 기업이 다른 호재로 주가가 오르면 추가 보너스를 올릴 수도 있습니다. 그래서 배당주 투자는 결국 '배당수익' 과 '자본차익' 등 2가지 측면에서 접근을 하죠.

하지만 주위를 둘러보면 배당주 투자를 잘 하지 않습니다. 이유는 2가지인데, 하나는 바로 '너무 큰 기대' 입니다. 일반적으로 배당주 투자를 하면 실제 매수와 배당금의 계좌 입금까지 4개월 이상의 시간이 소요되는데(배당자격 획득 후 바로 매도해도 되지만 배당락 이후 주가 흐름은 확인해야 한다) 최선의 경우 배당수익에 주가도 올라 7~8%대 수익률을 거둘 수 있지만 대략 4%대 수익률에서 그치는 것이 일반적입니다. 3~4개월에 4%대 수익률, 배당수익이라는 확실한 수익원이 있어 리스크가 상당 부분 제거됐지만 직접 투자자를 만족시켜 주기엔 낮은 편이죠.

다른 하나는 자칫 배당주 투자가 '뒤통수'를 칠 때가 많기 때문입니다. 변동성이 커지면서 배당주 투자에 자금이 물리며 주가가 올라 배당수익률이 떨어지고, 이후 배당락에 주가가 급락하는 경우가 발생하는 것이죠.

그러나 전 즐기는 주식투자를 위해서는 결코 포기할 수 없는 전략이라고 주장합니다. 특히 '1년에 매매를 딱 2번만 하겠다'는 목표를 갖고 있을 경우 배당주 투자를 통해 4개월여 만에 1년치 시중 은행정기예금금리를 '뽑는' 매매를 하면 좋습니다. 배당주 투자는 크게 3가지 부분으로 나뉩니다. 첫째는 고배당주 발굴, 둘째는 매수시점 포착, 셋째는 매도 타이밍입니다. 이 3가지만 고민하고 원칙에 따라 실천에 옮기면 큰 어려움 없이 소기의 목적을 달성할 수 있습니다.

고배당주 발굴, 매수시점 포착, 매도 타이밍 등 3가지 중 첫 번째 고배당주 발굴은 그리 어렵지 않습니다. 이른바 '전통적 고배당주'들의 종목군이 꽤 넓게 포진하고 있거든요. KT, SK텔레콤, KT&G, S-Oil, 강원랜드, 파라다이스, 한라공조, 가스 관련주 등 상당히 많습니다. 게다가 이들 사업구조를 보면 알겠지만 갑자기 실적이 큰 폭으로 곤두박질할 확률도 매우 낮죠. 개인적으로 전 이렇게 검증된 종목을 공략할 것을 추천합니다.

일반적인 배당주 투자 가이드

① 배당률, 배당성향, 배당수익률이 높은 기업을 찾는다. 이때 주의할 점은 해당 회사의 과거 배당행태와 당해연도 실적 전망, 매수하려는 시점의 현 주가 등 3가지를 동시에 살펴 종합적인 판단을 내려야 한다는 것이다.

$$배당률 = \frac{1주당\ 배당금}{주식의\ 액면가액} \qquad 배당성향 = \frac{1주당\ 배당금}{EPS} \qquad 배당수익률 = \frac{1주당\ 배당금}{현재의\ 주가}$$

② '배당정책(dividend policy)'은 경영 전통과도 같은 것으로 노골적으로 말해 '해본 놈'이 또 한다. 엄청난 이익이 발생해도 배당을 하지 않고 유보금으로 쌓아두는 경우가 많기 때문이다. 따라서 과거 3년 정도 해당 종목의 배당정책을 확인해야 한다 (전자공시시스템에 접속해 사업보고서를 보면 과거 배당 관련 사안을 확인할 수 있다).

③ 이 과정에서 함께 확인할 사실은 해당연도의 실적이다. 과거 양호한 배당금을 꾸준하게 지급했어도 당장 실적이 엉망이면 배당을 할 수 없다. 그래서 전문가들은 시가 총액이 크고, 영업이익증가율이 높은 종목을 선호하기도 한다. 다만 당해연도 주당배당금은 결산이 끝나야 확정이 되기에 1~2개월 전 배당주 투자를 시작할 때는 시중 증권사의 전망치(예측치)를 참조해야 한다. 그러나 기존 유명한 배당주들은 남은 몇 개월간 치명적인 사업부진이 발생하지 않는다면 전망치 신뢰도는 매우 높다.

④ 자신이 매수하려는 시점의 주가와 과거 3년간 주당배당금을 토대로 한 예측치를 통해 '나만의 배당수익률'을 계산해야 한다. 다만 이때 계산된 자신의 배당수익률은 '배당주 투자'의 최종 수익률이 아니다. 매도 전까지 해당 종목 주가 흐름은 변하기 때문이다.

⑤ 결산법인에 대한 개념을 정립해야 한다. 배당은 이익을 기반으로 하는 것이고 이익측정은 결산을 바탕으로 이뤄지기 때문이다. 보통 12월 결산법인이라 하면 12월 말 결산이기 때문에 배당기준일은 12월 30일(31일은 휴장)이 된다. 반면 증권사, 보험사 등 3월 결산법인의 배당기준일은 3월 31일이다. 한편 최근에는 회계연도 중간에 중간결산을 바탕으로 배당을 하는 '중간배당(반기배당/분기배당)'도 크게 늘고 있다. 확인해야 할 부분이다.

⑥ 배당기산일(D-2) → 배당락(D-1) → 배당기준일(D)로 이어지는 배당 흐름에 대해 정확하게 파악하자. '배당기준일'은 결산일과 같은 의미로 배당에 대한 자격을 부여받

는 날이다. 그런데 국내증시의 결제체계는 'D+2영업일' 결제로 배당기준일 당일 해당 주식을 매수하면 결제는 이틀 후에 완결된다. 즉 배당자격을 받지 못한다는 이야기다. 그래서 나온 개념이 '배당기산일'인데 배당자격을 받게 되는 실질적인 일자란 뜻이다. 예를 들어 12월 결산법인의 경우 배당자격 획득은 배당기준일인 12월 30일이 아니라 12월 28일이 된다(영업일 기준).

그런데 이 배당기산일과 배당기준일 사이에 '배당락'(현금배당 기준)이 발생한다. 배당락은 배당의 권리가 없어지는 날로 증권거래소에서는 당일 오전 해당 종목의 배당 상황을 기준으로 이만큼의 프리미엄을 제외한 기준가격을 제시한다. 이를 '배당락 조치'라고 한다. 배당에 대한 개념이 전혀 없는 투자자를 보호하기 위한 조치라고 보면 된다. 바로 전일 배당 프리미엄을 상실한지도 모르고 전일 종가를 기준가로 매매할 수 있기 때문이다. 다만 이런 배당락 조치 역시 결과는 투자자들에게 달렸다. 극단적으로 배당락 조치가 있어도 당일 가격제한폭까지 오를 수 있다.

⑦ 배당금(현금배당 기준)은 본인 주식계좌로 입금된다. 현행 규정에 따르면 배당금은 주주총회에서 배당 지급을 의결해 확정한 후 2개월 안에 지급해야 한다. 다만 주주총회가 결산일로부터 3개월 후 열린다는 점을 감안하면 계좌에 배당금이 입금되는 데는 4개월여 기간이 소요된다고 봐야 한다. 한편 배당금은 주식 매매차익과 달리 이자소득세(15.4%)가 부과되고 금융종합소득세 부과 대상에도 속한다.

따라서 문제는 과연 언제 매수할 것인가와 또 언제 매도할 것인가로 모아집니다. 배당주 투자수익률과 직결되는 사안들이죠. 일반적으로 "주가 올라 좋고, 배당도 받아 좋고"라는 '표현'이 자주 사용되는데, 개인적으로 상당히 힘든 가정이라고 생각합니다.

전 즐기는 주식투자 관점에서 배당주 매수는 배당기준일 약 8~10주 전부터 '애버리징'을 권합니다. 이렇게 기간을 넓게 잡은 이유는 전통적 고배당주의 경우 예외 없이 3~4주 전부터는 주가가 급등하기 때문입니다. 알 사람은 다 알기 때문이죠. 따라서 한 달 전에 모든 투자금을 넣고 기다리지 말고 두 달 이전부터 애버리징으로 시세변동

위험을 상쇄한다는 취지입니다. 다만 '역피라미딩'처럼 정교할 필요는 없고 정액 적립식으로 '매주 월요일 오전장에 10만 원' 같은 기준을 세워놓고 접근하면 좋습니다.

이제 마지막으로 매도 타이밍이 남았습니다. 이때 고려할 점은 바로 배당을 받을 것인가, 아니면 배당을 포기하고 매도할 것인가라는 결정입니다. 또한 배당을 받기로 했다면 이후 언제 어떤 기준으로 매도할 것인가가 남죠.

먼저, 배당을 포기하고 매도하기로 결정한 경우입니다. 이는 **애버리징으로 주식을 매입하는 과정에서 자신의 매매수익률과 해당 주식의 평균매입단가와 1주당 배당금을 통해 계산한 '나만의 배당수익률(1주당 배당금/평균매입단가)'을 비교했을 때 투자수익률이 높은 경우입니다.** 이때는 배당을 포기하고 바로 매도해 수익을 확정 지어야 합니다. 즐기는 투자를 위해서는 배당락 이후 상황에 대해 긴장할 필요가 없다고 봅니다.

둘째, 배당을 받기로 한 경우입니다. 이때도 주식을 언제 팔아야 할지 결정해야 합니다. 범위를 좁혀보면 배당락 당일 매도할 것인가, 아니면 배당락을 넘기고 약 2~4주 동안 주가 흐름을 지켜볼까에 대한 판단이죠. 이때는 배당락 하루 동안 주가를 살펴야 합니다. 배당락 조치로 낮게 형성된 기준가가 얼마만큼 빠르게 반등하는가를 보는 것인데, 만약 배당락을 회복하고 올라왔다면 전량매도를 통해 배당주 투자를 마감하는 게 좋습니다.

반면 배당락 조치 이후 주가가 더 빠지거나 회복이 더디다면 한 달여 동안 지켜보아야 하는데, 가장 안 좋은 배당주 투자의 경우라고 할 수 있습니다. 전 배당주 투자를 일종의 '단타매매 마인드'로 접근해야 한다는 쪽입니다. 4개월여의 시간이 제법 길기는 하지만 말입니다. 그래서 모든 단타매매가 그렇듯 배당주 투자도 당연히 손절매를 해야 합니다. 그동안의 노력이 너무 안타깝지만 어쩔 수가 없습니다. 배당주 투자를 할 때도 손절매로 매매 주체가 자신이 돼야 하니까요.

우선주 투자

배당주 투자를 하다 보면 자연스럽게 '우선주'라는 것을 알게 됩니다. 주식은 크게 보통주(common share)와 우선주(preferred share)로 나눌 수 있습니다. 기업 입장에서는 사업을 하다 보면 급작스럽게 돈이 들어갈 일이 많이 생기는데, 우선주는 이런 필요에 따라 생겨난 것입니다. 대출을 받아 부채를 늘릴 필요도 없고, 주식이지만 의결권을 주지 않아 경영권을 침해하지 않는 우선주를 발행해 투자자에게 넘김으로써 자본을 조달하는 것이죠.

그래서 우선주에는 '의결권' '신주인수권' 등이 부여되지 않습니다. 단적으로 말해 기업경영에 대해 이러쿵저러쿵 끼어들지 못하는 것입니다. 그러나 우선주는 의결권을 포기하는 대가로 이익 정산이나 청산 시 잔여자산 분배에서 '우선권'을 갖게 됩니다. 예를 들어 배당금을 받는다고 하면 보통주 대비 1~3% 정도 더 받죠. 보통주 배당금이 1000원이라고 하면 우선주 배당금은 1015원 정도 수준이죠. 게다가 회사가 망했다고 했을 때 보통주에 앞서 잔여자산을 받아낼 권리도 있습니다.

일반적으로 우선주는 보통주의 50~70% 수준입니다. 보통주 주가가 10만 원이라고 하면 우선주는 6~7만 원선이죠. 주식이란 것이 그 본래 의미가 해당 회사의 경영에 대해 한몫을 차지하는 것이기에 이 '프리미엄' 만큼 싸게 취급을 받는 것입니다.

딱 여기까지 들어보면 투자자 대부분은 '우선주야말로 숨은 보석이구나!' 라고 감탄할 것입니다. 배당도 많이 받아, 주가도 싸, 어차피 회사 경영에 끼어들 것도 아니니까 앞으로 보통주 대신 우선주만 노려야겠다고 생각할 수도 있죠.

그러나 막상 우선주 투자를 해보면 꽤 많이 괴롭습니다. 아니, 평균적으로 괴롭다는 표현이 맞을 것 같습니다. 가장 큰 이유는 물량 때문입니다. 우선주는 보통주에 비해 물량이 적습니다(상법상 의결권이 없는 주식은 발행주식총수의 25% 이내로 제한된다). 당연히 거래량도 적죠. 삼성전자의 경우 보통주가 약 1억 5000만 주라고 하면 우선주는 2300만 주 정도입니다. 그래서 우선주는 항상 수급이 문제가 되고, 이처럼 적은 물량을 놓고 펼치는 매매이기 때문에 변동성이 큽니다. 배당 매력으로 접근한다고 해도 우선주는 크게 상승한 후 또 크게 하락하고, 주가가 대세상승에 돌입하면 보통주보다 훨씬 큰 폭으로 오르지만 주가하락기에는 걷잡을 수 없이 폭락하죠.

또한 적은 물량은 결국 '그들만의 리그'를 형성하게 되는데, 이 때문에 우선주는 보통주와 다른 메커니즘으로 돌아가는 경우가 많습니다. 심지어 보통주가 올라도 우선주는 하락할 수 있다는 이야기입니다.

그래서 '즐기는 투자' 관점에서 우선주 투자를 하려면 몇 가지 조건이 필요합니다.

첫째, 강세장 진입입니다. 우선주의 '유동성 디스카운트' 단점을 보완하려면 결국 수급이 좋은 활황장세를 골라야 한다는 것이죠.

둘째, 부도 위험은 물론 M&A 재료도 없는 기업을 택해야 합니다. 실제로 M&A 재료가 붙은 보통주와 우선주의 경우 상승률은 큰 차이를 보입니다. 수급 문제가 과도하게 반영되기 때문입니다.

셋째, 결국 보통주 대신 우선주를 골라 투자하는 가시적 이유는 '배당 매력'이 되는데, 이 때문에 실질배당 성향이 높은 기업을 골라야 합니다. 또한 배당이 이익창출의 결과물이라고 보면 역시 '실적'도 살펴야 합니다.

구형우선주 / 신형우선주

우선주에는 '구형우선주'와 '신형우선주'가 있다. '1우'라고 표시된 것은 '구형우선주'이고, '1우B' '2우' 하면서 B자가 붙은 것은 '신형우선주'이다.

1996년 상법 개정 전에 발행된 우선주가 '구형우선주'로, 보통주보다 배당을 1% 이상 더 해준다. '신형우선주'는 법 개정 이후 발행된 우선주로 일반적으로 끝에 B자가 붙어 있다.

신형우선주는 정관으로 최저배당률(보통 정기예금금리임)을 보장해주는 것이 특징이다. 기업 입장에서 보자면 확정된 이자를 주는 것과 다름없기 때문에 채권(Bond)의 성격을 지니고 있다고 하여 B자가 붙는 것이다. 그해에 배당을 실시하지 못하면 다음 해로 배당의무가 누적된다.

전환우선주 / 상환우선주

우선주 중에는 3~10년가량 지나면 보통주로 바뀌는 것이 있는데, 이를 '전환우선주'라 한다. 한편 '상환우선주'도 있는데, 상환우선주란 특정 기간 동안 우선주의 성격을 가지고 있다가 기간이 만료되면 발행 회사에서 이를 되사도록 한 주식이다. 상환우선주는 상환을 전제로 발행되기 때문에 만기가 있다.

최근에는 '현대차2우B' '대교우B'라는 생소한 우선주도 등장하고, 전환우선주 개념도 투자에 중요한 요인으로 작용하고 있습니다. 어렵지 않습니다. 이름에 'B'자가 붙은 우선주는 1996년 상법 개정 후 발행된 '신형우선주'라고 보면 됩니다. 우선주의 경우 의결권뿐 아니라 신주인수권도 없어 유상증자를 할 경우 불리한 측면이 있어 이를 보완하기 위해 나온 것입니다. 일명 '최저배당률'이란 형식으로 배당에 대한 '보장'을 어필하는 것이죠. 경우에 따라서는 '누적배당'도 적용해 한 해 실적 부진으로 배당을 못 했을 경우 이듬해 누적시켜 배당을 해주기도 합니다. 이런 식으로라도 투자자들에게 어필해 자금을 조달하는 것이죠. 다만 신형우선주라고 해도 누적배당을 하지 않을 수도 있으니까 한 종목씩 정관을 통해 반드시 확인해야 합

현대자동차의 우선주 현황

보통주 외의 주식: 당사는 보통주 외에 3종의 우선주를 발행하고 있으며, 잔여재산 분배, 상환, 전환 등에 대한 권리는 없다. 상세 내역은 다음과 같다.

(단위: 주, 2010년 말 현재)

구분		우선주	2우선주	3우선주
발행주식수		25,109,982	37,613,865	2,478,299
주식의 내용	이익배당에 관한 사항	- 보통주 대비 연 1% 추가배당(액면가 기준) - 비참가적, 비누적적	- 최저우선배당률: 2% (액면가 기준) - 참가적, 비누적적	- 최저우선배당률: 1% (액면가 기준) - 참가적, 비누적적
	잔여재산 분배에 관한 사항	-	-	-
	상환에 관한 사항	-	-	-
	전환에 관한 사항			
기타				

니다.

또 한 가지 '전환우선주' 또는 '전환상환우선주'라는 개념도 알고 있어야 합니다. '몇 년간 보유할 경우 보통주로 바꿔준다'고 보면 되는데, 종종 다수의 투자자들은 '신형우선주=전환상환우선주'로 생각합니다. 하지만 절대 그렇지 않습니다. 전환우선주(또는 상환전환우선주)는 발행 당시 특정한 조건을 붙여서 나온 것입니다. 가령 현대차2우B나 현대차3우B는 신형우선주임에도 불구하고 전환에 대한 조건은 하나도 없습니다.

결국 종목별로 하나씩 확인해야 한다는 뜻입니다.

CB 투자

전환상환우선주에 대해 공부하다 보면 자연스럽게 CB 투자로 넘어오게 됩니다. 최소한의 보장은 마련해놓고 향후 추가수익을 기대한다는 측면에서는 이 둘 사이에 어느 정도 비슷한 부분이 있습니다.

2010년 11월에는 공교롭게도 LG이노텍의 CB 발행과 LS네트웍스의 전환상환우선주 증자가 함께 이뤄졌습니다. 기업 입장에서는 모두 '자금조달'이란 목적 때문이죠.

먼저 LS네트웍스의 '전환상환우선주'를 보겠습니다. 이 우선주는 발행 3개월 뒤부터 우선주 1주당 보통주 1주 비율로 전환할 수 있다는 조건이 있습니다. 공모가격은 5000원입니다. 총 5년의 존속기간 중 공모 후 3개월 이후부터 보통주로 전환을 청구할 수 있습니다. 연 3.5%의 배당도 보장됩니다. 따라서 주가가 5000원 밑으로만 떨어지

LG이노텍 / LS네트웍스 공모 개요(2010년 11월)

(단위: 원)

구분	LG이노텍	LG네트웍스
방식	CB 발행	전환상환우선주 증자
규모	2000억	371억
일반청약일	5일	9~10일
주당 가격	15만(전환가격)	5000
주관사	우리투자증권	이트레이드증권

(자료: 금융감독원)

지 않는다면 이래저래 남는 장사가 된다는 뜻인데 그래서인지 당시 경쟁률도 엄청 치열했습니다.

이처럼 '전환'의 문제를 지켜보면 자연스럽게 CB 투자로 이슈가 옮겨갑니다. CB(Convertible Bond)란 사전에 정해진 조건에 따라 주식으로 전환 가능한 회사채를 말합니다. 채권이자 주식인 셈이죠. 회사 입장에서는 상대적으로 낮은 금리로 자금을 조달할 수 있고 투자자는 보장금리는 낮지만 향후 주가상승을 기대할 수 있다는 특징이 있습니다. 회사 측은 CB를 기존 주주에게 배정할 수도 있고, 제3자에게 발행할 수도 있습니다.

CB 투자전략은 간단하고 명확합니다. 투자자는 채권금리를 받으면서 기다리다가 전환 조건이 해당되는 시점에 주가가 많이 올랐으면 주식으로 전환하면 되고, 주가가 부진하면 만기 보유하면서 채권의 효용만 누리면 됩니다.

즉 현 주가가 2만 원이라고 할 때 약속된 전환주가가 1만 원이라면 1만 원에 주식을 전환받아 2만 원에 팔면 100% 수익률을 올릴 수 있습니다. 반대로 전환주가는 1만 원인데 현 주가는 8000원선에서 움직이고 있다면 그냥 채권금리를 받고 기다리는 것이죠.

CB 발행에 대한 정보는 금융감독원 전자공시시스템(dart.fss.or.kr)에 접속해 수시공시 → 주요 경영사항 신고 → 재무구조 변경 관련을 클릭하면 기업별 CB 발행규모·전환가격 등의 정보를 상세히 얻을 수 있습니다.

다만 CB 관련 투자자는, 첫째 만기까지 보유할 때 얻게 되는 이자율(증권사에서 친절하게 알려줍니다), **둘째 전환가격과 현재가격, 셋째 해당 기업 실적 분석 및 부도 위험 등 3가지 정도는 확인해야 합니다.** 이 중에서도 '즐기는 투자' 관점에서는 첫째 조건이 가장 중요합니다. 만기 보유 시 이자율 수준이 어느 정도 확보돼야 한다는 뜻이죠. 왜냐하면

미래에셋 CB 투자의 명암

지난 2007년 하반기 발행된 미래에셋증권 CB의 발행 조건은 주식 전환시기 12월 1일 이후, 전환가격 13만 원, 만기일 2012년 11월 1일, 만기이자율 연복리 4%였다. 그리고 주식 전환시기였던 2007년 12월 3일(월) 종가는 15만 8907원 이었고 이후 2달여 기간 동안 16만~18만 원 사이에서 움직였다. 만약 당시 미래에셋 CB 투자자 중 주식 전환시기가 도래했을 때 바로 전환을 청구했다면 3만~4만 원 수익, 즉 20~30% 수익을 낼 수 있었다는 이야기다. 그러나 이후 세계 금융위기 도래와 함께 주가는 폭락해 5만 원대가 무너지는 상황에 달했다. 그렇다면 주식으로 전환하지 못했던 투자자들은 지금 슬퍼하고 있을까.
꼭 그렇지만은 않다. 2012년 11월 1일 만기 때까지 채권으로 보유한다면 연복리 4% 금리로 총 21.7%의 이자를 얻을 수 있기 때문이다. 이처럼 주식투자는 주가가 떨어지면 원금이 날아가지만, CB는 주가가 떨어져도 원금 보장은 물론 만기까지 이자수익이 보장되기 때문에 '원금+이자'를 챙길 수 있는 장점이 있다. 하지만 그래도 즐기는 투자의 목적을 감안하면 일찌감치 주식 전환을 통해 수익을 확정 짓는 것이 좋다고 할 수 있다.

실전에서는 '주식 전환'을 통한 차익 발생이 쉽지 않기 때문입니다. 가령 2010년 11월에 led 시설 투자자금 마련을 위해 실시됐던 LG이노텍 CB 발행의 경우 만기이자율은 2%에 전환가액은 15만 원으로 당시 주가 대비 13% 수준의 엄청 높은 프리미엄을 적용했습니다. 이런 상황이라면 투자자가 가질 수 있는 옵션은 해당 기업 실적 개선을 통한 주가 급등밖에 없는데, 이렇게 되면 즐기는 투자와는 점점 거리가 멀어진다고밖에 할 수 없습니다.

한편 CB 투자는 청약을 통하는 방법 외에 HTS를 이용해 거래소 시장에서 거래할 수도 있습니다.

Chapter 4

주식, 떠나기 그리고 돌아오기

주식으로 큰 상처를 입은 분들, 가령 많은 돈을 잃은 분들, 남들과 비교해 자기의 수익이 미미해 속 타는 분들, 자신이 팔면 오르고 사면 내리는 경험을 습관적으로 반복했던 투자자들은 예외 없이 한순간 극단적인 결정을 내리곤 합니다.

바로 '더 이상 이렇게 살 수 없다'면서 보유주식을 모두 시장가 주문으로 내다 팔고 HTS를 꺼버리는 행위입니다. 조금 과격한 비유이긴 하지만 10년 넘게 우울증을 앓던 환자가 한순간 창문 밖으로 몸을 날리는 것과 비슷한 행동입니다.

정말이지 이 순간만큼은 쾌감을 느낄 수 있습니다. 이런 방법이 있는데 내가 그동안 왜 돈까지 잃어가면서 사서 고생했을까 하는 생각이 들 정도니까요. 제가 아는 10명 중 8명 정도는 이런 경험을 했었고, 물론 저도 그중 한 사람입니다. 그러나 이런 행동은 제대로 된 이탈(또는 관전) 대응법이 아닙니다. 이렇게 주식판을 빠져나오면 일시적인 기쁨과 안정을 느낄 수는 있겠지만, 다음 날 혹은 1주일 후 우연히 자신이 매도했던 종목 주가가 10% 넘게 올라 있는 것을 목도하면 무의식 저 깊숙이 감춰놓았던 나만의 패배의식이 슬그머니 고개를 들죠. 분명 주식시장을 이탈했건만 이마저도 쉽지가 않습니다. 여기까지 집요하게 쫓아와 내게 고통을 안겨주니까 말이죠. 오죽했으면 제가 아는 작전주 설계자는 "누군가 죽어야 끝나는 게임"이라고 했겠습니까.

왜 그럴까요? 명확합니다. 내가 즐겁고 영혼의 자유로움을 지킬 수 있는 원칙과 기준을 세우고 이에 맞춰 주식시장을 빠져나오지 않았기 때문입니다. 지속적으로 말하지만 내 원칙대로, 내 의지대로 시장을 이탈했다면 이후 주가가 15% 오르든, 30% 오르든 난 떳떳하고 즐거운 것입니다. 아니, 그래야만 하고요(Sollen). 그러나 그렇지 않았기 때문에 아쉬움이 더 큰 법이고, 남의 떡이 더 커 보이고, 결국엔 그 소굴(?)로 무의식중에 다시 돈을 챙겨 들어가는 것입니다.

이번 장은 주식의 4가지 대응법 중 이탈(또는 관전)에 대한 내용입니다. 그리고 복귀에 대한 내용도 다루고 있습니다. 어느 시점에 도달했을 때 난 주식판을 떠나야 하는지, 떠나는 게 맞는지, 또 언제 무슨 사인에 맞춰 돌아와야 할지, 돌아와선 어떤 상품에 투자할지에 대해 살펴보도록 하겠습니다.

1 내가 끝내지 않는 한 절대 끝나지 않는 게임

주식투자로 돈을 잃어보지 않은 사람은 없습니다. 가치투자의 대가 워렌 버핏은 투자의 제1원칙으로 돈을 잃지 않는 것, 그리고 제2원칙으로 앞서 제1원칙을 잊어버리지 않는 것이라고 했지만 이건 일반론적인 이야기입니다. 가령 1년, 6개월, 3개월, 1개월, 1주일로 범위를 좁혀가면 누구도 예외 없이 크든 작든 마이너스(-) 수익률을 경험할 수밖에 없습니다.

하지만 즐기는 주식투자에 있어서는 이 마이너스 수익률을 어떻게 받아들이는가가 정말로 중요한 문제가 됩니다. 일반적인 반응은 2가지입니다. 하나는 마치 청천벽력이라도 맞은 것처럼 괴로워하고 무서워하는 것, 다른 하나는 더 큰 수익을 위해서는 처음 이 정도 손실쯤은 봐야 한다며 –20~–30% 손실을 보고도 전혀 대수롭지 않게 받아들이는 것이지요.

결론부터 말하면 이 2가지 반응 모두 잘못된 것입니다. 왜냐하면 손실에 대한 자신의 기준선이 있다면 대단하게 벌벌 떨 필요도 없고, 또한 이보다 큰 손실을 관대하게 허용할 일도 없을 테니까요. 그러나 실전에선 이 마이너스 수익률로 인해 수많은 사람들이 주식판에서 헤어 나오지 못하고 있습니다. 막상 떠나야 할 사람은 떠나지 않는가 하면, 반대로 지금 포기하지 않아도 될 투자자는 자괴감과 자멸감에 빠져 주식시장에서 이탈합니다. **그렇다면 우린 언제 주식판에서 떠나야 할까요? 그리고 언제 다시 시장에 복귀해야만 할까요?**

전 다음의 4가지 사안을 체크한 후 결정할 것을 권해봅니다. 주식은 내가 끝내지 않는 한 절대로 끝나지 않는 게임입니다. 너무 어렵고 괴롭다면 쉬어도 되고, 그간 숨 가쁘게 달려왔다면 잠시 쉬면서 좀 여유롭게 즐겨도 됩니다. 떠날 때, 그리고 다시 돌아올 때를 정확히 알고 있다면 말이죠.

① 수업료와 대박 환상

모든 배움에는 수업료를 내야 합니다. 대학등록금은 이미 1000만 원대를 넘어섰고 영어학원에 다니려 해도 한 달에 10만 원이 듭니다. 주식도 다르지 않습니다. 주식을 배우려면 수업료를 내야 합니다. 물론 전 아직 만나보지 못했지만 단 한 번의 손실 경험 없이 주식투자로 수십억 원의 수익을 낸 사람도 존재할 수는 있습니다. 하지만 일반적인 경우라면 주식투자를 통해 어떤 시점에서는 손실을 기록하고, 그 손실로부터 굉장한 깨달음을 얻게 됩니다. 그리고 개선되고, 노련해집니다. 마치 '수업료'와 같은 비용이죠.

전 20대 후배들이 정말 열심히 했음에도 불구하고 손실을 보고 괴로워할 때 이 '수업료'의 개념을 자주 말합니다. 어쩌면 앞서 '-10%의 종목 손절매, -20%의 투자 손절매' 원칙이나 손실감내액도 이것과 관계가 깊습니다. 이 정도 수준의 손실률이라면 자신이 원칙매매를 했다는 가정 하에 '수업료'로 생각할 수 있기 때문입니다.

그런데 주식투자로 수백억 원대 자산가가 됐다는 분들의 이야기를 들어보면 이런 수업료가 엄청납니다. 부인과 이혼하고 자식과도 멀어진 것은 물론, 친구들은 모두 떠나고, 심지어 노숙자 생활을 하기도 합니다. 신용불량자가 된 것은 기본이고, 몇 년간 인생 자체가 완전 망가진 경우도 허다합니다. 그래서일까요? 그간 주식투자로 수억 원대 손실을 본 사람은 이를 통해 스스로를 달랩니다. '주식의 대가도 저런 아픔을 겪었는데 내 상황은 아무것도 아니야'라는 식입니다.

이런 식의 자위가 전적으로 나쁘다는 것은 아닙니다. 하지만 이런 스스로에 대한 위로 이후 어떻게 행동하는가는 정말 중요한 문제입니다. 손실이 수업료가 되려면 기본으로 돌아가 실적과 수급을 살피고, 손절매 기준을 정해놓고 지키고, 현금 비중을 확보하고, 척후병을 보내고 노심초사 기다리는, 그야말로 원점에서 시작하겠다는 자세를 가져야 하거든요.

하지만 이와는 정반대로 '나도 날릴 만큼 날렸으니 이젠 주식 대가들처럼 인생역전하겠다'는 대박 환상을 품는다면 이 순간 가차 없이 주식판을 떠나야 합니다.

수업료는 배움에 대한 대가로 지불하는 돈입니다. 주식투자로 1억 원을 날렸다면 거기에 상응하는 배움이 분명 있어야 합니다. 그럼에도 불구하고 깨달음이 없다면, 여전히 대박 환상에 빠져 일시적 쾌락에만 몰두한다면 잘못돼도 한참 잘못된 것입니다. 이때는 최소한 1년 이상은 HTS를 열지도 말아야 합니다. 너무 무책임한 말이라고요? 그렇지 않습니다. 주위에서 주사가 심한 친구를 보면 알 것입니다. 어떤 수를 써서 이 주사를 바로잡으려고 해도 절대 고쳐지지 않습니다. 3번의 술자리에서는 발현되지 않더라도 4번째 술자리에선 어김없이 그 주사가 나와 큰 사고를 치죠. 방법은 술을 마시지 않는 것밖에 없습니다. 주식도 다르지 않습니다. 안타깝지만 판을 떠나 펀드매니저를 통해 대리만족을 느끼는 수밖에 없습니다.

② 왝더독

주식투자를 하다 보면 '왝더독(Wag the Dog)'이라는 말을 자주 듣습니다. 단어 자체로는 개가 꼬리를 흔드는 것이 아니라 '꼬리가 개의 몸통을 흔든다'는 뜻인데 증시에선 선물시장의 선물옵션 거래에 따라 현물시장의 지수가 좌우되는 상황을 묘사하고 있습니다.

그런데 일상의 주식투자에서도 좀 다른 의미의 '왝더독' 현상이 나타납니다. 자신의 생업과 주식투자의 위치가 바뀌어버리는 경우죠(전업투자자는 제외). 다시 한 번 말하지만 재테크는 직업 및 사업 등 기타 소득행위를 통해 벌어들인 돈을 효과적으로 불려가는 방법입니다. 즉 어디선가 '실탄(돈)'이 공급된다는 사실을 가정하고 있는 것이죠.

따라서 재테크의 한 수단인 주식투자도 마찬가지입니다. '주식으로 돈을 번다'는 생각은 금물입니다. 돈은 회사를 다니고, 환자를 치료하고, 자동차를 수리하고, 학생을 가르치고, 과일과 야채를 팔고, 빵집을 하고, 가정을 행복하게 꾸려가면서 버는 것입니다. 주식은 그렇게 해서 나온 돈을 은행금리와 물가상승률 이상으로 불려 모아나가는 것입니다.

하지만 상당수 주식투자자들은 이런 주종관계가 완전히 허물어져 있습니다. 개의 꼬리가 몸통을 흔드는 왝더독 현상인 것이지요. 멀쩡한 생업이 있는데도 마치 전업투자자처럼 주식에 온 마음과 정신과 열정을 쏟아붓습니다. 그렇게 해야 그나마 주식투자로 성공한다고요? 얼핏 맞는 말같이 들리지만 이건 100% 틀린 소리입니다. 내가 모든 것을 쏟아붓고, 최선을 다해야 할 분야는 바로 나의 생업입니다. 주식투자는 그 다음입니다.

따라서 몇 번을 노력해봤는데도 주식투자 때문에 생업에 막대한 지장을 준다면, 그리고 내 인생의 행복을 침해하는 수준이라면 과감히 주식판을 이탈하십시오. 여러분이 직접 매매를 하지 않아도 주식형펀드라는 간접투자 방법이 존재하고, 제대로 된 상가나 오피스텔 하나를 장만해서 인플레이션을 극복하는 방법도 있습니다. 죽자 사자 주식에만 매달릴 필요가 없다는 이야기입니다.

제가 좋아하는 한 주식투자 전문가는 항상 "그냥 술값 좀 벌겠다는 맘으로 주식 하세요"라는 말로 강의를 시작합니다. 얼핏 장난처럼 들리지만 그 속에는 '생업에 충실하라'는 의미가 담겨 있답니다. 나쁘지 않은 전략입니다.

③ 수익(손실)률로 판단하라

주위의 주식투자를 하는 사람들에게 "주식 언제 그만두겠습니까?"라는 질문을 한번 던져보세요. 그럼 대부분은 '얼마'라는 목표금액을 말합니다. 1억, 5억, 10억 등 액수를 제시하죠. "원금 찾으면 관두려고요"라는 답변도 결국엔 금액입니다.

하지만 이런 식으로는 절대 주식을 관두지 못합니다. 아니, 관두지 못할뿐더러 제대로 돈도 모으지 못하고, 한 걸음 더 나아가 주식투자를 즐길 수도 없습니다. 즐기는 투자자라면 금액이 아니라 항상 '수익률'을 고민해야 하고, 수익률로 말하고 행동해야 합니다.

앞서 총투자금 대비 월 3%의 목표수익률 기준을 정해봤는데, 만약 200만 원을 갖고 주식을 하다 3개월에 24만 원의 수익(12% 수익률)을 냈으면 기쁜 맘으로 차익실현하고 한 몇 주 정도 여유롭게 지내면 됩니다. 어떤 측면에서 24만 원이란 돈은(수익은) 너무 작아 보입니다. 하지만 3개월에 12%라는 수익률은 정말 대단한 것입니다.

대부분 전업투자자들의 소원은 큰 추세를 잡아 남은 인생 경제적으로 어려움 없을 정도의 수익을 올리는 것입니다. 그리고 명예롭게 은퇴하겠다는 목표죠. 이건 단어 그대로 '전업투자자'들에게 해당되는 것입니다. 별도의 생업을 갖고 있는 경우라면 반대로 평생 주식투자를 할 계획을 가져야 합니다. 잠시 쉬려고 할 때는 자신이 정한 목표수익률(또는 로스컷) 기준에 맞춰 움직이면 됩니다. 매매는 3~4개월 쉬어도 전혀 문제가 없습니다. 지금 당장 A주식을 매수하지 않아도 언제든 기회는 다시 옵니다. 설사 A주식이 추세를 타고 하늘로 올라갔다고 해도 B주식을 통해 비슷한 기회를 얻을 수 있습니다. 그런데 1000만 원 벌었네, 1억 벌었네, 3000만 원 날렸네 등과 같이 금액으로 자신의 매매를 평가하기 시작하면 이런 여유로움을 가질 수 없게 됩니다. 쉴 타이밍도, 재진입할 시기도 놓치게 되는 것이죠.

④ 고금리, 저환율에서 빠져나오라

대한민국의 주식투자자라면, 무엇보다 원화를 갖고 주식을 매매하는 경우라면 자신의 이탈과 재진입의 지표로 최소한 '금리'와 '환율'의 움직임을 늘 주시하고 있어야 합니다. 연 2%대였던 기준금리가 연 5%대로 빠르게 인상됐다고요? 몇 가지 상황을 체크해봐야겠지만 이때는 예외 없이 증시를 떠날 신호입니다.

1100~1200원에서 움직이던 원/달러 환율이 어느 순간 1000원대를 깨더니 900원대 초입까지 내려왔다고요? 이때도 마찬가지입니다. 슬슬 보유주식을 매도하고 당분간 매매를 쉬면서 분위기를 살필 준비를 하고 있어야 합니다. **요약하면 고금리와 저환율은 이탈신호, 저금리와 고환율은 (재)진입신호**라고 할 수 있습니다.

이유는 간단합니다. 금리가 빠르게, 큰 폭으로 인상됐다는 건 그만큼 인플레이션 우려가 커졌다는 뜻이고, 바꿔 말하면 버블(거품)이 많이 끼었다는 뜻이 됩니다. 그럼 결국 곧 거품 붕괴를 통해 경기의 한 사이클이 마무리될 것이라 판단할 수 있고, 당연히 증시에도 악재입니다. 또 원/달러 환율이 급격하게 떨어졌다는 건 원화가 강해졌다는 뜻인데 수출로 먹고사는 대한민국 기업에겐 가격경쟁력 약화로 실적에 비상등이 커집니다. 게다가 이처럼 환율이 움직이면 '환차익'을

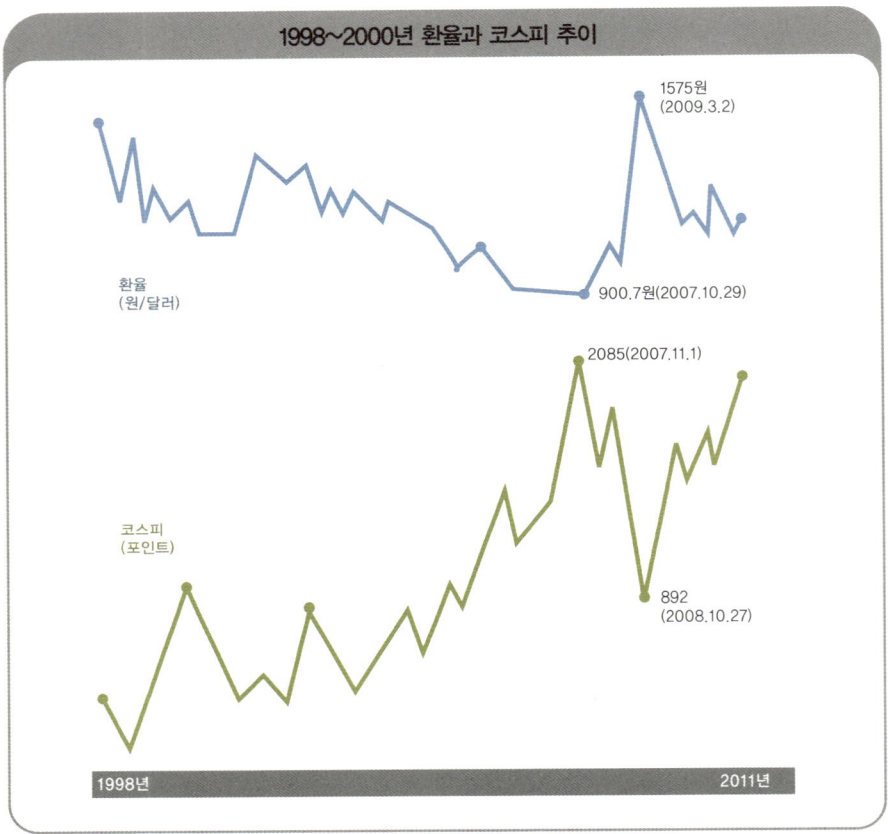

1998~2000년 환율과 코스피 추이

노린 대규모 투기자금이 국내증시로 유입되는데, 이들은 더 이상 환율이 하락할 것 같지 않으면 순식간에 주식을 털고 나가버립니다. 그 야말로 실적과 수급 모두 타격을 받게 되는 것이죠.

그런데 이 금리와 환율이란 것이 잘 보면 서로 영향을 주면서 움직입니다. 즉 금리를 올리면 원화에 대한 수요가 높아져 환율이 떨어지고, 금리를 내리면 반대로 환율은 상승하기 때문입니다. 그래서 투자자들은 큰 고민 하지 않고 이탈과 재진입의 시점을 잡을 수 있을 것 같습니다. 다만 그간 흐름을 보면 이들 금리와 환율 움직임과 증시의 움직임은 약 1년에서 1년 6개월 정도 시간차를 두고 있습니다. 1986~1988년 일명 '3저 호황'(저금리, 저환율, 저유가)을 기반으로 1000을 돌파했던 코스피는 이듬해부터 폭락했고, 1998~2001년 말까지 고금리와 고환율에 허덕대던 국내증시는 이후 금리인하와 환율하락이 시작되며 2003년 초부터 일명 '슈퍼버블' 사이클에 올라탔습니다. 반면 2007년 말 코스피2000 돌파와 함께했던 고금리와 저환율 현상은 이후 2008년 말 증시가 1000 밑으로 폭락하는 것으로 나타났지요.

다만 이때 주의해야 할 점은 지표의 '흐름'을 봐야 한다는 것입니다. 즉 '현재 금리가 높다'가 중요한 것이 아니라 인상기에 접어들었는지를 확인하는 것이고, '현재 환율이 높다'가 아니라 환율하락 흐름이 진행되는지를 살펴야 합니다. 그리고 이 흐름에 따라 자신의 포지션을 결정해야 합니다.

ETF에 관심 가져보는 건 어때요?

여러분, 즐기는 주식투자를 위해서는 절대로 평균매입단가를 낮추는 행위, 일명 '물타기'를 해서는 안 된다고 했던 말을 기억하십니까? 반면 대다수 전문가들은 펀드투자를 한다면 '달러 코스트 애버리징(Dollar Cost Averaging)'이라고 불리는 '평균투자 효과' 또는 '평균매입단가 하락 효과'가 상당한 의미가 있다고 주장합니다.

대체 왜 그럴까요? 주식은 물타기가 안 되는데, 주식형펀드는 물타기가 중요한 공략 수단이 되는 것일까요? 그것은 바로 개별 종목에 대한 공략과 시장 전체를 투자 대상으로 하는 공략에 대한 차이 때문에 그렇습니다. 바꿔 말하면 개별 종목 추세와 시장 전체 추세의 본질이 다르기 때문이기도 합니다.

주식투자의 대응으로 관전(이탈)과 재진입에 대한 이야기를 하다가 왜 갑자기 '물타기'에 대한 이야기를 꺼내느냐고 반문할 수도 있겠습니다. 그것은 바로 많은 투자자들이 시장주도주 교체시기나 업종 순환매 시기에 큰 타격을 받기 때문입니다. 무엇보다 이런 식으로 충격을 받으면 주식투자에 회의를 많이 느끼고 결국 이탈하게 됩니다. 가령 코스피는 3000을 가는데 자신이 믿었던 업종대표주는 여전히 5만 원대에서 움직인다고 가정해보면 됩니다.

만약 이런 상황이 연속적으로 다가와 주식투자 자체에 자신감을 잃어버렸다면 이 투자자에게는 시장 전체를 공략 대상으로 하는 간접투자(펀드투자)가 대안이 될 수 있는데, 이때 투자 방법으로는 일명 '물타기'로 불리는 '애버리징'이 적합하다는 것을 말하고 싶어서입니다.

주도주의 사이클 vs 시장의 사이클

앞서 행복한 주식 고르기의 4가지 기준에 따르면 업종대표주는 유력한 투자후보가 됩니다. 그러나 실전에선 의외로 이런 몇몇 대형주의 부진 때문에 상처를 받는 투자자들이 많습니다. 바로 소수의 '시장주도주'가 엄청난 급등으로 시장 전체를 끌어올리는 상황이 반복되는 경우입니다.

예를 들어 시총 상위 20개 종목 중 5~6개 종목이 폭등세를 보이면서 단기간 시장지수를 상승시켰다고 해보겠습니다. 그러나 내 포트폴리오에는 이 중 한 종목도 없을뿐더러 보유종목 주가는 오히려 지지부진합니다. 이 경우엔 '피라미딩'도 성과가 없습니다. 이런 상황에 처하면 대부분 투자자들은 최초 선택했던 종목을 쉽게 바꾸지 못하기 때문입니다. 그래서 몇 번의 손절매를 거듭하다 결국 스스로의 원칙을 깨고 '저평가'라는 미명 하에 부진을 지속해왔던 자신의 보유종목에 대규모 자금을 투입해 승부수를 띄웁니다. 하지만 그럼에도 불구하고 기존 시장주도주는 쉽게 바뀌지 않고 내가 선택한 종목은 여전히 저평가 상태일 뿐입니다.

더 심각한 문제는 이 다음부터입니다. 모든 걸 포기한 투자자가 눈물을 머금고 지금까지 보유했던 주식을 팔고 기존 시장주도주로 갈아탈 무렵 시장은 마치 모든 것을 보고 있었다는 듯 순환매 장세로 변신하기 때문입니다.

'순환매'란 소수의 종목들에 호재와 매수가 집중돼 시장이 상승했을 경우 일정 시점 이후 긍정적 영향이 그간 소외됐던 영역으로 퍼지면서 매수가 순환되는 현상을 말합니다. 보통 업종 순환매와 종목 순환매가 있는데, 자동차 업종에서 IT 업종으로, 이후엔 은행 업종, 다음엔 증권 업종 등으로 업종별로 매수가 순환되는가 하면, 한 업종 내에서는 일등주(대장주)가 한참 급등하다 주춤하고 이후 이등주가 일등주가 상승했던 폭의 80~90% 정도만큼 따라 오르는 모습을 보이는 게 일반적입니다. 이 밖에 대형주 → 중형주 → 소형주 → 대형주 순으로 밀고 끌고를 반복하기도 하죠.

이런 순환매 현상은 시장이 추세를 타고 본격 상승할 때 나타나는 게 일반적이지만 종종 박스권 장세에도 출몰합니다. 지수는 그다지 움직이지 않는데 업종별로 돌아가면서 상승과 조정을 반복하는 모습입니다.

그런데 앞서 기존 시장주도주를 뒤늦게 잡았던 투자자가 순환매 장세를 만나면 그야말로 결정타를 맞습니다. 시장을 이끌었던 업종

자체가 바뀌는가 하면, 대형주들은 그대로 멈춘 반면 시총 80위권 밖의 종목들이 튀어 올라 더욱 당황하게 만들기 때문입니다. 이미 손실이 커 맘은 급한 상태라 이 투자자는 이번엔 순환매를 잡으러 달려들지만 매번 한발 늦기 일쑤입니다. 그래서 시장은 15% 넘게 올랐고, 25% 이상 오른 종목이 수두룩함에도 불구하고 나는 오히려 마이너스 수익률이 발생하죠. 즐기는 투자가 철저하게 붕괴되는 순간입니다. 그리고 이럴 때면 펀드에 투자한 채 자기 일을 열심히 하고 있는 사람들이 부러워지고, 자신이 너무 초라해지죠. 분명 노력도, 공부도, 정성도 내가 더 많이 쏟았는데 결과는 정반대입니다.

하지만 이런 현상은 어떻게 보면 당연한 결과라고 볼 수 있습니다. 왜냐하면 시장주도주 등 개별 종목이 갖는 사이클과 시장 자체가 갖는 사이클에는 명확한 차이가 있기 때문입니다. **시장의 추세는 다양한 시장주도주들의 추세가 모여 완성됩니다. 큰 추세가 나타날 경우 이 둘의 방향성은 비슷할 수 있지만 주기와 진폭이 사뭇 다릅니다. 주기는 시장 사이클이 길고, 진폭은 개별 주도주들이 큰 편이죠.**

이 때문에 순환매를 통해 개별 종목들이 등락을 거듭하면서 시장의 추세를 만들 때는 개인투자자의 상당수가 자칫 소외될 수 있는 상황이 발생할 수 있는 것입니다.

종종 펀드투자에 대해 시장주도주를 골랐을 때에 비해 수익 발생 시기가 느리고 그 규모 또한 상대적으로 적다는 단점이 부각되는데, 엄밀히 말해 이게 꼭 단점만은 아닙니다. 시장 전체를 공략했을 경우 최소한 상승장에서 소외될 가능성은 100% 없다는 강점이 존재하기 때문입니다.

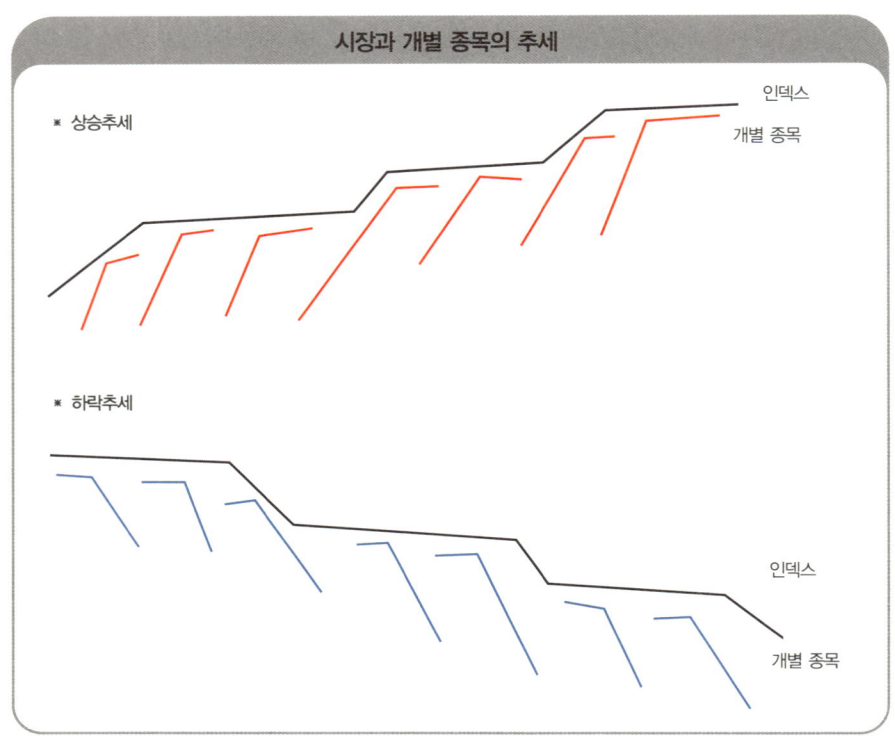

실은 대다수 펀드 전문가들이 펀드투자에 있어 평균매수단가를 낮추는 '물타기'에 큰 의미를 부여하는 것도 실은 이런 이유에서 비롯됩니다. **개별 주식은 주기가 짧고 진폭도 커 타이밍을 놓쳤을 경우**(심지어 대세상승장에서도) **물타기가 대량 손실의 빌미가 되지만 펀드는 긴 호흡으로 물타기를 하면서 끝까지 따라붙을 경우 추세를 반드시 먹을 수 있기 때문이죠.**

더도 덜도 말고 딱 시장수익률만큼

그래서 혹시 지금 대형주 주식투자를 통해 상처를 입고 떠나려 한다면 전 개별 주식이 아닌 시장 전체 또는 업종 전체를 대상으로 투자를 해볼 것을 권해봅니다.

혹시 상장지수펀드(ETF: Exchange Traded Fund)라고 들어보셨나요? 간단합니다. 분명 주식인 것 같은데 그 속내를 보면 '펀드'와 비슷한 모습을 갖고 있는 녀석이죠. 특정 주가지수(벤치마크)를 정해놓고 이 지수의 등락률만큼 움직이도록 설계된 투자상품입니다. '인덱스 상품' 중 대표 선수라고 할 수 있습니다. 이 ETF는 주식처럼 거래소에 상장돼 있는데, 주식이 해당 기업의 자본금을 쪼갠 지분이라면 ETF는 펀드 설정액을 쪼갠 지분이라고 이해하면 쉬울 것 같습니다.

현재 국내에는 코스피 전체를 추종하는 ETF도 있고 반도체 업종이나, 자동차 업종, 은행 업종 등 일부 업종에 속한 주식들만 모아놓고 이들의 평균적인 주가등락률만큼 움직이는 상품도 있습니다. 특정 그룹의 주식만 모아놓은 ETF도 있고, 금값 변동을 추종하는 ETF, 그리고 시장수익률 대비 배수의 수익률을 주는 레버리지 ETF, 시장수익률과 반대의 손익을 주는 인버스 ETF도 거래할 수 있습니다.

그런데 ETF에 대한 본격적인 이야기를 하기 전에 잠시 인덱스펀드에 대해 이야기해보겠습니다. 인덱스펀드는 그야말로 '더도 덜도 말고 시장만큼만 수익 냈으면 좋을 텐데!'라는 투자자의 마음을 충족시키기 위해 탄생됐는데, 정말 딱 지수(index)의 등락률만큼 수익률이 움직이는 펀드입니다. 이때 포인트는 바로 '지수(index)'인데, 지수는 해당 투자 대상의 평균적인 움직임이라고 이해하면 쉽습니다.

벤치마크(benchmark)와도 같은 의미입니다. 가령 국내 주식형펀드의 경우 투자 대상은 바로 국내증시입니다. 따라서 이때 '지수'는 바로 코스피가 되고, 국내 주식형 인덱스펀드라고 하면 정확히 코스피가 오르고 내리는 것만큼 수익을 내는 상품이라고 이해하면 됩니다.

종종 주위에서 "좋은 펀드 좀 추천해달라"고 하면 전 서슴없이 "수수료 저렴한 인덱스펀드면 다 좋습니다"라고 답합니다. 그럼 대부분의 사람들은 실망의 눈빛을 보내죠. 왜냐고요? 인간이라면 주식형펀드에 투자한다고 할 때 최소한 시장수익률보다는 높은 성과를 얻고 싶어 하기 때문입니다. 코스피가 10% 상승했다면 자신의 펀드수익률은 20%는 돼야 하고, 코스피가 -10% 떨어졌다면 내 펀드는 원금을 지켜주기 바라는 마음이죠.

무엇보다 세계증시의 역사를 보면 이런 사례가 분명히 존재했기에 더욱 그렇습니다. 미국 피델리티운용의 '마젤란 펀드'는 피터 린치라는 전설적인 펀드매니저 덕택에 13년간 연평균 수익률이 29.2%를 기록했답니다. 10년 이상 거의 매년 약 30%의 수익률을 올렸다는 이야기인데 정말 환상적입니다.

마젤란 펀드에 비해 규모는 작지만, 존 네프라는 펀드매니저는 1964년부터 1995년까지 '윈저 펀드'를 운용해 5550%라는 말도 안 되는 수익률을 올렸지요. 입이 딱 벌어집니다. 그래서 많은 투자자들은 지금도 제2, 제3의 마젤란 펀드, 윈저 펀드를 기대하면서 펀드 고르기에 열을 올리고 있습니다. 하지만 전 만약 5년 정도 기간을 두고, 여유자금을 갖고, 국내증시에, 펀드(간접투자)로 도전할 생각이라면 무조건 인덱스펀드를 첫손에 꼽습니다.

그 이유는 첫째로 주식운용의 어려움 때문입니다. 잘 알다시피 펀드수익률 성과는 펀드매니저 및 자산운용사의 역량에 달려 있습니다. 그런데 앞서 말한 피터 린치나 존 네프 같은 매니저는 정말 전설 같은 인물입니다. 현실을 보면 1~2년 운용을 잘하다가도 이후 4~5년간 시장수익률보다 성과를 못 내는 경우가 많습니다. 운용 철학이 바뀌는 경우는 허다하고 운용 스타일이 바뀌는가 하면 아예 해당 펀드를 포기하고 슬그머니 다른 신생 펀드를 갖고 새롭게 수익률 경쟁에 돌입하기도 합니다.

 둘째는 확률 때문입니다. 재테크가 확률의 싸움이라는 대전제를 믿는다면 펀드 역시 일반 주식형펀드 대신 인덱스펀드를 골라야 한

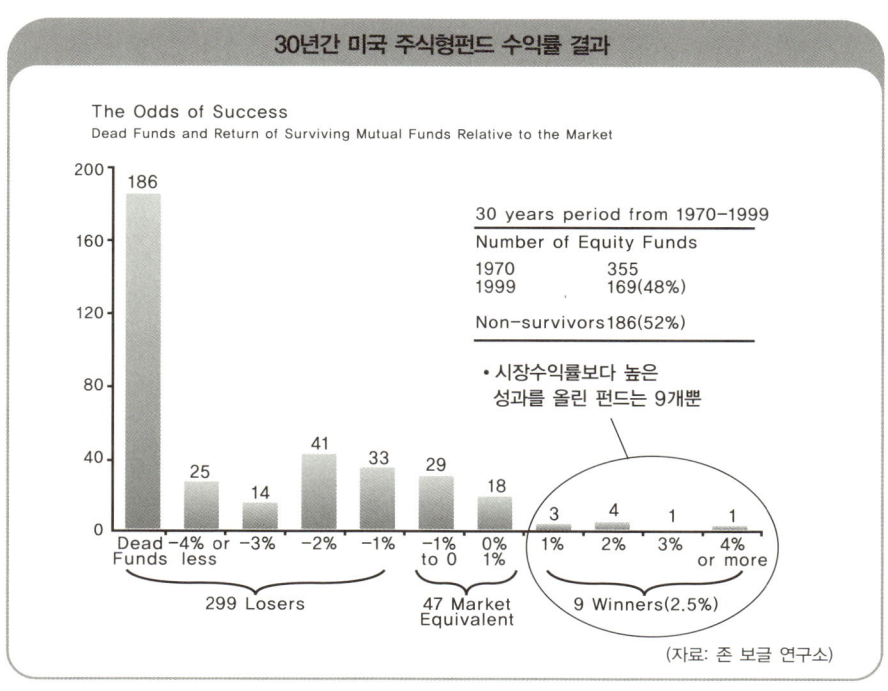

다는 뜻이죠.

존 보글 연구소는 미국에서 지난 1970년 당시 365개의 괜찮았던 주식형펀드를 골라 수익률 추이를 살폈습니다. 그런데 30년 후인 1999년에 그 결과를 보니 이 중 186개는 펀드 자체가 없어졌고, 생존한 펀드 179개 중에서 113개는 미 증시보다 수익률이 낮았습니다. 그나마 47개가 비슷한 성과를 올렸고, 시장보다 높은 수익률을 올렸던 펀드는 겨우 9개에 불과했지요.

결국 만약 1970년 당시 365개 펀드를 놓고 고민하는 대신 그냥 인덱스펀드에 투자했다면 앞서 말한 9개 펀드보다는 못하지만 299개 펀드보다는 뛰어난 성과를 올릴 확률이 매우 높았다는 이야기입니다.

인덱스펀드는 절대로 수익률 1등을 못 합니다. 운용구조상, 그리고 태생적으로 절대 시장을 이길 수 없죠. 하지만 매 시험 항상 상위 20% 안에는 듭니다. 그래서 확률적 접근으로 보면 인덱스펀드는 상당히 우월합니다.

셋째는 낮은 수수료 때문입니다. 시장(지수)을 그대로 추종하기 때문에 액티브펀드가 하는 종목 발굴 등의 노력이 상대적으로 덜합니다. 그래서 보통 주식형펀드의 보수 및 수수료가 2~2.5%대 수준이라면 인덱스펀드는 1% 정도입니다. 거의 2배 이상 차이가 나죠. 그런데 이를 1년이 아닌 3년, 5년, 10년으로 생각해보세요. 비용 부담이 적은 인덱스펀드는 훨씬 유리한 자리를 차지하게 됩니다. 특히 최근엔 '진보된 인덱스펀드(Enhanced Index Fund)'라고 해서 시장수익률보다 좀 더 높은 성과를 내려는 상품도 있습니다. 인덱스펀드의 매력이 더 커지는 셈이죠.

손맛 + 저렴한 비용 + 자산배분 효과

이번엔 다시 ETF로 돌아와보겠습니다. 왜 자꾸 ETF를 하다, 인덱스펀드를 하다 우왕좌왕하냐고요? 실은 이렇게 하는 이유가 있답니다. 보통 주식투자를 하다 상처를 받은 사람은 펀드, 그것도 인덱스펀드에 돈을 넣고는 매매를 중단하는 경우가 많습니다. 결코 나쁘지 않습니다. 아니, 매우 좋습니다. 즐기는 투자라는 취지에도 부합하지요. 저 역시 '인덱스펀드 마니아' 중 한 명이랍니다.

하지만 만약 이런 인덱스펀드 투자를 하다 보니 너무 무료(?)하다거나, 손이 근질거려서 다시 주식판으로 돌아오게 된다면 이때는 ETF를 선택해보라는 조언을 하고 싶습니다. ETF는 언뜻 인덱스펀드와 똑같은 것처럼 보이지만 상당한 차이점을 갖고 있거든요.

무엇보다 ETF는 주식시장이 열리는 시간에 실시간으로 거래할 수 있기 때문에 투자자들에게는 일명 '쪼이는 맛'과 '손맛'을 선사해줍니다. 즉 인덱스펀드의 경우 수익률이 당일 종가 기준으로 평가되지만 ETF는 같은 지수추종상품임에도 불구하고 장중 시시각각 변하는 등락을 적용받기 때문입니다.

또한 ETF는 이미 저렴한 수수료(투자비용)를 자랑하는 인덱스펀드보다도 비용이 더 적게 듭니다. 각 ETF를 운용하는 운용사별로 차이가 있겠지만 거의 연 0.5% 수준으로 저렴한 데다 주식임에도 불구하고 개별 종목 매도 시 적용되는 증권거래세(0.3%)가 면제됩니다(단 섹터형 ETF인 해외, 채권, 레버리지, 인버스 등은 차익에 15.4% 이자소득세 부과). 증권사 HTS 수수료만 내면 될 뿐이죠.

2011년 1월 20일 현재 국내증시에는 9개 자산운용사가 운용하는 총 65개 ETF 상품이 상장돼 있습니다. 특히 최근엔 국내증시뿐 아니라 해외증시, 채권, 상품 등 다양한 영역의 ETF 상품이 등장해 투자자 스스로 '자산배분'을 할 수 있는 기회를 제공하기도 합니다. 가령 홍콩H증시, 브라질, 일본, 미 나스닥 증시에 투자할 수 있고 금, 원유, 농산물 가격변동에도 투자가 가능합니다. 또한 국고채와 통안채, 그리고 단기채권에 자금을 넣을 수도 있습니다. 이뿐만이 아닙니다. 레버리지/인버스형이라고 해서 시장 움직임 대비 2배의 수익과 손실을 내며, 시장 움직임과 반대의 손익구조를 갖는 상품도 있답니다.

결국 현재 ETF 투자자들은 마치 대형 헤지펀드가 구사하는 자산배분 전략을 개인도 실천할 수 있다는 것이죠. 실제로 상당수 투자자들은 국내 상장 ETF뿐 아니라 해외 상장 ETF에까지 투자 영역을 확대하는 추세입니다. 물론 이런 자산배분 역시 인덱스펀드를 활용해도 되지만 주식처럼 HTS를 이용할 수 있는 ETF의 투자는 간편성, 신속성 면에서 장점을 갖고 있다고 할 수 있죠.

일각에선 같은 인덱스 상품임에도 불구하고 "인덱스펀드가 ETF보다 더 수익률이 높다"는 주장을 합니다. 여러분 중 4~5년 국내 증시(코스피)를 추종하는 인덱스펀드와 ETF에 함께 투자했다면 분명 이런 결과를 얻었을 것입니다.

하지만 이것은 '재투자' 방식에 따른 문제이지 운용의 문제는 아닙니다. 즉 인덱스펀드는 매년 설정일에 맞춰 결산을 하는데 투자이익이 발생했을 경우 기준가를 1000원으로 맞추면서 좌수를 조정하는 과정을 거칩니다. 기준가가 1000원 이상이라면 이를 1000원으로 낮추는 대신 좌수를 늘려주는 것이죠. 이것을 펀드의 '유사복리 효과'

ETF 시장구조

ETF 시장은 크게 발행시장과 유통시장으로 양분된다. 발행시장은 ETF를 만들어 거래소에 상장시키는 곳으로 주로 기관투자자들이 참여한다. AP들이 고객(주로 기관투자자)으로부터 설정 및 해지 요청을 받아 운용사에 ETF를 설정 혹은 해지하는 구조다. 반면 유통시장은 거래소에 상장된 ETF가 매매되는 곳을 가리키며 일반 참여자들이 투자하게 된다. 다만 발행시장과 유통시장은 별개로 구분된 시장이 아니며 상호작용하며 공존한다.

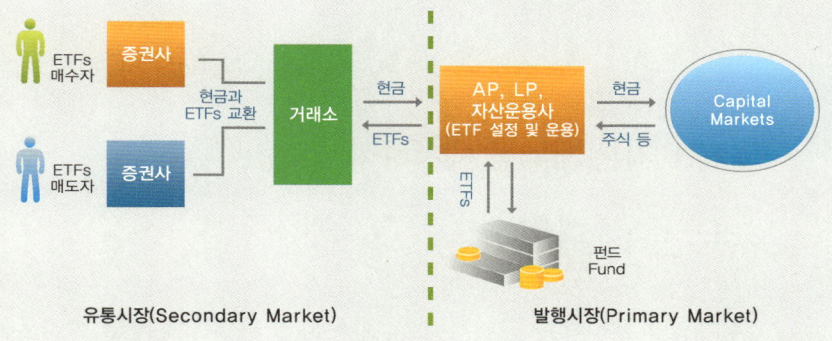

한편 지정참가회사(AP: Authorized Participant), 유동성공급자(LP: Liquidity Provider) 등 용어도 ETF 시장구조를 파악하기 위해 알아둬야 한다. AP는 투자자 요청에 의해 ETF를 자산운용사에 설정 혹은 환매 요청하는 회사를 가리킨다. LP는 원활한 거래를 위해 시장에 매수 혹은 매도 호가를 제시함으로써 시장유동성을 공급하는 회사다. 가령 KODEX200의 경우 삼성투신운용(자산운용사)이 운용을 맡고 있지만 AP와 LP로는 다양한 시중 증권사가 참여하고 있다.

라고 하는데, 해당 지수가 수년간 매년 지속적으로 플러스(+) 수익률로 한 해(설정일 기준)를 마감할 경우 이런 유사복리 효과가 나타나는 것입니다. 펀드가 소유한 주식에서 발생하는 배당금도 펀드에 재투자합니다.

반면 ETF는 주식 바스켓에서 발생한 수익에서 신탁 보수 및 운용에 필요한 경비를 공제한 후 분배금을 분기별로 ETF 투자자에게 현금 지급합니다. 이렇게 함으로써 추종(추적)지수와 등락률 차이가 벌어지지 않게 하는 것이죠. 따라서 ETF는 수익분배를 현금으로 보상한다고 생각하면 쉽습니다. 결국 인덱스펀드 대비 수익률 차이는 없다고 할 수 있습니다.

ETF 기본 개념을 숙지하라

ETF를 실전 거래하기 위해서는 몇 가지 주의할 점이 있습니다. 이론 NAV(Net Asset Value, 순자산가치), 추정 NAV, 거래가격 그리고 추적오차율과 괴리율의 개념을 숙지해야 하고 이를 바탕으로 흠이 없는 ETF를 고를 줄 알아야 합니다.

> NAV = ETF의 총 순자산가치 / 총 발행주식수

NAV란 ETF 한 주의 정확한 실제 가치를 말하는데, 이론 NAV라고 하면 해당 ETF가 추적하는 벤치마크의 실시간 움직임(등락)을 말합니다. 반면 추정 NAV는 해당 ETF를 운용하는 주체가 벤치마크를 쫓아가며 만들어낸 자산의 실제 가격을 말합니다. 보통 10초마다 산출돼 공개되는데 우리가 보통 'NAV'라고 할 때는 이 추정 NAV를 가리킵니다.

거래가격이라는 개념도 숙지해야 합니다. 거래가격은 추정 NAV를 기준으로 매수 및 매도가 이뤄져 결정된 가격입니다. 마지막으로 '추적오차율'과 '괴리율'도 빼놓을 수 없는데, 추적오차율이란 이론 NAV와 추적 NAV의 차이를 말하며 괴리율은 추정 NAV와 거래가격의 차이를 일컫는 용어입니다.

그런데 이런 개념은 실전에 어떻게 이용해야 할까요? 만약 한 ETF 상품이 추적오차율이 아주 크다고 해보겠습니다. 우린 이것을 어떻게 해석해야 할까요? 이것은 해당 ETF를 운용하는 운용사 실력이 떨어진다고 파악할 수 있습니다. 해당 지수는 5% 올랐는데 해당 ETF의 자산가격은 3% 상승에 그쳤다면 이 ETF 주식 보유자는 손해를 보기 때문입니다. 다만 추적오차율은 어느 정도 용인할 부분도 있습니다. 처음부터 매매비용과 운용보수, 거래시간 차이(해외 벤치마크의 경우), 완전복제와 부분복제 차이, 분배금 지급 등 차이가 나는 요인이 존재하기 때문이죠. 요즘에는 대부분의 운용 주체들의 실력이 좋아져 추적오차는 거의 발생하지 않는 추세입니다.

괴리율(%) = (ETF 시장가격 – 추정 NAV) / 추정 NAV × 100

한편 '괴리율(Disparation ratio)'은 거래 시 반드시 참조할 부분인데, 괴리율이 커져 추정 NAV와 거래가격(시장가격 / 당일 종가)이 따로 놀고 있다면 이것은 큰 문제입니다. 왜 그럴까요? 이것은 일명 '유동성공급자'라고 불리는 LP가 책임을 다하지 않고 있다는 뜻이기 때문입니다. 우리가 ETF를 투자할 때는 매매 당사자는 다른 투자자가 될 수도

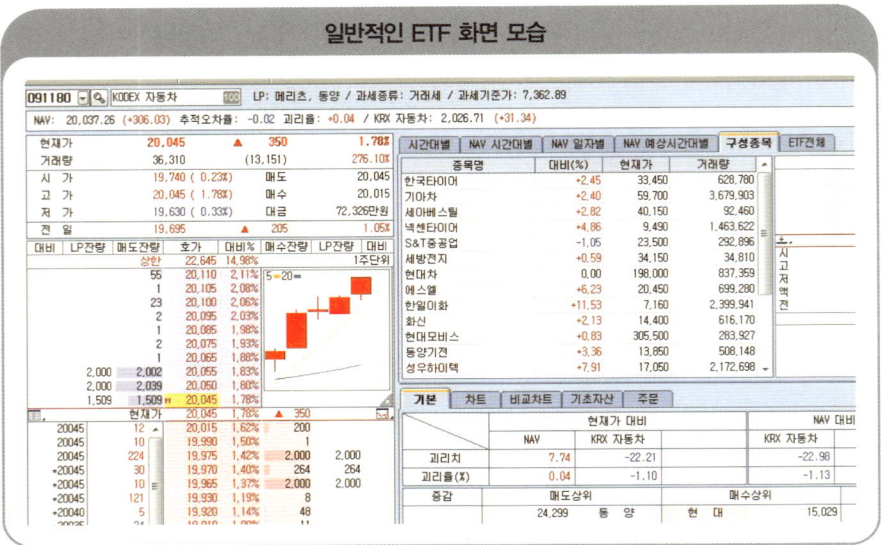

있지만 기본적으로 해당 ETF의 LP가 추정 NAV를 기준으로 매수/매도 호가를 제시할 의무가 있거든요. 그런데 거래가격과 추정 NAV가 큰 차이를 보이고 있다면 이것은 LP에 심각한 결함이 있다고 결론 내릴 수밖에 없습니다.

종종 전문가들은 "거래량이 적은 ETF는 아예 쳐다보지도 말라"고 조언하는데 이 역시 괴리율과 상관이 있습니다. 거래량이 적은 경우 LP는 대체로 호가제시 의무를 태만하게 되고 결국 투자자는 사고 싶어도 비싼 가격에 사거나, 팔고 싶어도 싼 가격에 팔게 되는 상황에 처하기 때문입니다. 일명 '유동성 리스크'라고도 불리죠. ETF는 인덱스펀드와 달리 주식처럼 거래되기 때문에 자체 수급 상황에 의해 이 같은 시세변동이 발생하는 것입니다.

따라서 ETF를 거래할 때는 거래시간에 차이가 발생하는 해외

ETF나 상품 ETF는 괴리율이 3% 이내, 그 밖에는 0.5% 이내의 괴리율 수준을 반드시 확인해야 합니다. 특히 장 개시 후 20분간, 장 마감 직전 20분간은 괴리율 움직임에 신경을 곤두세우고 있어야 합니다. 급작스럽게 괴리율이 왜곡될 경우에는 매매를 자제해야 합니다.

일각에선 괴리율이 심한 마이너스(-)를 나타낼 경우, 이것은 해당 벤치마크 대비 시장가격이 낮게 정해졌다는 뜻이므로 바로 매수해야 한다는 의견도 제시합니다. 솔직히 해외 ETF를 거래할 경우 괴리율이 -2~-3% 이상 나오면 은근슬쩍 기분도 좋아지죠.

하지만 이것은 꼭 그렇지 않습니다. 하락 구간에서는 해당 벤치마크가 더 하락할 수 있기 때문에 괜히 이 차익을 노리고 들어갔다가 오히려 손실을 볼 수 있기 때문이죠. 즉 **괴리율이 극심한 플러스(+)일 경우 시장가격이 추정 NAV보다 높게 형성돼 있다는 뜻으로 당연히 매수하지 말고 기다려야 하지만 괴리율이 마이너스(-)라고 해서 성급하게 매수해서는 안 된다는 이야기입니다.**

이처럼 ETF의 실전매매와 관련된 몇 가지 주의사항을 정리해보면, **첫째는 해당 ETF의 구성종목을 정확히 파악해야 한다는 것입니다.** 바꿔 말하면 해당 ETF의 추종지수가 무엇인지, 그리고 이 지수를 구성하는 종목은 어떤 것이 있는지 알아야 한다는 것입니다.

현장에서 보면 KODEX자동차에 투자한다면서 추종지수인 KRX AUTOS가 어떤 종목으로 구성돼 있는지 확인조차 하지 않습니다. 전 개인적으로 시장대표지수 ETF에 투자할 것을 추천하지만 다양한 각종 섹터 ETF에 투자할 경우 반드시 벤치마크를 숙지하고 있어야 합니다.

둘째는 앞서도 언급했듯이 (추정) NAV와 거래가격(종가)의 차이인 괴리율을 확인하는 것입니다. ETF 매매에서 장중거래 가격과 고시되는 (추정) NAV 확인 및 비교 과정은 정말 필수 작업입니다.

셋째는 거래량과 유동성공급자의 움직임을 면밀히 관찰해야 합니다. 거래량이 턱없이 적다거나 LP가 자신의 주요 책무인 호가제시를 잘하지 않는다거나 가격을 크게 벌려놓아 의도적으로 괴리율을 발생시키면 아예 건드리지도 말아야 합니다.

ETF 투자 실전매매 가이드 ③

우린 앞서 개별 종목 추세에 대한 의심과 실전에서의 실패로 인해 주식판을 떠나려 한다면 일단 펀드이면서도 주식의 성격을 가진 ETF를 통해 재도전할 수 있다는 이야기를 나눠보았습니다.

하지만 ETF는 이런 2가지 얼굴을 갖고 있는 탓에 실전 투자에 있어 기존 개별 종목 주식 매매와는 다른 각도에서 접근할 필요가 있습니다. 단적으로 말하면 ETF를 기존 주식 매매 테크닉으로 거래하면 안 된다는 것이죠.

여러분, 혹시 '인덱스펀드 전도사'라고 불리는 존 보글(John C. Bogle)을 아시나요? 존 보글은 같은 인덱스 상품임에도 불구하고 인덱스펀드에 대해서는 극찬을 하지만 ETF에 대해서는 혹독한 비난을 하고 있습니다. 심지어 '악마의 상품'이라는 표현도 구사하는데, 그는 인덱스에 투자하려 한다면 인덱스펀드로만 범위를 좁히라고 합니다.

심지어 "ETF는 엽총 같은 물건이다. 사냥에 반드시 필요하지만 자살에도 유용하다"라는 말을 남기기도 했을 정도입니다. 전 존 보글의 견해를 무조건 받아들여야 한다는 쪽은 아닙니다. 하지만 인덱스 상품의 대가로 평가받는 사람이 ETF에 대해 그렇게 부정적 견해를 갖고 있다면 그 이유에 대해서는 짚고 넘어갈 필요가 있을 것 같습니다.

보글의 ETF에 대한 부정적 견해 이면에는 바로 '사람들이 ETF를 개별 주식처럼 거래해서 문제'라는 전제가 깔려 있습니다. 혹시 이 말이 이해가 가지 않을 수 있습니다. ETF라는 게 주식의 특징과 편리함을 갖고 있어 인덱스펀드 대신 ETF를 선택한 것인데 주식처럼 거래하는 것이 잘못됐다는 게 쉽게 납득이 가지 않죠.

하지만 분명 잘못됐습니다. 정말로 ETF 매매에는 개별 주식의 매매 테크닉을 구사하면 안 됩니다. 왜냐하면 ETF는(엄밀히 말해 시장대표지수 ETF) 기본적으로 시장 전체를 상대하기 때문에 그렇습니다. 개별 종목과 달리 추세의 주기가 길고 진폭은 상대적으로 작은 시장 전체를 대상으로 투자하기 때문에 매매 테크닉은 전혀 달라져야 한다는 것이죠.

그런데 실전에서는 기존 주식판에서 상처를 받고 떠났거나, 개별 주식 투자에 환멸을 느껴 ETF로 돌아왔으면서 과거의 매매 방식을 답습합니다. 존 보글이 ETF를 비판했던 것도 이런 행태를 자주 보아 왔기 때문입니다.

자, 그렇다면 ETF의 매매 테크닉은 어떠해야 할까요?

크게 두 가지로 압축됩니다. 하나는 애버리징(averaging) 전략, 다른 하나는 리밸런싱(rebalancing) 매매입니다. 전 앞서 개별 주식투자에 있어 일명 '물타기'라고 불리는 매수단가를 낮추는 매매를 피해야 한다고 말했습니다. 하지만 ETF는 '물타기'라고 불리는 '애버리징'을 활용해야 합니다. 중장기로 접근하면서 애버리징을 통해 될 수 있는 한 많은 ETF를 보유하는 전략입니다.

또 한 가지 테크닉은 최초 자산배분을 한 후 일정 시점마다 비중을 조절하는 리밸런싱 전략입니다. 목돈을 여러 개의 다양한 ETF로 나눈 후 일정 기간 후에 최초 설정한 비중대로 차익실현 및 추가매수하는 방식이죠. 기계적인 자산관리법이라고 불리는 '포뮬러 플랜(fomular plan)'과 유사합니다.

피라미딩에서 애버리징으로

'애버리징'은 '피라미딩'과 정반대로 진행하면 됩니다. 가격이 오르면 사고 내리면 파는 게 아니라, 가격이 내리면 사고 더 내려도 사고 더 많이 내려도 사는 방식입니다. 그렇다면 도대체 언제 차익실현하냐고요? 한 1년 후쯤? 아니면 3년 혹은 20년 후 정도라고 생각하면 좋을 것 같습니다.

ETF는 지수에 투자하는 상품입니다. 예를 들어 대한민국 대표 ETF 상품인 코덱스(KODEX)200은 코스피200지수를 추종하는 것이죠. 코스피200이 오르면 수익을 내고, 내리면 손실을 보는 간단한 구조입니다. 그런데 1년 후 코스피200지수는 어떻게 될까요? 5년 후 한국 증시는 지금보다 오를까요, 아니면 내릴까요? 당연히 아무도 모릅니다. 그럼 한국 증시를 대표하는 삼성전자, 현대차, 포스코, 신한지주, 한국전력 등은 5년 후 지금보다 오를까요, 아니면 내릴까요? 이 역시 당연히 아무도 모르죠.

하지만 시장 흐름, 가령 시장의 상승추세는 시장주도주가 만들어갑니다. 즉 시장주도주와 시장의 흐름은 정(정)의 상관관계가 있죠. A라는 주도주가 급등하면 시장은 어느 정도 상승하고, 폭락하면 시장은 어느 정도 하락합니다. 특히 상승추세에서는 A라는 주도주가 달리다가 바통을 B로 넘기고, B가 한참을 달리다 C로, D로, E로 릴레이를 펼칩니다. 앞서 이야기했던 '순환매'를 생각하면 편하실 겁니다. 그래서 시장은 개별 주도주에 비해 가파른 상승(률)을 보이지는 않지만 꾸준합니다. 반면 개별 주도주는 급격한 상승파동을 만들지만 꾸준하지 않습니다.

하락추세도 비슷한 구조입니다. A주도주가 폭락하다 바통을 B로 넘기고, C, D, E로 급락 릴레이를 펼칩니다. 그래서 시장은 개별 주도주에 비해 가파른 하락(률)을 보이지는 않지만 꾸준히 하락하죠. 이 때문에 투자자들은 상승추세에서는 주도주만 귀신같이 잡고, 하락추세 때는 주도주만 다람쥐처럼 피해 다니고 싶어 합니다. 그러나 결코 쉽지 않습니다.

그런데 바로 이런 특성이 개별 종목은 '피라미딩'으로, 시장을 추종하는 ETF는 '애버리징'으로 대응해야 하는 근거가 됩니다. 왜냐하면 시장은 등락폭(진폭)이 개별 종목에 비해 작지만 중장기로 따라붙으면 절대 추세를 놓치지 않는다는 장점이 있기 때문입니다. 시장은 상승추세, 하락추세, 횡보추세가 맞물려 돌아간다는 사실을 믿는다면 말이죠. 따라서 ETF 투자에 있어서도 하락구간에 물타기(애버리징)를 해도 분명 찾아올 상승기에 평균매입단가를 낮춘 것에 대한 보상을 받을 것이라 확신할 수 있는 것입니다.

물론 이에 대해 "일본 증시처럼 20년간 하락만 하면 어쩔래?"라고 반문하면 할 말은 없습니다. 하지만 상승과 하락을 반복하면서 결국 떨어지는 통화가치만큼 우상향하는 것이 주식시장의 속성이라고 한다면 이를 공략하는 최선의 방법은 애버리징이 될 수밖에 없는 것입니다.

목돈 만들기 적립식 투자가 최고다

실전 ETF 투자에 애버리징 테크닉을 활용하는 방법은 간단합니다.

먼저 애버리징을 할 때는 기본적으로 개별 종목 투자 때와는 달리 목표수익률 원칙이 중요하지 않습니다. 시간과의 싸움을 중요시하기 때문이죠. 로스컷 기준도 상당히 여유롭습니다. 전 개별 주식투자에 있어 종목당 -10%의 손실이면 일단 빠져나와야 한다고 했는데, ETF라면 이보다 '후한' 로스컷 기준을 적용해도 됩니다. 다만 이때도 시간과의 싸움은 중요합니다. 애당초 지속적으로 '어퍼컷'을 먹으면서도 장기간 버틸 수 있는 투자금으로 도전해야 한다는 뜻입니다.

첫 번째 ETF 애버리징 테크닉은 정액/정량 적립식 투자로 장기간 ETF를 매수해 모으는 것입니다. 이른바 'BUY&HOLD'의 전형적인 실천이고 가장 넓은 의미의 '애버리징' 방법이라고 이해하면 됩니다. 예를 들어 '매달 둘째, 넷째 주 월요일 오전 10시에 코덱스200을 10주 또는 20만 원어치 매수한다'는 원칙을 세우고 지키면 됩니다.

이 방법은 시장대표지수 ETF를 놓고 10년 이상 공략하려는 투자자들에게 적합한 기법입니다. 가격이 오르든 내리든 그냥 흔들림 없이 따라가는 것이죠.

주위를 둘러보면 'ETF가 내 은퇴설계야'라면서 '20년간 ETF 모으기 운동' '심심하면 ETF 매수하기' 등을 실천하는 투자자들이 최근 참 많아졌는데, 정말 이런 목표가 확실하다면 이 방법을 이용해야 합니다.

둘째는 지수가 하락할 때마다 자금을 투자하는 방법입니다. '역피라미딩' 방법으로 피라미딩의 반대로 생각하면 쉽습니다. 가령 1000만 원의 투자금이 있다면 먼저 100만 원을 투자하는 것으로 시작합니다.

이후 주가가 상승하면 기다리고 있습니다. 반면 상승 후 고점 대비 일정 수준만큼 하락하면 100만 원을 다시 투자합니다. 그리고 이 가격 대비 추가로 또 일정 수준만큼 하락하면 다시 100만 원을 넣습니다. 이후 반등하면 기다리고 있으면 됩니다. 반대로 직전 고점 대비 또 하락하면 다시 매수하면 됩니다. 피라미딩 때 했던 것과 정확히 반대로 진행하면 됩니다.

다만 이때 추가매수금액은 매번 일정하거나 오히려 커져야 한다는 것은 기억해야 합니다. 역피라미딩의 모양에서 알 수 있듯 매수 횟수가 늘어날수록 점점 더 많은 ETF 보유량을 늘리면서 따라붙어야 하기 때문입니다.

이런 '역피라미딩' 매매 테크닉은 ETF 중에서도 업황 주기가 뚜렷한 업종 ETF나 이미 추세를 타고 있는 금 ETF, 원유 ETF 등과 같은 상품 ETF에 활용하면 좋습니다. 역피라미딩이 실패하는 경우는 아무리 따라붙고 달라붙어도 끝까지 원하던 (상승)추세가 나오지 않을 때인데, 추세를 어느 정도 확인했다면 역피라미딩을 부담 없이 구사할 수 있는 것이죠.

예를 들어 경기가 살아나려는 조짐이 보이면 먼저 반도체 업황이 움직이게 되는데, 이런 경우 개별 종목에 투자하려고 힘쓰는 대신 반도체 업종 ETF를 통해 역피라미딩으로 비교적 중기로 따라가는 것입니다. 또한 지난 2008년 말 세계 금융위기 이후 미국의 지나친 통화량 증가 정책으로 인해 금값이 상승세를 보이고 있는데, 이처럼 추세가 어느 정도 형성된 상황에서 금(값)에 투자할 경우 금 ETF를 역피라미딩으로 따라잡으면 효과적입니다.

적립식 펀드에 대한 단상

펀드투자를 시작하면 귀가 아프도록 자주 듣는 단어가 있다. 바로 '적립식 펀드'라는 용어다. 하지만 현재 관행상 널리 쓰이고 있는 '적립식 펀드'는 엄밀히 말해 잘못된 용어다. '적립식'이라는 것은 일정 기간 자금을 쪼개어 넣는 투자 방식을 가리키는 것으로 정확하게는 '적립식 투자펀드'라 불러야 하기 때문이다. 적립식 펀드라는 상품이 따로 존재하는 게 아니라 적립식으로 투자하고 있다면 뭐든 적립식 (투자)펀드가 될 수 있다는 이야기다.

적립식 (투자)펀드의 가장 큰 특징이자 장점은 바로 '달러 코스트 애버리징'이라고 불리는 '평균투자 효과' 또는 '평균매입단가 하락 효과'에 있다. 자금을 쪼개 투자할 경우 중장기로 갈수록 내 펀드가 사 모은 주식들의 평균매수단가(비용)가 점점 낮아진다는 것이다. 가령 한 번에 펀드에 1000만 원을 넣고 향후 주가등락을 기다리는 게 아니라, 100만 원씩 10번에 나눠 적립할 경우 주가가 오를 때는 주식을 조금 매수하지만, 주가가 하락했을 때는 상대적으로 더 많은 주식을 살 수 있어 평균적으로 매입단가는 하락한다는 주장이다. 비쌀 때는 적게 사고, 쌀 때는 많이 사면서 상승과 하락을 반복하는 태생적 한계를 갖고 있는 주식시장에 효과적으로 대처하자는 취지이기도 하다.

그러나 이런 '평균매입단가 하락 효과'를 위해서는 시간이 흐를수록, 장기로 갈수록 주가는 결국 우상향하는 상승추세를 나타낸다는 대전제가 필요하다. 만약 10년 이상 추세적 하락을 보이거나 수십 년간 장기 박스권에 갇혀버리면 '애버리징' 효과는 사라진다. "적립식 펀드는 가입시점이 아니라 환매시점이 중요하다"는 말이 있다. 이는 적립식 투자의 본질을 단적으로 드러낸 설명으로 수익 극대화를 위해서는 결국 본인이 환매할 시점의 주가가 상승해야 한다는 중요한 사실이 담겨 있다.

최근에는 적립식 투자가 좋은가, 목돈을 넣는 거치식 투자가 좋은가에 대한 논쟁이 끊이질 않고 있다. 결론부터 말하면 "적립식과 거치식 투자가 유리한 상황이 각각 존재하지만 확률적 측면에서 보면 적립식의 장점이더 많다"고 할 수 있다.

적립식 펀드의 특성

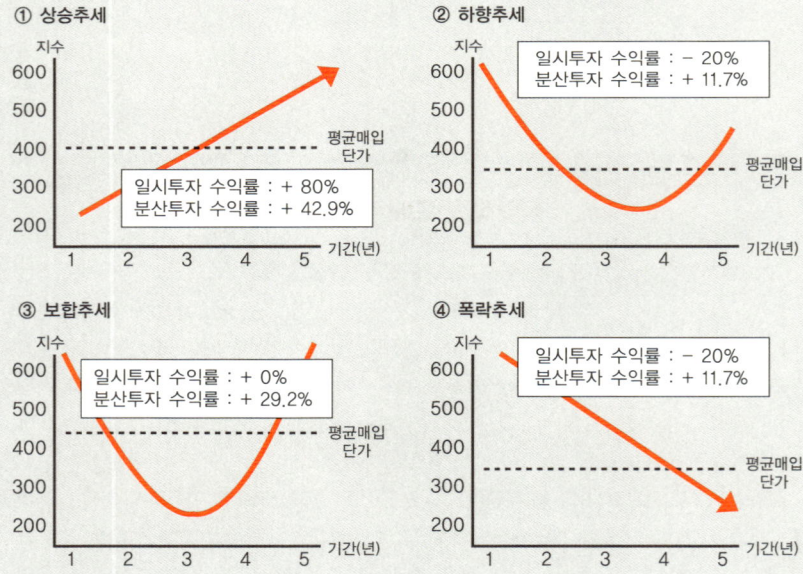

예를 들어 증시가 그림 ①과 같이 한 방향으로 쭉 상승한다면 적립식보다 거치식의 수익률이 압도적으로 높다. 애버리징은 등락을 반복한 후 장기적으로 올라야 효과가 극대화되는데 일방향으로 올라버리면 비싼 주식을 조금 사는 효과만 존재하고 싼 주식을 많이 사 모으는 과정이 사라지기 때문이다. 실제 과거 2004~2007년 대세상승장에서는 적립식이 거치식 펀드 수익률의 절반도 안 됐다. 그러나 이 밖에 그림 ②, ③, ④와 같은 시황에서는 적립식 투자가 월등하다. 그림 ④ 같은 폭락장에서는 1000만 원이란 목돈을 넣고 기다리는 경우 낙폭을 고스란히 적용받지만 100만 원씩 10번에 쪼개어 적립 투자하면 같은 100만 원으로 사 모을 수 있는 주식이 많아져 손실은 크게 줄어든다. 그림 ③의 상황도 비슷하다. 주가가 하락한 후 반등해 제자리로 돌아왔을 경우 거치식 수익률은 그대로이지만 적립식은 주가가 하락할 때 같은 금액으로 많은 주식을 모으는 애버리징을 통해 수익을 올릴 수 있다.

내가 만드는 자산배분 펀드

세 번째 테크닉은 다양한 **ETF**를 활용해 일정 비율로 자산배분한 후 일정 기간마다 정해진 비율에 맞춰 재조정하는 리밸런싱 전략입니다.

최근에는 국내증시에 정말 다양한 ETF 상품이 봇물 터지듯 쏟아지고 있습니다. 국내주식 및 업종, 해외주식, 상품, 채권(금리), 레버리지와 리버스 등 불과 몇 개월마다 신상품들이 출시되고 있죠.

이번 ETF 리밸런싱 전략은 먼저 이런 다양한 ETF 상품을 놓고 자신이 자산배분을 하는 것으로 시작합니다. 예를 들어 한 투자자가 자신의 투자금 1000만 원을 놓고 국내주식 40%(시장 ETF 20% + 자동차 ETF 20%), 해외주식 20%(중국 ETF 10% + 라틴 ETF 10%), 상품 30%(금 ETF 20% + 석유 ETF 10%), 그리고 현금 10%의 배분을 했다고 가정해보겠습니다. 그러면 투자금을 이 비중에 맞춰 앞서 이야기했던 ETF 투자 유의사항에 따라 해당 ETF를 매수합니다. 그러고는 이제 HTS를 닫고 열심히 일을 하고 인생을 즐깁니다.

이후 6개월의 시간이 지났습니다. 이제 이 투자자는 다시 HTS를 열어 그간 자신이 투자해놓았던 ETF들의 성과를 확인해봅니다. 그러면 어떤 부분은 가격이 올라 비중이 커졌을 것이고, 또 다른 부분은 가격이 하락해 최초 설정했던 것보다 비중이 축소됐을 것입니다. 그러면 이 상태에서 다시 최초 설정했던 대로 리밸런싱을 시작합니다. 차익실현과 물타기를 하는 것이죠. 가령 중국 ETF와 라틴 ETF 가격이 모두 올라 해외주식 비중이 30%가 됐다면 이 중 일부를 차익실현합니다. 반대로 기대했던 것과 달리 금 ETF가 급락해 전체 상품 투자 비중이 15%로 축소됐다면 앞서 차익실현했던 자금으로 이번엔 물타기에 돌입해 금 ETF를 추가매수하는 방식입니다. 그러고는 다시 HTS를 닫고 일상으로 돌아간 후 다음 6개월 후를 기약합니다.

이런 설명은 조금 극단적인 면이 있지만 개념을 정리하는 데는 큰 무리가 없을 것 같습니다.

한편 이때 리밸런싱을 하는 기간은 본인 마음입니다. 3개월마다 적용할 수도 있고, 1년마다 할 수도 있습니다. 또한 리밸런싱을 하면서 자산배분 비중도 조절할 수 있습니다. 국내주식 비중을 더 늘린다든지, 반면 현금 비중을 늘려 단기 ETF에 3개월 정도 파킹(parking)하겠다든지 자신의 분석에 따라 비중을 바꾸는 것입니다.

물론 이런 테크닉은 한계도 있습니다. 예를 들어 자산배분 전략이 아예 잘못 설정된 경우입니다. 가령 국내증시의 박스권을 예상해 리버스 ETF 비중을 40%, 일반 ETF 30%, 그리고 현금 비중 30%로 잡고 2~3주마다 리버스 ETF를 털려고 계획했는데 그대로 폭등을 해버리면 안타까울 것입니다. 또한 반대로 대세상승을 예상한 포지션을 짰는데 그대로 폭락할 수도 있지요. 그래서 이 리밸런싱 테크닉을 사용할 때는 최초 자산배분에 신중을 기해야 합니다. 다만 ETF를 활용해 전문가가 아닌 본인이 직접 '자산배분 펀드'를 운용한다는 점을 감안하면 비싼 수수료를 절약한다는 보너스를 얻었다고 할 수 있겠습니다.

기계적인 자산관리법, '포뮬러 플랜'

재무설계에도 이런 기계적인 관리법이 존재한다. 일명 '포뮬러 플랜(fomular plan)'이라는 방법인데 미리 투자자산 중 재테크 수단의 비중을 정해놓고 일정 기간 후 최초 비중에 맞춰 재배정하는 것이다. 매매가 쉽지 않은 부동산자산을 제외한 금융자산만의 자산관리법인데 최근 인기를 얻고 있다. 모 보험회사에서 근무하는 재무설계사 양철준 씨는 포뮬러 플랜을 이렇게 설명한다.

"전 1년마다 고객의 금융자산 포트폴리오를 점검합니다. 주식·채권·예금·단기유동성 등 고객과 사전에 협의해놓은 비중에 맞춰 불어난 부분의 자산을 빼서 비중이 축소된 쪽에 기계적으로 옮겨 넣죠. 고객의 신규자금이 들어올 수 있습니다. 이때도 비중대로 나누어 넣게 됩니다."

예를 들어 주식 비중 50%, 채권 20%, 예금 10%, 단기유동성 20% 비중으로 금융자산 1억 원을 관리한다고 해보자. 주식 및 주식형펀드 5000만 원, 채권 및 채권형 펀드 2000만 원, 은행상품 1000만 원, 그리고 CMA나 MMF에 2000만 원을 갖고 있는 상태다.

그런데 1년이 지난 시점에 주식시장 활황으로 주식 비중이 크게 증가했다. 연 20%(1000만 원)의 수익이 발생해 5000만 원이 6000만 원으로 불어난 것이다. 이 경우 이 고객의 자산은 1억 1000만 원이 됐고 주식 비중은 당초 정한 목표치보다 높아졌다. 반면 나머지 금융자산 비중은 축소된다.

그럼 이제 비중 조절이 시작된다. 당초 주식 비중은 50%였으므로 1000만 원 수익 중 500만 원 차익실현을 한다. 그럼 주식자산은 5500만 원이 되고 이제 차익실현을 한 500만 원을 채권, 예금, 단기유동성에 20%(200만 원), 10%(100만 원), 20%(200만 원) 비중으로 쪼개어 각각 집어넣는다.

반면 1년이 지난 시점에 증시가 급락했을 때도 기계적 자산배분을 한다. 주식자산에서

연 −20%가 발생했다면 총자산은 9000만 원이 되고 이를 50%, 20%, 10%, 20% 비중으로 다시 재배정한다.

포뮬러 플랜: 1년 후 주식자산에서 −20% 손실이 났을 때

최초(금융자산 1억 원)			
주식 및 주식형펀드 (5000만 원, 50%)	채권 및 채권형펀드 (2000만 원, 20%)	은행저축상품 (1000만 원, 10%)	CMA, MMF 등 단기 유동성 (2000만 원, 20%)
1년 후(금융자산 9000만 원) − 주식형 상품에 500만 원 신규투자			
주식 및 주식형펀드 (4500만 원, 50%)	채권 및 채권형펀드 (1800만 원, 20%)	은행저축상품 (900만 원, 10%)	CMA, MMF 등 단기 유동성 (1800만 원, 20%)

"그냥 비중과 기간을 명확하게 정해놓고 포트폴리오를 점검하는 건데요, 고객들이 이런 방식을 더 신뢰해요. 주식 좋을 땐 대단한 수익 낼 것 같지만 비중에 맞춰서 차익실현하고, 증시가 붕괴될 것처럼 폭락해 두려울 때도 전체 금융자산 비중에 맞춰 자금을 투자합니다. 이젠 습관이 돼서 오히려 편해요."

물론 이런 기계적인 자산관리법은 기본적으로 나이별 포트폴리오 구성과 단기, 중기, 장기적인 자금수요 계획, 그리고 현금흐름 분석과 병행돼야 한다. 1년 후 전세 재계약 기간이 있다면 유동성 비중을 이에 맞춰서 높여야 한다. 채권형 펀드 부분은 저축은행 정기예금 상품으로 통합할 수도 있다. 그리고 주식 및 주식형펀드 부분은 다시 직접투자와 간접(펀드)투자, 국내와 해외 주식형펀드 등으로 또 한 번의 배분이 필요하다.

"3개월마다 하고 싶어 하는 분도 계세요. 그래서 전 주식형 상품을 무조건 인덱스펀드로만 배치했습니다. 수수료 때문이죠. 그리고 공격적인 위험선호형 투자자들에겐 채권 대신 파생상품을 끼워놓습니다. 파생 비중을 30%까지 올리고 싶다는 분들도 꽤 있어요. 지수연계증권(ELS)이나 금 투자상품, 원자재 펀드 등으로 채워놓습니다."

이런 기계적인 자산관리법이 언제나 좋은 것만은 아니다. 포뮬러 플랜을 활용하면 비교적 단기에 자산 재배분을 해야 하는데 대세상승장에선 많은 기회를 놓칠 수 있다.

"리밸런싱하고 2주 만에 15%를 손해 본 적이 있어요. 그냥 뒀으면 추세를 탔을 땐데…. 그럴 땐 고객들이 먼저 전화가 와요. 당분간 자기가 알아서 한다고. 저도 어쩔 수 없죠. 뭐라고 말하고는 싶지만요…."

그는 또 이런 기계적인 자산 재배분을 '단타'나 '물타기'로 오해하는 것을 안타까워했다.

"어떤 분은 장기투자하라면서 왜 이렇게 촐랑대냐고도 하세요. 지금 −30% 손실이 났는데 왜 여기에 대고 자금을 더 넣느냐면서 불같이 화도 내고요. 그런데 이건 펀드 단타와 다릅니다. 비중 조절하면서 장기투자하라는 것이에요. 막무가내 물타기도 아니죠. 기준이 있잖아요. 대부분 시장이 급락하면 들어갈 여유가 있어도 못 들어가요. 그런데 기계적인 관리법을 활용하면 그런 공포를 이겨낼 수 있습니다."

재무설계사 양철준 씨는 2009년 현재 행복한 하루하루를 살고 있다. 그를 향해 "유능하다" "고맙다" "귀신같다"는 평이 쏟아지고 있으며 고객 수도 크게 늘었다.

"2007년 가을 꼭지 때 가차 없이 환매를 했어요. 그때 제가 좀 인기를 끌었죠. 남들 다 놓쳤다는 차익실현 기회를 제 고객들은 누렸으니까. 반면 2008년 말에는 용감하게 주식 비중을 늘렸어요. 일부 고객들은 유동성으로 갖고 계시길 원하셔서 그렇게 했지만 그때 주식 비중 늘렸던 분들은 '잘했다'는 말 많이 하세요. 올해요? 봐야죠. 시장을 본다는 게 아니라, 자산 비중이 어떻게 바뀌었나를 본다고요. 그러곤 또 관리해야죠. 기계적으로."

《1,013통의 편지, 그리고 너에게 들려주고 싶은 이야기》 중에서

4. 잠깐 황금에 맘을 빼앗겨도 좋다

혹시 주식이 정말 싫어졌나요? ETF고 뭐고 다시는 돌아보고 싶지도 않습니까? 아무리 생각해도 더 이상 주식투자를 하는 게 의미가 없다고 느껴진다면 주식판에서 이탈하는 것이 맞습니다. 무엇보다 즐기는 투자 관점에서는 더욱 그렇습니다.

하지만 이처럼 주식판에서 떠나 하루하루를 보내면 어느 순간 조금 허전한 느낌이 들 겁니다. 만약 이런 상황이라면 전 조심스럽게 '금투자'를 한번 권해봅니다. 원래는 주식과 금을 병행 투자하면서 유사 차익거래를 펼치는 게 최선이지만 주식이 싫다면 금에라도 투자하면 세계경제 흐름을 따라잡는 좋은 방법이 될 수 있습니다. 물론 재테크적 차원에서도 의미를 갖고 있습니다.

"지금부터는 무조건 금입니다. 어서 빨리 금을 사 모아야 합니다."

2008년 말 세계 금융위기 이후 이런 말을 하는 재테크 전문가가 최근 크게 늘었습니다. 10명 중 한 6명은 되는 것 같습니다. 논거는 간단한데, 세계 금융위기 이후 시중에 유동성이 너무 많이 풀려 향후 하이퍼인플레이션(극심한 화폐가치 절하)이 우려된다는 것입니다. 여기에 세계의 기축통화인 달러의 운명이 심상치 않다는 점도 한몫하고 있죠.

요즘엔 어느 정도 경제에 관심이 있는 사람이라면 눈치를 챘을 텐데, 미국은 죽었다 깨어나도 자신들이 진 빚(정확히 말해 달러가 진 빚)을 갚을 수 없습니다. 그래서 '달러의 위기' 가능성이 높아졌고 이런 상황에서 사람들은 금을 찾고 있는 것이죠.

무엇보다 금은 인플레이션뿐 아니라 디플레이션(실물가치 절하) 상황에서도 힘을 발휘합니다. 만약 향후 강남 아파트 가격이 반 토막 나는 상황이 온다면 그나마 제값을 지키는 투자자산은 금이 될 것입니다. 실제로 이미 금값은 '금값'이 됐습니다. 2010년 12월 말 현재 국제 금값은 온스(28.35그램)당 1400달러를 넘어섰고, 국내 금 소매가격은 한 돈(3.75그램)당 21만 원을 넘어섰습니다. 5년여 만에 3배 가까이 오른 셈이죠.

금이 도대체 뭐기에

혹시 이런 생각도 들 것 같습니다. '도대체 금이 뭐기에, 금이 뭐가 그리 대단하다고 난리를 치는 것일까.' 그렇습니다. 살아가는 데 있어 금 없다고 대단한 문제가 일어나지 않습니다. 집을 온통 금으로 도배했다고 해도 누가 이자 한 푼 주지 않습니다.

그러나 금은 결코 '실용'의 산물이 아닙니다. 인류 경제생활의 역사를 한 몸에 간직하고 있는 상징적인 존재이고, 신뢰의 상징입니다. 인간이라면 누구나 자신의 의지와 상관없이 DNA 유전자 속에 금에 대한 강한 믿음이 자리 잡고 있죠.

기원전 수백 년 전부터 똑똑하다고 자부하는 사람들은 예외 없이 금을 만들어내려고 안달을 냈습니다. 중세시대엔 '연금술사'란 직업이 있어 철, 구리 등과 같은 각종 광물을 섞어 금을 '창조'해내려고 했지만 모두 실패했죠. 지금도 마찬가지입니다. 다이아몬드는 만들어낼 수 있지만 금은 만들어낼 수 없습니다.

그래서 과거 사람들은 금을 '화폐'로 사용했습니다. 금이란 게 복제가 불가능한 데다 깨지거나 훼손되지도 않고, 매장량도 적당합니다. 너무 많지도, 아주 희귀하지도 않습니다. 석유와 달리 매장 지역도 전 세계적으로 넓게 포진돼 있죠. 그래서 사람들은 금에게 신뢰와 믿음을 주었고, 금을 녹여 화폐로 만들어 각종 거래를 하면서 금은 수백 년 이상 인류 경제발전에 혁혁한 공로를 세운 것입니다.

하지만 지금 이런 역할은 미국의 달러화가 맡고 있습니다. 과거 금이 받았던 세상 모든 사람들의 '신뢰'를 달러화가 한 몸에 받고 있는 것입니다. 그런데 만약 이 달러화가 어느 순간 이런 신뢰를 저버린다면 어떤 일이 벌어질까요? 맞습니다. 확률이 아주 낮다고 해도 어쩌면 과거의 금을 다시 찾게 될지도 모릅니다. 2008년 말 이후 금값 급등은 바로 이런 미미한(?) 달러붕괴 가능성에 기반을 두고 있는 것입니다.

물론 달러가 아무 문제가 없다면 금은 다시 그냥 '돌반지용' 상품으로 전락할 것입니다. 실제로 미국 달러화가 맹위를 떨치던 1980년부터 2007년 중반까지 20년 넘게 금값은 온스당 300~600달러 박스권에 꽁꽁 갇혀 있었습니다. '똥' 빼곤 모든 자산가격이 몇 배씩 올랐건만 유독 금가격만 그대로였던 것이죠.

게다가 금은 주식시장이 중장기 대세상승 사이클로 접어들면 힘을 쓰지 못합니다. 생각해보세요. 완만한 인플레이션에, 경기도 호황이고, 부동산 경기도, 주식도 좋은 상황에서 누가 금에 관심을 가지겠습니까? 이처럼 금은 세상이 멀쩡하게 잘 돌아가고 있을 때는 인기가 참 없습니다. 당연히 가격도 지지부진합니다. 그러나 세상이 뭔가 이상하게 돌아가는 조짐이 보일 때, 경제가 확신할 수는 없지만 잘못된 길로 들어서고 있다는 느낌을 받을 때 마치 쓰나미를 앞두고 동물들이 서둘러 어디론가 피난을 가듯 금값은 스물스물 올라갑니다. 주식이 생물처럼 우리네 세상사의 모든 것을 선반영해 움직이듯, 금값 역시 비슷한 성질을 갖고 있습니다.

특히 국내 투자자들에게 금값은 '환율의 또 다른 바로미터'의 지위를 갖습니다. 금값은 달러값과 반비례하는데 이런 환율(달러값 추이)은 원화가치와 관계가 깊습니다. 가령 세계 기축통화인 달러가치(달러값)가 추세적으로 하락하면 금값은 오릅니다. 이때 달러값 하락은 환율하락으로 나타나 원화값 강세로 이어지는 것이죠.

이번엔 반대입니다. 미국이 힘을 내고, 큰 전쟁이 터져 세계인들의 달러 수요가 높아지면 달러값이 오르고 반대로 금값은 하락합니다. 이 경우 환율은 순간 급등하는데, 이렇게 되면 원화가치는 속절없이 떨어지게 됩니다.

금에 투자하는 3가지 방법

그렇다면 '금'이란 투자 대상을 어떻게 공략해야 할까요? 전 크게 3가지로 나눠 살펴봤습니다.

첫째는 실물 금을 돈 생길 때마다 사 모으는 것입니다. 주식이 진짜로 싫어서 쳐다보지도 않기로 결심했다면 금을 사 모으십시오. 다만 이 경우엔 매달 일정한 수익(이자)을 주는, 가령 임대수익 같은 수익원을 따로 마련해야 합니다. 가령 혹시 오피스텔 2채 정도를 운영하면서 여유로운 현금흐름을 유지하고 있다면 주저하지 말고 실물 금을 매수하면 되겠습니다. 다만 세금 문제와 보관 문제가 존재합니다. 그러나 '실물 금' 투자는 금투자의 본래 취지를 가장 잘 살리는 투자법이라고 할 수 있습니다.

둘째는 금과 달러를 동시에 투자하는 방법입니다. 금과 달러는 정확하게 대척점에 서 있는 투자자산입니다. 그래서 금이 살면 달러가 죽고, 달러가 맹위를 떨치면 금은 죽습니다.

그런데 이때 현명한 투자자라면 금 또는 달러를 놓고 배팅하면 안 됩니다. 아무리 생각해도 달러의 가치가 휴지조각에 불과하더라도 달러는 죽고, 금은 산다고 확신해서는 안 된다는 이야기입니다. 왜냐하면 어떤 계기로든 달러는 한순간 시중 전문가들의 분석을 단박에 뒤엎을 능력을 갖고 있기 때문입니다.

가령 GM(제네럴모터스)에서 연비 리터당 80킬로미터의 하이브리드 자동차를 만들고 미국 자동차 수입 기준을 연비 50킬로미터로 끊어버리면 세계 자동차 업계는 난리가 날 것입니다. 대신 달러는 속속 미국으로 빨려들어 갈 것이고요.

그래서 한 손에는 금을 들고, 다른 손에는 달러를 드는 전략을 취해야 합니다. 그리고 금값이 3% 오르고, 달러값이 2% 떨어지면 그 1% 차익으로 생존하는 것이죠. 반대로 달러값이 5% 오르고, 금값이 3% 하락해도 마찬가지입니다. 이런 대응법은 매우 방어적으로 대단한 수익은 없지만 '생존'이라는 관점에서는 가장 효과적인 금투자법입니다.

국내 시중은행에는 다양한 금 적립 예금상품이 있습니다. 2010년 말 정부에서 느닷없이 금 예금상품에도 수익에 이자소득세를 부과하겠다고 해서 한 풀이 죽었지만 달러의 생사를 확인하는 과정에서 대응하는 좋은 상품이라고 생각합니다.

무엇보다 개인이 직접 실물 금도 사고 명동사채시장에 가서 달러도 사 모으는 게 매우 번거롭기 때문입니다. 그런데 이런 금 적립 예금상품의 경우 원화가 달러화로 바뀌어 금을 사고, 금을 팔면 달러화가 다시 원화로 환전돼 내 수중에 들어오는 구조를 갖고 있습니다. 따라서 금과 달러(환율)에 동시에 투자하는 셈이 되죠.

다만 이때 주의해야 할 점은 적립해야 한다는 것과, 섣불리 '환헤지'를 해선 안 된다는 점입니다. 일단 금과 달러에 '양다리'를 걸치기로 했다면 투자할 때도 적립(애버리징)을 하면서 따라붙어야 합니다. 그래야 달러값이 떨어질 때 더 많은 금을 사 모을 수 있습니다.

반면 경솔하게 선물환 매도를 통한 환헤지를 해선 안 됩니다. 환헤지는 기간이 정해져 있어 자신이 의도했던 구간(시기)에 환율이 떨어지지 않고 오히려 상승할 경우(달러값 강세) 환 손실을 볼 수 있고, 이는 곧 금값 약세를 의미하기 때문에 금가격 하락에 따른 손실도 보는 상황이 발생할 수 있기 때문입니다. 마치 2008~2009년 환헤지를 했던 해외펀드 투자자들이 겪었던 상황과 비슷합니다. 이처럼 선물환 매도 형식의 환헤지는 또 다른 리스크를 내포하고 있어 피하는 것이 좋습니다.

셋째는 주식과 금을 동시에 투자하는 방법입니다. 주식판을 이탈한 투자자를 제외하고 기존 주식투자자들에게 권하고 싶은 투자입니다. 주식가격과 금가격이 움직이는 패턴은 크게 2가지로 나눠지는데, 세계증시가 완만한 상승과 하락을 그리며 움직일 때와 급등락의 모습을 띨 때입니다. 큰 변동성으로 급등락 양상을 보일 때와 꾸준하면서도 완만한 상승과 하락을 보일 때 금값은 다르게 반응한다는 이야기입니다.

일단 증시가 완만한 상승을 나타내면 금값은 완만하게 하락합니다. 또한 추세적 하락이라면 금값은 이에 발맞춰 완만하게 상승합니다.

한편 급등과 급락을 반복하는 흉흉한(?) 시기가 되면 금값은 출렁

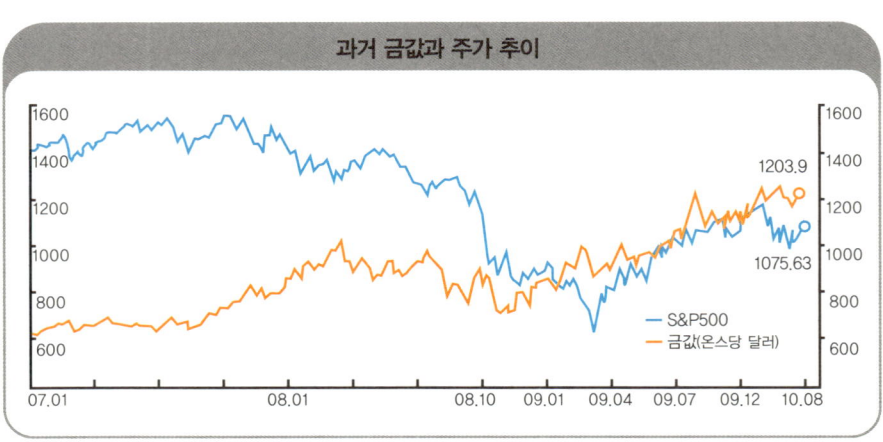

이게 됩니다. 가령 세계증시가 폭락 양상을 보일 때 금값은 초기에는 주춤하지만 빠르게 급등하는 모습을 보입니다. 반면 증시가 급등하는 모습을 보일 때면 금값은 그 원인에 따라 다르게 움직일 것입니다. 만약 본격적인 경제성장에 대한 기대감을 통한 추세적 상승의 초입이라면 금값은 급락하겠지만 반대로 과도한 유동성을 기반으로 한 투기장세나 하이퍼인플레이션에 대한 우려에 따른 증시 폭등이라면 이때는 금은 그야말로 대세상승장에 들어설 것입니다.

따라서 만약 ETF를 통한 자산배분 전략을 통해 금투자에 나선다면 자신의 포트폴리오에 시장대표지수 ETF와 금 ETF를 함께 넣으면 좋습니다. 구체적인 상품으로 보면 코스피200지수를 추종하는 KODEX200 ETF와 뉴욕상품거래소의 'S&P GSCI 금 지수'를 추종하는 KODEX골드선물 ETF를 함께 투자하는 방식입니다. 이 경우 시장 ETF인 KODEX200 ETF는 정액(정량)적립으로, 그리고 금 ETF인 KODEX골드선물 ETF는 역피라미딩 테크닉으로 매수하면서 따라붙으면 됩니다.

금투자도 즐겨야 한다

다만 금투자에 있어서도 명심할 것은 '즐기는 투자'라는 우리의 목적이 마찬가지로 적용된다는 점입니다. 가령 2011년 말 국제 금값이 온스당 2000달러, 3000달러를 간다고 99% 확신해도 여기에 모든 것을 걸고 배팅하면 안 됩니다. 이런 식의 매매를 펼칠 경우 이것은 마치 코스닥 작전주 '주포'로부터 확답을 받고 수억 원을 파킹하는 것과 크게 다를 것이 없어집니다. 그 어떤 투자에도 100% 예측이란 없듯이 금투자도 마찬가지입니다.

과거 역사를 봐도 그렇습니다. 만지는 것은 모두 황금으로 변하게 만들었던 '황금의 손'을 가진 미다스 왕부터 이아손, 신성 로마제국 카를 5세, 샤를 드골 프랑스 대통령 등 탐심을 품고 금에 올인했던 사람들의 최후는 모두 불행했습니다.

심지어 1930년대 대공황을 극복한 장본인으로 평가한 미국 프랭클린 루스벨트 대통령은 당시 '금 준비법(The Gold Reserve Act, 1934)'을 통해 개인 소유 금을 모두 빼앗아 국가 소유로 돌렸을 정도였죠. 아이러니하게도 '금의 사망' 선고를 통해 미국과 세계경제를 공황으로부터 구했던 것입니다.

우리가 주식투자를 통해 팔자를 고치려는 게 아니듯 금투자의 목적도 마찬가지여야 합니다. 최후의 순간 나와 내 가족의 생존을 지켜내고 영혼의 자유로움을 빼앗기지 않으려는 수단으로 접근해야 하는 것입니다.

주식투자를 통해 벌 만큼 벌어서 관전 모드로 바꾼 경우든, 아니면 잃을 만큼 잃어서 좌절하고 이탈한 경우든, 어떤 경우든 황금에 잠시 눈을 돌려도 좋습니다. 하지만 잊지 마십시오. 금투자가 언젠가부터 여러분에게 대단한 보험에 가입한 뒤 느끼는 자신감이 아니라 매일 변하는 금값으로 인한 괴로움을 안겨주고 있다면 이때는 다시 한 번 **'즐기는 주식투자 마음가짐 7계명'**을 음미해보세요. '주식'이라는 단어를 '금'으로 바꾸기만 하면 될 것 같습니다.

5 즐기는 법을 알았을 때 돌아오라

2012년 4월 셋째 주 토요일 아침, 한 남자가 일찍부터 아들과 함께 도시락을 챙겨 근교에 있는 산으로 나들이를 떠납니다. 그런데 목적지에 도착했을 무렵 차 안 라디오에서 전날 밤 미국 증시에 대한 시황뉴스가 흘러나오네요.

"1만 3000선 고지를 재탈환했던 미국 다우존스지수는 장 후반에 터진 캘리포니아 주 정부 파산 신청 소식에 전일 대비 4%가 넘는 폭락을 보였습니다. …"

뉴스가 한창 이어지는데 8살 먹은 꼬마가 "아빠, 빨리 내려요. 오늘은 산꼭대기까지 올라가자고요"라고 재촉을 합니다. 이때 이 남자가 라디오를 끄면서 말합니다. "오케이, 아들. 우리 오늘 저 산을 완전 정복하자"라면서 환하게 웃죠.

어떻습니까? 너무 멋진 아빠죠? 혹시 이 사람은 주식에 '주' 자도 모르는 문외한이 아니냐고요? 그렇지 않습니다. 나름 투자할 만큼

하는 주식투자자랍니다. 그런데 어떻게 미국 증시가 4%대 폭락을 했는데도 초연할 수 있냐고요? 그렇습니다. 이렇게 할 수 있으려면 방법은 딱 한 가지뿐입니다. 즐기는 주식투자를 하는 것이죠.

주식은 결국 셋 중 하나입니다. 오르거나, 내리거나, 보합이죠. 따라서 주식투자를 하면 결국 내 종목이 오르거나, 내리거나, 그대로거나 하는 결과를 맞게 됩니다. 그래서 결과도 수익을 내거나, 손실을 보거나, 본전치기를 할 수밖에 없는데 우리는 모두 수익 규모가 손실 규모보다는 크기를 희망하면서 투자를 합니다.

그러고 보면 주식은 우리네 인생과 상당히 닮아 있는 것 같습니다. 우리가 삶을 살아간다고 하면 결국 몇 차례 큰 성공을 하거나 때론 수차례 실패와 좌절을 맞보고, 아니면 한동안 큰 변화 없는 시간을 보내게 되니까요. 그렇지만 우리가 하루를 열심히 사는 건 그래도 인생의 마지막 순간 뭔가를 이뤄내고, 남기고 싶어서인 것이겠죠.

수많은 자기계발서를 보면 형식은 조금씩 다르지만 핵심 메시지는 거의 비슷합니다. 바로 '지금 당장 맘을 바꾸는 순간 내 인생은 달라진다'는 것입니다. 그런데 정말 그럴까요? 내가 지금부터 '난 성공한다'고 하면 성공하고, '난 달라진다'고 하면 달라지고, '난 부자가 된다'고 하면 부자가 되고, '난 행복하다'고 하면 행복해지는 것일까요? 그런 것도 같고, 또 아닌 것 같기도 합니다.

그러나 저를 포함해서 이런 메시지를 전하는 책들을 읽고 있노라면 맘은 참 편안해지는 게 사실입니다. 일종의 '행복감' 같은 것인데 실제 결과와는 상관없이 이 순간만큼은 성공하고, 달라지고, 부자가 된 것 같은 느낌이 듭니다. 그래서 한 번 이 쾌감에 맛들인 독자들은

A라는 책에서 다음엔 B, C, D로 지속적으로 자기계발서를 읽어나갑니다. 책을 읽는 순간만큼은 진짜 난 변하고 있는 게 확실하니까요.

왜 갑자기 '자기계발서'가 등장했냐고요? '주식투자서'도 크게 다르지 않기 때문입니다. 수많은 투자자들은 인생살이를 가이드해주는 '자기계발서'를 대하는 것처럼 인생과 닮아 있는 주식을 다루는 '주식투자서'를 비슷하게 대하고 있기에 그렇습니다. 일종의 '읽는 맛'입니다. 혹은 멋들어진 투자지식이나 새로운 상식을 쌓는 정도이지요. 몇 번 따라 해보기도 하지만 곧 자신의 원래 투자습관이나 매매방식으로 돌아옵니다. 그러고는 다시 고통과 괴로움으로 점철된 주식투자를 하다 잠시 주식 대가들의 투자서나 자서전을 읽으면서 감동을 받습니다.

왜 그럴까요? 왜 우린 '자기계발서'나 '주식투자서'를 순간적인 감정 치유수단으로만 사용하는 걸까요? 아마도 인생이나 주식투자 모두 아무리 노력하고, 맘을 고쳐먹고, 탐욕을 버리고, 부지런하게 도전하고 뛰어다녀 봤자 실제 인생 성공이나 투자수익 결과는 이런 과정의 진정성과 정비례하지 않기 때문인 것 같습니다. 그래서 결국엔 타인을 통한 대리만족이나 마음을 고쳐먹기만 하면 모든 게 해결된다는 식으로 순간의 기쁨을 얻는 것이죠.

실은 전 지금까지 이야기했던 '즐기는 주식투자'가 이런 모습이 될까봐 두렵습니다. '주식으로 돈은 잃었지만 즐겼으니까 괜찮아'라는 식의 자기합리화로 전용되는 것 말입니다. 제가 말하는 주식을 즐긴다는 개념은 매매를 하면서 즐거워 미치겠다고 자기암시를 하는 게 결코 아니거든요. 일명 '마인드컨트롤'하고는 전혀 상관이 없답니다. 오히려 실질적인 대응과 관계가 있는 것이죠.

앞서 미 증시 폭락에도 불구하고 아들과 함께 즐겁게 산행을 하는 아빠 이야기를 했습니다. 물론 이 아빠가 엄청난 부자라서 월요일 증시가 어떻게 되든 별 상관없어서일 수도 있지만 그런 상황은 아닙니다. 다음 주 월요일, 국내증시가 급락하면 당연히 손실을 보는 경우이고, 또 그런 손실이 신경 쓰이는 상황입니다.

그럼에도 불구하고 이 아빠가 즐거운 주말을 보낼 수 있었던 건 어떻게 대응할지 알고 있었기 때문입니다. 대응의 원칙이 있었고, 사전에 스스로 손실감내액을 산정하고 이 범위에서 매매했기 때문이고, 보유주식에 대해 그리고 금리와 환율 흐름에 대해 정확히 인식하고 있었기 때문입니다. 그래서 시장의 폭락이 무섭지 않고, 그것 때문에 내 삶이 흔들리지도 않고, 내 영혼의 자유로움도 유지할 수 있는 것입니다. 돈은 잃었지만 즐겨서 괜찮은 게 아니라 애초부터 잃어도 즐길 수 있는 만큼 매매를 했다는 표현이 맞는 것이라고 할 수 있습니다.

지금 이 시간에도 수많은 투자자들이 주식판을 떠나고 있습니다. 증권업계에서는 개인투자자들의 투자주기를 6개월로 봅니다. 주식을 시작해 6개월 정도 버티다가는 '못 해먹겠다'고 떠났다가 다시 6개월쯤 지나서 이번엔 더 큰 자금으로 주식을 한다는 것이죠. 그렇게 또 반년간 몸과 마음과 시간을 바쳐 주식을 하다가, 답답한 마음을 안고 '난 안되겠어'라고 빠집니다.

혹시 지금 잠시 주식시장을 떠나 계신가요? 매일 쏟아지는 시황뉴스와 개별 종목들의 움직임을 바라보면서 '다시 들어갈까?' 하는 맘이 불쑥불쑥 생겨납니까? 그렇다면 이번엔 쉬는 시간을 이용해 제가 말한 '즐기는 주식투자'를 한번 음미해보길 바랍니다. 그리고 다시 시장에 복귀할 때는 지금까지 소개했던 그리 많지 않은 투자원칙과 조언, 테크닉 등을 숙지한 후 실전에 이용해보길 바랍니다.

　인생을 보면 정말 적은 수의 사람만이 '성공'이란 것을 합니다. 주식도 다르지 않습니다. 정말 아주 적은 소수의 투자 주체가 대부분의 수익을 가져가죠. 하지만 대통령이 되지 못했다고 즐거운 인생을 포기할 수 없는 것처럼, 대박을 터뜨리지 못했다고 즐거운 주식투자를 못 하는 게 아닙니다. 즐거운 인생이나 즐거운 주식투자나 우리 노력 여하에 따라 반드시 얻을 수 있습니다. 또한 저도, 제 친구도, 후배도, 선배도, 옆집 아저씨도, 그리고 여러분도 수의 제약 없이 누구든 누릴 수 있는 축복입니다. 어쩌면 주식시장이 때때로 '진정한 윈-윈 게임'으로 평가받는 것도 이런 즐거움을 모두 누릴 수 있기 때문이 아니겠습니까.

　지금 이런 만만의 준비가 되셨나요? 그럼 다시 주식판으로 복귀해도 좋습니다. 그리고 즐기는 주식투자를 시작하십시오. 그간 느끼지 못했던 주식이 주는 즐거움이 여러분을 행복하게 만들어줄 것입니다.

강의를 마치며

즐기면서 버텨내면 결국 승리한다

솔직히 말해 난 일부 세상 사람들과 전문가들이 비난하는 '인플레이셔니스트(Inflationist)'이다. 시간이 흐를수록 화폐가치는 필연적으로 하락하기에 한시라도 빨리 '투자'에 나서야 한다고 강력하게 주장하는 사람들 중 한 명이다. 그래서 20대 초반의 꿈 많은 대학생에게도 틈만 나면 투자를 말한다. 결국 땅 속에 묻어둔 종이돈의 가치는 떨어질 것이므로 자신의 노동의 대가를 허공에 날리지 않으려면 어떻게든 투자를 해야 한다는 게 나의 지론이다.

하지만 난 많은 비판을 받기도 한다. 인플레이션이라는 공포감을 조성해 사람들에게 주식, 부동산, 파생상품 등의 투기에 빠지도록 조장한다는 비난이다. 열심히 절약하고, 저축하고, 차근차근 인생의 부를 마련하는 방법 대신 '한탕주의'를 심어줘 천민자본주의의 모순을 증폭시킨다는 지적이기도 하다. 무엇보다 지난 2008년 말 세계 금융위기 같은 경제위기에 '현금'의 가치가 급등할 때면 이런 비판은 더욱 거세진다. "투자? 한번 당해보니까 정신이 번쩍 드냐?" 같은 비아냥거림도 이제는 이골이 났다.

그러나 우리가 인간인 이상, 그리고 우리 사회가 인간들이 모여 사는 곳이라는 전제 하에서는 결국 종이돈은 무수히 찍어낼 수밖에 없다. 굳이 미국 FRB(연방준비위원회)의 달러 찍어내기라든가, 세뇨리지(Seigniorage) 효과에 대해 이야기하지는 않겠다. 가령 1억 원의 종이돈을 찍어냈다고 해보자. 그리고 1000명의 사람들이 열심히 일했다. 하지만 일정 시점 이후 1억 원의 분배는 반드시 차별적으로 이뤄진다. 극단적으로 10명 정도가 9990만 원을 소유하고 나머지 990명이 10만 원을 나눠 갖는 상황에 빠질 수도 있다. 인간 사회라서 그렇다. 태생적으로 다양한, 그래서 능력에도 차별성을 갖는 인간이라서 그런 것이다. 그럼 이후엔 어떻게 될까. 어쩔 수 없이 1억 원을 다시 찍어내고 두 번째 사이클을 돌려야 한다. 그럼 첫 번째 사이클에서 도태됐던 990명 중 일부는 그나마 돈을 챙기고, 이 과정에서 최초에 9990만 원을 가져갔던 10명의 부는 더 커질 가능성이 높다. 그리고 이 1억 원이 또 소진될 무렵 사람들은 또 돈을 찍어낼 수밖에 없다.

그런데 이 과정이 좀 더 이어지면 이미 상당량의 종이돈을 확보한 사람들은 이제 땅을 사고 물건을 구입하고, 인간(노동)을 구입한다. 어차피 종이돈은 계속 찍어낼 수밖에 없다는 사실을 알고 있기에 그렇다. 그래서 자신들은 세상의 '실물'들을 선점하면서 부의 기득권을 유지해나가는 것이다.

주식은 이런 '실물' 중의 하나이다. 석유나 금과 비교하면 그 실체가 모호하게 느껴지지만 주식은 현대 경제의 근간이 되는 '기업'이라는 실물을 사는 것이다. 그래서 종이돈 가치하락을 대비하려고 투자하는 사람들에게는 필수 수단이 될 수밖에 없다. 삼성전자 주식을 사면 삼성전자의 빌딩과 부동산, 고부가가치 기술력과 인력, 브랜드 가치 등을 소유할 수 있기 때문이다. 따라서 우리네 인간들이 종이돈 찍어내기를 끝내지 않는 이상 투자를 하는 사람들은 주식에 대해 관심을 가져야 할 수밖에 없다.

하지만 문제는 이 주식이라는 존재가 그야말로 자기 멋대로 움직이는 '괴물'이라는 데 있다. 게다가 마치 포커판처럼 단기 승부를 펼치면 결국 자본력이 큰 세력에게 백전백패 당하는 본질적 한계도 갖고 있다. 이뿐만이 아니다. 큰 그림으로 보면 상승이라고 해도 그 중간 중간에는 수많은 등락을 반복하며 흘러가기 때문에 자칫 하락 구간에서 자금을 잃어버리면 바로 낙오된다. 그래서 정말 많은 사람들이 뻔히 알면서도 모든 것을 뺏겨버린다. 그리고 이런 안타까움 때문에 영혼을 걸고 주식과 한판 승부를 내러 다시 뛰어들지만 결국엔 그 영혼마저 빼앗겨버리고 만다.

그래서 난 주식과 관련된 수많은 이론과 전략, 테크닉이 모두 '당하지 않겠다'는 최종 목표를 향해야 한다고 주장한다. 당하지만 않는다면, 버티기만 한다면 결국 웃을 수 있는 게 주식이기 때문이다. 그리고 이 당하지 않는 투자의 한 실천 방법이 바로 지금까지 이야기한 '즐기는 투자'인 것이다. 즐기면 결코 '타짜'에게 당하지 않는다. 500만 원을 날렸어도 허리를 다치셨다는 아버지 전화에 모든 것을 훌훌 털고 일어설 수 있다. 2000포인트이던 증시가 1000포인트로 떨어져도, 3000포인트를 간다던 시장이 2800포인트에서 갑작스럽게 방향을 바꿔 1000포인트로 떨어져도 우린 버틸 수 있다는 이야기다.

혹시 생존하는 나름의 투자법을 갖고 계신 분이라면 굳이 이 '즐기는 투자'를 따르지 않아도 된다고 말씀드린다. 하지만 그렇지 않다면 지금까지 전했던 즐기는 투자가 좋은 대안이 될 것이다. 이 '즐기는 투자'가 시시하다고 느끼는 독자도 있을 것이다. 하지만 이 시시한 것만이라도 지켜보면 과거 내가 당했던 것처럼, 그리고 수많은 개인 투자자가 지금도 당하고 있는 그런 고통은 절대 겪지 않을 것이라고 장담할 수 있다. 혹자는 아픈 만큼 성숙해진다고도 하지만 결코 모든 투자자가 심장을 후벼 파는 고통을 겪을 필요는 없다고 본다. 심심풀이 땅콩이라도 이 '즐기는 주식투자'에 대해 한 번쯤은 꼭 생각해봤으면 좋겠다.

고마운 분들이 많다. 먼저 한스미디어 김기옥 사장님과, 모민원 팀장, 김현미 씨에게 맘 깊숙이 고마움을 전한다. 항상 내 진정성을 알아주기에 늘 새로운 힘을 얻었다는 말을 꼭 전하고 싶다. 또한 내가 스스로에 대한 부족함과 열등감으로 자신을 옥죄어갈 때 뒤에서 응

원해준 '그분들'에게 고개 숙여 인사드린다.《대한민국 20대 재테크에 미쳐라》이후 장편소설《작전》을 출간했을 때부터 부족하기만 한 내게 자신감을 주는 이 열혈독자님들은 무엇과도 바꿀 수 없는 소중한 존재이다.

아내 김해경과 아들 준서, 준혁이 그리고 하늘나라에 계신 아버지와 홀로 남으신 어머니에게 사랑한다는 말을 꼭 전하고 싶다. 영혼을 바치라는 수많은 유혹에도 버텨낼 수 있는 건 이들 가족 때문이다. 나에 대한 이들의 믿음이 있었기에 주식으로 집 사는 대신 즐겁게 주식투자 하자는 결론에도 이른 것이라 생각한다.

끝으로 모든 영광을 주님께 돌린다. 주님의 뜻대로 이젠 주식뿐 아니라 인생도 즐기려고 도전하고 있다. 마치 즐기는 주식투자가 그러한 것처럼 인생도 결국 즐기는 자가 승리할 것이라 확신한다.

주식투자,
이기려면
즐겨라

1판 1쇄 인쇄 | 2011년 1월 21일
1판 1쇄 발행 | 2011년 1월 28일

지은이 정철진
펴낸이 김기옥

프로젝트 디렉터 기획1팀 모민원, 장기영, 권오준, 김현미
커뮤니케이션 플래너 박진모
경영지원 고광현, 이봉주, 김형식, 임민진

디자인 송디자인, 네오북
인쇄 상지사 P&B | **제본** 상지사 P&B

펴낸곳 한스미디어(한스미디어㈜)
주소 (우 121-839) 서울시 마포구 서교동 392-34 강원빌딩 5층
전화 02-707-0337 **팩스** 02-707-0198
홈페이지 www.hanmedia.com
출판신고번호 제313-2003-227호 **신고일자** 2003년 6월 25일

ISBN 978-89-5975-313-0 13320
책값은 뒤표지에 있습니다.
잘못 만들어진 책은 구입하신 서점에서 교환해드립니다.